|法|学|实|验|课|程|系|列|教|材|

主　编　陈小君　刘茂林
副主编　王均平　高利红

商事法学实验教程

黄 勇 ◎主编

北京大学出版社
PEKING UNIVERSITY PRESS

图书在版编目(CIP)数据

商事法学实验教程/黄勇主编. —北京:北京大学出版社,2008.5
(法学实验课程系列教材)
ISBN 978-7-301-13753-6

Ⅰ.商… Ⅱ.黄… Ⅲ.商法-法的理论-中国-高等学校-教材 Ⅳ.D923.991

中国版本图书馆 CIP 数据核字(2008)第 063129 号

书　　　名：商事法学实验教程
著作责任者：黄　勇　主编
责 任 编 辑：周　菲
标 准 书 号：ISBN 978-7-301-13753-6/D·2051
出 版 发 行：北京大学出版社
地　　　址：北京市海淀区成府路 205 号　100871
网　　　址：http://www.pup.cn　电子邮箱：law@pup.pku.edu.cn
电　　　话：邮购部 62752015　发行部 62750672　编辑部 62752027
　　　　　　出版部 62754962
印　刷　者：三河市北燕印装有限公司
经　销　者：新华书店
　　　　　　890 毫米×1240 毫米　A5　11.625 印张　292 千字
　　　　　　2008 年 5 月第 1 版　2020 年 8 月第 2 次印刷
定　　　价：23.00 元

未经许可,不得以任何方式复制或抄袭本书之部分或全部内容。
版权所有,侵权必究
举报电话：010-62752024　电子信箱：fd@pup.pku.edu.cn

序　言

　　随着社会经济的发展和法治建设的加强,高等法学教育正经历着深刻变革。如何培养综合素质高、实践能力强的法律人才,怎样提高培养效率,是摆在法学教育面前的重大课题。为此,我们认为,根据我国法学教育的现实情况、借鉴国外法律人才培养的有益经验、结合我校法学教学的实际,转变人才培养观念、改革人才培养模式、加强实验教学,是法学教育的发展方向。

　　为了加强法学实验教学,我校成立了法学实验教学中心,整合了法学实验教学资源,初步形成了法学实验教学体系,制定了法学实验教学的管理制度。教材是进行教学活动的基础条件,为了有效开展法学实验教学,我们组织编写了这套教材。

　　培养学生的社会主义法治理念、创新能力、法律职业素养和技能是该套教材的宗旨,弥补现有教学主要以部门法知识为课程教学内容的不足、注重以法的运行过程为背景来培养学生的职业技能是这套教材的基本追求。在这套教材的编写过程中,我们以项目为教学单元,结合现有的法学实验教学方式并充分考虑现代教育技术在法学实验教学中的作用,来组织每一本教材的编写体系。

　　该套教材由具有深厚的法学理论素养、丰富的法律实践经验和较高的法学实验教学水平的本校教师担纲编写。

　　由于对法学实验教学的认识有待深入、加之没有法学实验教材的先例可循、亦无相关编写经验,该套教材肯定存在着许多问题和不足,希望广大读者多提修改意见,以便我们进一步提升对法学实验教学理念的认识,进而不断完善此教程。

中南财经政法大学
法学实验教学中心

序

商法学是一门应用性极强的学科,商事法学实验的目的是将法学理论与实践教学相结合,通过课堂授课和法学实验室的模拟训练,培养和提高在校学生掌握和熟悉商事法律实务的运作技能,达到将法学理论与法学实践有机结合的目的。

商事法学实验的目的具体包括:

1. 拟达到学生们熟悉商事法律实务内容的目的;
2. 拟达到学生们掌握商事法律实务运作方法的目的;
3. 拟达到学生们具备初步商事法律实务运作技能的目的;
4. 拟达到学生们了解商事法律从业岗位以选择就业方向的目的。

商事法学实验课的开设有着重要的现实意义。在现实社会中,法律工作者面对着各种各样的法律事务,面对的大都是拥有丰富社会经验的领导和当事人,所代理的诉讼案件的真正对手也都是受过法律专业训练的"职业杀手",所提供的非诉讼法律业务的各类当事人大都是有着良好教育背景的智力精英。作为驰骋在经济战场上的商事法律实务工作者,面对着商人追求着商事利益最大化、风险责任最小化,在商事法律实务中既要协调好方方面面的利益和关系,做到本方当事人对你的工作满意,裁判者或对方当事人接受你的意见,最大限度上达到委托人的预期目的;还要体现自己的成就价值,获得自己的应得利益,这就需要法律工作者自身要具备较高的综合素质,具有较高的运筹帷幄、成功运作的能力。需要运用智力的成功运作而赢得社会和当事人对你的工作业绩和工作能力的认可与评价。这就不得不要求法律工作者要比那些委托人的涉案知识更丰富、考虑的问题更周全、口才更善辩、涉案活动能力更强。有人说：法律工作者要比医务工作者更有判断力，因为他们没有精密的诊断辅助仪器，只能靠丰富的经验和知识来证明他们拥有着比一般人更强、更准的判断能力。医术高深甚至不需要良好的口才，而法律人却要能言善辩。一个优秀法律工作者需要花费很大精力去克服自身的不足、去积累知识和经验。然而，对于刚刚步入社会不久的大学毕业生，不能要求他们在一夜之间就能事业成就，但是却需要他们能够清醒地认识到步入社会从事法律实务的初期将会面临的困境和自身存在的不足。我国高校法学专业毕业生初始走上法务岗位后，如何能够尽快地掌握商事法律实务，如何能早日成为优秀的商事律师，这不仅是法学毕业生们孜孜以求的，也是各类用人单位所迫切期望的。从许多用人单位反映的情况来看，从业不久的法学专业毕业生在从事法务工作方面普遍存在着一些不足。表现在理论应用能力的缺乏、社会综合知识的缺乏、社会交往经验的缺乏、开拓业务能力的缺乏、社交公关能力的缺乏、听谈写做能力的缺乏、方案策略制定的缺乏、吃苦忍耐能力的缺乏、承受失败能力的缺乏、冷静稳重习惯的缺乏、快速辨析能力的缺乏、灵活处事能力的缺乏和自我包装知识的缺乏，等等。

一个优秀法务工作者的对外形象，人们最看重的首先是诚信、其次是能力，而能力表现在你给委托人留下的机智、沉稳、严谨、自信、干练的印象。

一个优秀的法律工作者往往能够做到：

你应该是一位彬彬有礼、服装庄重、整洁大方、用饰品位的人；

你应该是一个不急不躁、有条有理、严谨工作、细心观察的人；

你应该从不是不懂装懂而只在自己擅长的领域表述成熟观点的人；

你应该是善于倾听他人观点，自己不轻易表态，而往往最后阐述意见的人；

你应该是善于利用和总结别人的观点进行组合提炼来展示自己高人一筹的人；

你应该是善于透彻思考、抓住关键、击中要害，具有四两拨千斤能力的人；

你应该是善于掩饰某些知识的不足而不留痕迹，但能够迅速弥补和掌握的人；

你应该是善于发现对方失误，善于控制对方思维心理，引向你设计的圈套的人；

你应该是善于迅速制定多种方案，并能够有效实施，令当事人当场赞佩的人；

你应该是善于在交谈或辩论中语言简练、流畅和用词准确的人。

作为一名从事商事法律工作者，或者你一旦成为一名律师，就必须要学会用职业的面孔去执业。因为取得职业成功就需要这样，职业的成功是你人生成功的重要组成部分。[①] 商事法学实验目的之一就是为了培养在校法学专业的学生将法学理论应用于社会职业实践的技能。

黄　勇
2008 年 4 月

---

① 参见中华全国律师协会编:《律师执业基本素养》，北京大学出版社 2007 年版，第 19 页。

主编简介

黄 勇 中南财经政法大学法学院副教授,法学博士,硕士研究生导师,二级律师,湖北省法学会商法研究会副秘书长,北京金台律师事务所武汉分所兼职律师。

主要研究方向为商法学理论与商事法律实务。参与编写《商法总论》、《证券法》、《公司法》等多部教材;出版专著《资产证券化信息披露法律制度研究》;在《武汉大学学报》等学术刊物发表论文二十余篇。从事高校商事法学教学的同时,长期参与商事诉讼与非诉讼商事法律实务,多次被评为湖北省优秀律师。

目　录

第一编　商事法学实验基础

第一章　商事法学实验含义与基本内容　/　3
  第一节　商事法学实验的含义　/　3
  第二节　商事法学实验内容的分类　/　4

第二章　商事法学实验目标　/　11
  第一节　实验目标之一：培养商事法务工作者良好的综合素质　/　11
  第二节　实验目标之二：提高商事合同业务的法律实务技能　/　16
  第三节　实验目标之三：提高商事案件分析案情的法律实务技能　/　22
  第四节　实验目标之四：提高商事案件证据调查的法律实务技能　/　28
  第五节　实验目标之五：提高商事诉讼证据举证和质证的法律实务技能　/　32

第六节　实验目标之六：提高商事业务论辩的法律实务技能　/　34

第二编　商事诉讼与商事仲裁法学实验

第三章　公司诉讼实验教程　/　43
　　第一节　公司诉讼类型　/　43
　　第二节　公司诉讼实验过程　/　45
第四章　保险诉讼实验教程　/　65
　　第一节　保险诉讼类型　/　65
　　第二节　保险诉讼实验过程　/　65
第五章　证券诉讼实验教程　/　93
　　第一节　证券诉讼类型　/　93
　　第二节　证券诉讼实验操作过程　/　93
第六章　破产诉讼实验教程　/　109
　　第一节　破产诉讼类型　/　109
　　第二节　破产诉讼实验操作过程　/　109
第七章　商事仲裁实验教程　/　123
　　第一节　商事仲裁类型　/　123
　　第二节　商事仲裁实验操作过程　/　123

第三编　商事非诉讼实务法学实验

第八章　关于有限责任公司设立的法律实务　/　151
　　第一节　实验概况　/　151
　　第二节　实验过程　/　152
第九章　关于有限公司股权转让的法律实务　/　181
　　第一节　实验概况　/　181
　　第二节　实验过程　/　182
第十章　关于公司协商解散及清算的法律实务　/　191

第一节　实验概况　/　191
　　第二节　实验过程　/　192
第十一章　企业资产重组的非诉讼法律实务　/　198
　　第一节　实验概况　/　198
　　第二节　实验过程　/　202
第十二章　公司商事活动中常见合同的审查　/　217
第十三章　证券上市法律意见书的制作实务　/　239
　　第一节　实验概况　/　239
　　第二节　实验过程　/　239

第四编　商事法律文书制作法学实验

第十四章　商事诉状类法律文书的制作　/　249
　　第一节　民事起诉状的制作　/　249
　　第二节　民事上诉状的制作　/　261
第十五章　商事诉讼申请类法律文书的制作　/　270
　　第一节　管辖异议申请书的制作　/　270
　　第二节　财产保全申请书的制作　/　276
　　第三节　执行申请书的制作　/　281
第十六章　商事裁判类法律文书的制作　/　289
　　第一节　第一审民事判决书的制作　/　289
　　第二节　第二审民事判决书的制作　/　306
第十七章　商事非诉讼法律文书的制作　/　322
　　第一节　律师函的制作　/　322
　　第二节　法律意见书的制作　/　333

参考书目　/　355

后记　/　357

第一编

商事法学实验基础

第一章　商事法学实验含义与基本内容

第一节　商事法学实验的含义

一、商事法学实验的含义与特征

(一) 商事法学实验的含义

1. 商事的含义

"商"通常是指以营利为目的的活动,作为营利性活动意义上的"商",人们常常用"商事"一词来取代之。① "商"的标的包括有动产、有形资产、不动产、股权、债权、有价证券、票据、知识产权和无形资产。商事行为包括买卖、代理、证券发行与交易、融资租赁、信托、物流、保险、海商等行为。

2. 商事法律实务含义

商事法律实务是指从事法律职业的社会工作者在实际社会活动中基于当事人委托或岗位职责对各种商事法律事务,运用法律知识进行分析、判断和处理,从事法律活动的过程。

3. 商事法学实验含义

商事法学实验是指学生在学校实验室中通过模拟社会实际工作中的各种商事活动,运用法律知识进行分析、判断和处理,对商事法律实务进行实验的过程。商事法学实验是在课堂与社会之间、模拟与现实之间将法学理论与法学实践有机结合的一个桥梁过程、一个中试过程。

---

① 参见范健主编:《商法》,高等教育出版社、北京大学出版社2002年版,第4页。

(二) 商事法学实验的特征

1. 商事法学实验具有法律综合应用性

商事法学实验所运用的法律是以商事特别法为主,并结合相关的民事、行政和经济法等法律规范作为实际业务操作的法律依据。

2. 商事法学实验具有法理应用的实践性

商事法学实验需要将相关法学理论运用到具体的商事法律实际工作中去。需要在实际操作中熟练掌握商事法律实务的运作经验和操作技巧。

3. 商事法学实验具有知识需求的广泛性

商事法学实验所涉及的相关知识常常覆盖到许多行业领域,需要掌握多门外语,需要对政治、经济、科技、文化、心理学、公共关系学深入了解,需要有一定的理工科的知识。

4. 商事法学实验具有社会的经验积累性

商事法学实验拟在培养学生在学校里不断积累的、在实验室模拟再现的、实际商事法律事务的处理解决过程的知识经验,以弥补从学校毕业走上社会的学生最缺少的社会经验。社会经验需要不断地从实际工作中积累总结。

5. 商事法学实验具有不同从业岗位的特训性

商事法学实验是让学生在学校实验室中模拟社会不同的商事法律工作岗位上的(包括政府相关部门、事业单位、公司企业、公检法部门和律师事务所的法律实务岗位)特定环境,培养和训练处理行业特定商事法律实务的能力。

第二节 商事法学实验内容的分类

商事法学实验的主要内容涉及国内外市场经济活动中的各行各业,甚至涉及个人和家庭。可以说在日常生活的每天中,身边都会发生商事活动。商事法学实验内容主要分为商事诉讼法律实务

(包括经济仲裁)和商事非诉讼法律实务。

一、商事法学实验诉讼(仲裁)法律业务分类

商事诉讼与仲裁法律实务是指通过人民法院或者经济仲裁部门按照审判(仲裁)程序,行使审判(仲裁)权来处理商事纠纷的商事法律实务。其中经济仲裁法律实务是指经济仲裁部门根据当事人签订的仲裁条款的约定,由一方当事人提起经济仲裁,仲裁委按照仲裁程序行使仲裁权来处理经济活动中商事纠纷的法律业务。

(一) 商事诉讼法律实务和经济仲裁实务主要内容

1. 商事合同纠纷类诉讼法律实务;
2. 公司纠纷类诉讼法律实务;
3. 证券纠纷类诉讼法律实务;
4. 破产纠纷类诉讼法律实务;
5. 保险纠纷类诉讼法律实务;
6. 票据纠纷类诉讼法律实务;
7. 海商类诉讼法律实务;
8. 房地产诉讼法律实务;
9. 知识产权诉讼法律实务;
10. 外商投资类诉讼法律实务;
11. 商事纠纷类仲裁法律实务;
12. 其他商事诉讼法律实务。

(二) 商事诉讼与仲裁法律实务主要内容

1. 接受当事人委托或单位指定委托,办理授权和委托法律手续;
2. 进行案件证据分析、证据调查取证;
3. 指定诉讼方案和具体操作措施;
4. 撰写起诉状、或答辩状、或反诉状、或上诉状、或强制执行申请书;

5. 撰写证据索引、代理词、财产保全或证据保全申请书、先予执行申请书；

6. 办理立案、保全、执行等手续；

7. 参加开庭、代理法庭调查、法庭辩论和法庭调解；

8. 参加法院强制执行案件中的相关事务的代理业务；

9. 代理经济仲裁案件的仲裁申请、庭审证据调查、辩论、调解、仲裁执行等业务。

二、商事法学实验非诉讼法律业务分类

商事非诉讼法律实务是指各类无争议的商事事务，或者虽已发生争议，但不需要或尚未进入诉讼或仲裁司法程序的商事法律事务。商事非诉讼法律实务不仅是国家机关、事业单位、企业、公司和社会团体的法务部门法律工作者的主要工作，而且目前在我国北京、上海和其他沿海经济发达地区的律师事务所主要业务也放在非诉讼法律事务方面，并成为律师事务所主要的创收来源，同时也成为衡量律师事务所业务水平的重要标准之一。因为，在我国律师界普遍认为具有非诉讼业务开展得比较好的律师事务所往往律师们的素质、学历、业务水平、创收能力以及律师事务所待遇都比较高，已经成为法学毕业生就业选择律师事务所的主选目标。

（一）商事非诉讼法律实务主要内容

1. 在政府、事业单位、企业或社会团体从事常年法律顾问类非诉讼法律实务；

2. 公司设立、法人机制治理、公司股权转让、公司清算类非诉讼法律实务；

3. 证券发行与交易、上市公司收购与反收购、资产证券化类非诉讼法律实务；

4. 企业（公司）改制、合并、分立、资产重组类非诉讼法律实务；

5. 商标、专利、著作权和其他知识产权保护类的非诉讼法律

实务；

6. 保险、期货、信托等金融业务类非诉讼法律实务；

7. 海事海商类非诉讼法律实务；

8. 房地产类非诉讼法律实务；

9. WTO 类非诉讼法律实务；

10. 外商投资类非诉讼法律实务；

11. IT 与电子商务类非诉讼法律实务；

12. 招标投标项目类非诉讼法律实务；

13. 其他专项商事非诉讼法律实务。

(二) 商事非诉讼法律实务主要内容

1. 参与商事谈判、协助起草和制定谈判形成的相关法律文书；

2. 协助委托单位建立和健全各项规章制度；

3. 协助委托单位建立法律事务机构、培训法律实务人才；

4. 完成常年法律顾问单位各类法律事务的咨询、法律文书的起草或代书；

5. 进行企业资信调查、律师见证、授权发表声明；

6. 协助企业(公司)制定法人结构治理、规范法人内部机制的方案并操作；

7. 协助企业(公司)制定企业收购、分立、改制、解散的方案并操作；

8. 为企业(公司)发行股票、债券出具法律意见书；

9. 为企业(公司)的证券市场信息披露进行法律评述；

10. 为外商风险投资机构组建、运营和风险资本退出提供相关法律服务；

11. 为外商 BOT (Build-Operate-Transfer) 投资提供相关法律服务；

12. WTO 事务中解释管理贸易和各国贸易政策、参与谈判和审查各类法律文件；

13. 协助企业(公司)制定知识产权保护方案并具体实施操作。

三、商事法学实验模拟社会相关业务岗位的分类

因为现实社会经济生活中,法律不可避免地必然要渗入到社会阶层的各个角落,在政府部门、事业单位、企业和各类社会经济组织的业务活动中都会或多或少地涉及商事法律事务,商事法律实务的从业岗位遍布各行各业。商事法律实务岗位和从业要求按照工作单位的性质不同主要可分以下几类:

1. 政府机构中的法务岗位

在国务院各部委、各级政府及各级各类厅、局等政府部门大都设立有专职或兼职的法务工作岗位,有的政府部门还专门设有政策法规处、法务处。在这些岗位上从事法律实务工作经常会涉及社会经济活动中的相关法律实务,在这类岗位上从事法律实务的人员,如果具有国家颁发的司法考试资格证书,则可以向司法行政法部门申请政府律师的执业资格,领取政府律师执业证。

2. 公、检、法机构中经济案件侦查、起诉和审判的岗位

因为社会经济活动中必然涉及大量的商事法律事项,公、检、法部门涉及经济案件的相关部门也往往涉及商事法律实务,比如公安局中经济案件侦查部门、检察院民商事案件抗诉部门、法院经济案件审判部门。目前在这些岗位上工作的求职人员不仅需要通过国家公务员考试资格,而且还要具备国家司法统一考试资格。

3. 事业单位中的法务岗位

我国各行业有许多事业单位的工作中也常常涉及到各类经济活动,比如科研事业单位的科技项目开发、科技成果转让或技术投资等业务,必然会涉及到社会经济活动中去,因此必然涉及商事法律实务。许多事业单位因此也专门设立有法务岗位,专职或兼职从事商事法律实务的工作。事业单位法律实务的从业人员往往并不严格要求必须持有国家司法考试资格证书,但一般要求从业人员应

具有高等院校法学专业的学历。

4. 公司、各类法人企业中的法务岗位

各类有限责任公司、股份有限公司、国有企业、中外合资企业、中外合作企业、外商独资企业、合伙企业、个人独资企业在市场经济活动中扮演着重要的角色,其经营活动中的各种商事行为主要受公司法、证券法、票据法、保险法等商事法律所调整,一些规模较大的法人企业专门设有法律顾问处,其从业人员要求有企业法律顾问资格或者国家司法考试资格,具有国家颁发的司法考试资格证书,则可以向司法行政法部门申请公司律师的执业资格,领取公司律师执业证。一些中小型法人企业只设立兼管法律的岗位,其从事法律实务工作的人员一般要求具有高等院校法学专业的学历。

5. 社会团体与民间商会中的法务岗位

随着我国行政体制改革,从政府机构分离出来一些独立核算、自负盈亏的行业协会、学会;民间也有一些自行发起并经过民政部门登记的商会、联合会等社会团体,如商业协会、机械工业协会、物流协会等诸多的自律性社团组织。由于这些社会团体融入在广泛的市场经济活动中,并为会员提供大量的服务,其中也包括着法律方面的咨询服务,因此,在这些自律性社团组织中也常常设有法务部门,需要招聘一些受过高等院校法学专业教育的工作人员从事商事法律实务的工作。但一般并不要求必须具有国家司法考试的资格和较高的法学教育学历。

6. 律师事务所中的执业律师

律师事务所是我国民主与法制建设的重要组成部分,律师执业活动深入到社会经济和生活的各个环节,随着我国市场经济的发展,随着我国加入世界贸易组织,商事法律实务已经成为律师事务所主要业务的发展目标。律师事务所业务全球化和业务分工专业化日趋明显。精通金融、证券、知识产权等专业的律师备受律师事务所欢迎,传统的"万金油"型的律师越来越不适应当今社会现代经济发展形势的需要,律师正由办案型律师向知识型律师、学者型律师转化。目前,在我国经济较发达的地区的律师事务所从业,律师们不仅要必备国家司法统一考试的资格,而且还必须拥有较高的、毕业于知名院校的法学教育学历。在我国一些经济较落后的地区,从业律师目前只要求具有国家司法统一考试的资格,其学历只要具有法学本科以上即可,但可以看出,随着这些地区经济的不断发展,对律师的学历要求也将不断地提高。

第二章　商事法学实验目标

第一节　实验目标之一：培养商事法务工作者良好的综合素质

商事法律事务工作者的综合素质的培养和提高，不仅需要有扎实的法学理论基础，而且需要从法律实践中不断地学习观察，总结经验教训，注意提高将法学理论应用到法学实践的能力。一个有志于从事法律实务的青年，首先是他热爱法律事业，对法律实务有着极大兴趣，并把法律事业视为人生最有意义的理想事业。其次应有意培养自己良好的自身素质，能够知晓自己的不足，在不断学习和反复实践中锻炼自己的业务技能，提高自己的综合素质。

一、养成在学习工作中不断自觉补充新的知识的习惯

商事法律工作者在社会经济活动中法学业务能力的高低与商事法律工作者知识的广博之间存在密不可分的、内在的、必然的联系。一个知识落后、贫乏的商事法律工作者不会具备高超的商事法律业务技能。在实际工作中不断地、自觉地加强学习、补充知识尤为重要。这不仅是因为不同领域所涉及的相关法律知识有所不同，每个商事法律工作者都不可能全面而无遗漏地掌握全面法律知识，而且因为法律知识转化为实际的法律工作能力存在着一个逐步适应的过程并需要补充一定的社会知识和专门知识，同时还因为受教育者所学得的法律知识随着时间的推移其中有一部分法律被废止或修改，这就需要法律工作者通过不断学习，补充新的法律知识。

商事法律工作者在不断地学习补充新的法律知识时，应注重把

握全面而有重点地学习。所谓全面是指不仅要掌握必要的法学知识,而且还应熟悉涉及到政治、经济、科技、社会生活的其他各个方面学科的相关知识。所谓重点就是要求商事法律工作者根据自己的业务特点,对重点知识要做到精通、深刻、准确、完整地掌握并能够熟练运用这些重要知识。

商事法律工作者在学习和工作中应该注重建立和积累各类法律信息资料库,以便能够根据业务迅速查到所需要的相关资料。

二、养成在学习和工作中细心观察的习惯

对于每一件事物、每一个环节、每一种现象、每一段时间和每一项工作都应该养成一个良好的细心观察的习惯。商事法律工作者要观察参与案件不同的人,包括不同人的思维模式、他们的不同的看法、不同的策略、不同的方式、不同的评价、不同的心理活动、不同的行为模式和不同的对案件所期望的结果,尽最大努力观察一切与之相关的各类情况。

养成良好的观察习惯,一是要养成细心观察的习惯,观察要细表现在商事法律工作者深入细致观察有关案件的各个方面、各个相关因素和相关情节,不遗漏掉对案件处理有关的任何有用的信息。通过细致入微的观察调查,掌握对案件全部情况的认识,从而掌握处理案件的主动权。二是要养成全面观察的习惯,要注意观察案件各个方面、各个环节、各类人物、各种行为所产生的一切情况。

三、养成敢于克服困难、不畏艰苦、坚忍不拔的习惯

无论是诉讼案件还是非诉讼法律业务的办理,相关证据或资料的调查取证成为能否成功地完成任务的基础,而制定有效的、高水平且可实际操作的代理方案成为能否胜诉的关键。一名法律工作者往往能够将不畏辛劳的刻苦、灵活敏捷的思维、周密全面的计划等优秀素质集合一身。

本书作者记不清是哪年的报刊文摘曾转载过河南人民出版社出版的《纽约闻笛》一书中题为"无孔不入的美国律师"的一个交通事故赔偿案：

一位中年人开车被一位年轻姑娘开车急驰相撞，中年人严重受伤，宝马车报废，损失一百多万元。受害人找到律师事务所，想委托律师代理诉讼。一位刚刚从业的年轻律师准备代理该案，于是他开始搜集证据，选择赔偿人。

他首先想到向肇事方保险公司索赔。保险公司赔偿！（但肇事者只买了最低险，责任险赔偿上限3万，医药险上限5万。刚够支付受害人住院费，律师费喝西北风）——不行！

他又想到肇事者是否小于18岁？其父母或法定监护人要对她的行为负责赔偿！（但是她今年20岁，而且父母和她本人都很穷，无能力赔偿）——不行！

他继续思索肇事者撞车是否在上下班路上？是，则要去她上班的公司调查：工作压力过大？超时间超负荷工作？上司粗暴训斥？遭到性骚扰？是否没有享受法定休息？——车祸的起因在于该雇员精神错乱，而精神错乱的起因在于公司对雇员的虐待。公司赔偿！（但是：肇事人近期失业，赋闲在家——是否用人单位没有给她应给的补助金？但是都按规定给了）——不行！

他没有灰心，全面分析，突然想到应该查看车祸现场。交通标志是否清楚？道路有无障碍物？地面是否下陷？分道线是否模糊？——控告市城府交通局玩忽职守，导致交通事故，政府部门赔偿！——都没有，政府部门没责任——不行！

坚忍不拔的年轻律师开始有些失望了，难道还有什么遗漏的地方没有想到？他废寝忘食，反复思索，终于突发灵感：肇事车辆来历尚未查清！经过调查获悉肇事车辆并非肇事人所买，而是别人的"赠品"，是一位老太太嫌汽车太旧，要卖没人要、过户手续麻烦，碰巧那姑娘来她家中打扫清洁，老太太就将车送给了姑娘。该州法律规定:"如果赠与物属于'工具',馈赠者必须保证工具的性能良好,操作安全。"年轻的律师大喜:该车破旧,经鉴定刹车失灵导致交通事故,老太太房产、股票等财产约值200万!OK!于是,他选择风险代理,按照实际获得索赔金额40%提成与委托人达成协议。

之后,年轻律师把无辜的老太太告上法庭,陈述了以下理由:该汽车撞车,是因为刹车失灵——刹车器失灵源于老太太馈赠前疏于检修,又没有向接受者作出必要的交代。所以老太太应负主要责任。结果,律师代理胜诉,法院判老太太赔偿100万,律师分得40万,受害人得到60万,皆大欢喜。只苦了老太太,做好心人却不明不白损失一半家产。后悔莫及!

这个案件生动的说明即使是步入社会不久的年轻律师,只要在具备扎实的法律知识的基础上,敢于吃苦、灵活敏锐、无孔不入、坚忍不拔,就能够取得事业成功。该故事给本书作者留下了一位年轻律师不辞辛苦成功办案的深刻印象。

四、锻炼和提高商事法律实务基础技能

(一) 锻炼"听中析"的技能

1. 锻炼在案件咨询中听、说、做的技能

初始接触一个案件,往往来自于当事人的自我叙述,而当事人的叙述往往滔滔不绝、毫无重点,有时带着当事人片面认识的自我观点。一个有经验的法律工作者往往能够在倾听中分析,去粗取精,能够迅速地基本辨清案件主体和各法律关系,能够基本清晰地记住与案情有关的重要证据,能够在倾听中分析出案件的焦点和难点,能够在倾听中形成案情的主线,能够在倾听中于脑海中迅速制定出处理问题的基本方案和主要措施。

当你倾听当事人介绍案情时,当事人往往站在自己的利益上,带着自己的观点,复杂地、无条理地、甚至是啰嗦地把与案件有关或无关的各类信息没有逻辑性地统统地滔滔不绝地倾诉出来。

一个从事不久、经验不足的法律工作者往往听后云里雾里,仍不知其所以然。这是因为他尚未掌握倾听的技巧。一个老练的有经验的律师,往往在倾听中能够做到:

（1）能迅速地抓住案情的主线、抓住案件的关键；

（2）能清楚地记住与案件有关的各类当事人,并理清各个当事人之间建立起的法律关系；

（3）能准确地分析出有利于当事人的证据和不利于当事人的证据,以及应当补充调查的证据,在脑海中形成证据链；

（4）能在倾听中不断地通过分析删除与案件无关的信息,筛选出与案件有关的有用信息；

（5）能准确地判断出当事人的真正心理,以及他们想要达到的基本目的；

（6）能够随时发现当事人在案件中的失误,以便在回答时采取合适的方式指出,使得当事人不得不默认自己的不足,而感到我胜他一筹,认可我的价值；

（7）能在边听边想,在已经获取有用信息和理清法律关系的基础上,制定出当事人下一步的应对方案。

2. 锻炼在庭审法庭调查与辩论中的听、说的技能

在法庭调查阶段中的"听",主要是仔细听对方当事人的陈述、听审判人员的询问和被询问人的答复、听案件的证人的证言、听案件需要鉴定的鉴定人陈述及其结论,以及听取案件其他诉讼参与人的陈述。

在法庭调查阶段中的"听"重点要放在判断证据的真实性、有效性上；放在注意倾听其陈述内容与案件相关性上,以及分析证据与案件的因果关系上。在倾听中分析自己的临场应变对策。

（二）锻炼"看中析"的技能

无论是在法律咨询中,还是在法院开庭中,对当事人出具的所有证据材料,都要通过认真的看辨别和发现其中是否存在任何微小

的法律瑕疵,包括其证据的真伪性、签章的真伪性、证据内容的真伪性、证据的可靠性、证据的有效性和证据来源的合法性等,通过认真的看辨析出那些可能是不真实的、伪造的、错误的、无效的、与本案无关的证据,在"看"中分析证据对案件胜诉可能带来的有利与不利的因素;通过看制定需要发问的内容、需要反驳的观点。

(三) 锻炼"说中析"的技能

"说"包括发问和回答两个方面。通过发问分析,理清不清楚的地方或需要确定的问题,整理回答的思路,思考回答的方式和内容。

一个老练的法律工作者,在回答当事人的咨询,或者向领导汇报案情,或者在法庭辩论时,往往能够做到语句简练、语气坚定、冷静评述,直奔案情焦点、清晰地阐述出你的观点,在交谈中分析对方的想法,在辩论中判断对方的心理,实时根据交谈或辩论的现况准确作出应对措施。往往通过交谈或辩论的水平能反映出一个优秀法律工作者思维敏捷、逻辑清晰、口才雄辩、知识广博、法力扎实的良好形象。

(四) 锻炼"做中析"的技能

即使是一个刚步入社会的年轻法律工作者,尽管办案经历和经验不够丰富,但是如果他能够在办案的具体工作中边做边析,吃透案件所有案情,尽一切努力收集只要能够收集到的证据,尽一切努力收集与案件相关的所有法规和司法解释,尽一切努力思索办案方案和运作程序,往往能胜过一些经验丰富的资深法律工作者。因为你在"做"的过程中充分运用了你的智力、精力和不辞辛苦。

第二节　实验目标之二:提高商事合同业务的法律实务技能

商事合同法律实务是商事法学实验课程中的最基本的实验内容,无论从事哪一种商事法律实务的工作,还是哪一种商事法律实务的岗位,都与商事合同的法律实务密不可分。无论是商事诉讼案件还是非诉讼商事法律业务,几乎都会与商事合同相关。所以商事合同的起草、审查、修改的业务能力训练成为商事法学实验课中重要的实训环节。

一、商事合同审查的基本技能

合同审查是商事法律工作者的经常性业务,合同审查是在综合运用合同法相关知识及合同理论的基础上,事先发现合同中存在的各种问题,为后续的合同修改或谈判提供依据。[①]

1. 商事合同审查前的准备

商事合同审查的准备工作是了解委托人的需求,以委托人的需求为合同审查的前提导向,在努力实现委托人合法权益的最大化及风险的最小化的原则下,利用所掌握的法律知识审查商事合同的内容及表述方式。

2. 审查商事合同的结构与要点

商事合同结构通常分为合同订立主体、合同正文、合同签章三部分,如果有合同附件则为四个组成部分。

(1) 商事合同订立主体的资格是否合格

商事合同主体是否具备签订及履行商事合同的资格,往往是商事合同审查中首先接触到的问题。订立合同的主体为法人的,应具有独立的法人资格的证明,不具有法人资格的组织以法人的名义或者以自己的名义签订合同的,应出具法人的授权书原件,并需要将该授权书原件作为该合同的附件。合同订立当事人无签订合同的合格资格的,所签订的合同无效。

合同主体并不局限于企业法人,在法律允许及交易方没有资格限制的情况下,个体户、合伙企业、自然人等也可以是合法的商事合

---

① 参见中华全国律师协会编:《律师执业基本技能》,北京大学出版社2007年版,第120—121页。

同主体,在签订合同时核对当事人的身份证明尤其重要。

订立合同的内容应与合同主体依法享有的权利范围相适应,合同主体是企业法人的应与企业法人营业执照上所注明的经营范围相适应,未按规定年检或超过批准期限经营的企业,其本身的合法性即存在问题,只有通过了年检方可保留继续经营的资格。

商事合同内容涉及到特许经营的或者属于限制经营的,还须有相关业务归口主管部门的行政许可证书方可经营,否则,商事合同主体就没有相应的经营资格,其经营行为也属违法。

(2) 区分商务条款与法律条款

审查合同主要围绕合同中的法律条款,商务条款一般由当事人根据经营需要和营利估算而自己确定,当然并不是说完全不看商务条款,只是把审查的重点集中在法律强制性规范有关的条款和当事人约定的法律条款方面。迅速准确地区分法律条款与商务条款的差别的能力需要在实践中不断磨炼。

(3) 审查商事合同的内容要点

订立合同本身的目的之一就是防止合同当事人出现违约行为,追究其法律责任有合同依据。审查商事合同时要尽可能考虑到各类相关因素并前瞻性地预见可能发生的问题。尽管商事合同内容各种各样,但审查合同的要点主要在以下几点:

① 该商事合同的名称和内容约定能否适合和满足当事人的交易需要;

② 我方权利是否得到有效保障和是否被过分限制、风险是否被扩大;

③ 对方的权利是否被扩大,对方的义务是否清晰、风险是否被有效限制;

④ 文字表述是否明确易懂且无歧义;

⑤ 合同条款有无遗漏、约定有无冲突;

⑥ 违约标准或违约责任的约定是否明确,是否对等;

⑦ 合同发生争议处理方式是否明确、是否合理、是否对己方不利；

⑧ 合同的相关附件是否齐备。

3. 审查合同中的尽职调查工作

有些合同的审查需要通过调查核实与合同相关的事实资料,如调查对方的身份、经营许可资格、资产状况、信用情况、签章真伪等。通过工商登记档案往往能够核实到大多数的情况,需要注意的是进行上述调查时,一定要注意程序上的合法和调查内容的保密,不宜擅自传播。

二、合同的起草及基本技能

合同起草是合同业务综合素质的最好体现,能够娴熟地起草出高质量的合同,是反映一个法律工作者业务水平高低的重要衡量标准。起草合同时首先必须准确地、充分地理解当事人的真实意思表示；其次需要具备扎实的法律功底和熟练的合同订立技巧；再次是需要有良好的文字写作水平；最后是需要具备周密严谨的思维习惯。

1. 准确和充分理解当事人的需求

当委托人提出为其起草合同的要求时,首先是要准确理解委托人想做什么？想达到什么目的？期望怎样做？想避免些什么？委托人提供的相关信息越详细、越充分,则越是能够理解委托人的需求。

2. 充分全面地考虑合同的具体内容

起草合同应围绕合同订立主体、合同标的、合同当事人履行的合同义务和享有的合同权利、合同履行的程序、合同解除和终止的约定、违约和争议处理约定等。

3. 合同起草应把重点放在法律条款方面

如同审查合同一样,起草合同应该注意区分合同中哪些属于商务条款,哪些属于法律条款,商务条款只是代为合同当事人协商意向而起草,合同中的法律条款才真正是法律工作者必须慎重思索和周密考虑的。

4. 合同起草中各方当事人权利与义务必须明确

合同中的权利义务有法定和约定两类。当事人约定的权利与义务不得违反法律禁止性牵制规定,否则约定的内容无效。

5. 合同起草要有风险防范的前瞻性

事先预测合同履行中可能发生的风险和争议,在合同中设定风险防范的办法、责任界定和责任承担方式、争议解决的途径、损失赔偿的计算标准,通过合理的前瞻做到事先预防,以避免事后补救的困难。

6. 合同条文用词应该含义准确清晰

合同中条文用词是否准确往往成为法庭认定承担何种责任的关键,模糊不清或者前后矛盾的条款往往导致违约的条款失去作用或者法律责任难以认定。比如保证合同中约定"借款人逾期不能履行还款义务时"保证人承担担保还款的责任,其中"不能"两字存在想履行还款义务但确实没有能力履行的含义,法院通常认定保证人承担一般保证责任,在强制执行借款人财产后仍不足偿清债权的,保证人承担不足部分的赔偿责任;如果保证合同中约定"借款人逾期未履行还款义务时"保证人承担担保还款的责任,其中"未"字存在有能力还款而拒不还款以及想履行还款义务但没有能力履行两种情形,法院通常认定保证人承担连带保证责任,债权人可以直接向连带责任保证人追偿全部的担保债务。

7. 注意在特定情况下的合同生效控制

按照合同法的规定,合同的"成立"与"生效"有着不同的含义。有的合同即使没有书面订立但已经成立,有的合同即使成立了但并未生效,还有的合同只有经权利人确认后才成立。

(1) 合同签订前已经事实上成立并生效的合同

在实际经济活动中,经常出现虽然当事人未采用书面形式订立合同,但只要一方已经履行了合同中的主要义务而且对方接受了,当事人委托法律工作者事后补救起草合同的情况。依照合同法的相关规定,"采用合同书形式订立合同,在签字或者盖章之前,当事人一方已经履行主要义务,对方接受的,该合同成立"。此时合同起草时应该将已经事实履行的合同义务写入书面合同中,以书面确认已经履行了的相关合同义务的法律效力。

(2) 合同签订后在特别约定条件成就后才生效的合同

附条件或附期限的合同在合同签订成立后并不生效,这些合同是运用风险控制的手段对合同生效或合同失效进行特别约定的合同。在一些特定情况下,合同当事人虽然约定了合同的权利义务,但合同没有立即履行的必要,合同必须等待一个特定的条件成就后方能生效,则合同当事人开始按合同中的约定履行合同义务,如果特定的条件不能成就则双方无须履行已经订立的合同。附条件的合同是一种锁定风险与权利义务的高级合同手段。

(3) 经确认才成立的合同

许多情况下,现实生活中的签订合同常常存在并不是合同当事人同时在合同上盖章签署,往往是合同的一方先将合同盖章签署后交合同另一方盖章签署,合同订立的当事人对合同的签章存在顺序上的先后。有可能对方在恶意更改了合同条款且未经过合同另一方同意的情况下在合同书上盖章签署,如果该合同成立且生效,则对于先签署合同的一方可能带来风险,也侵犯了合同相对人的合法权益。对于这种情况,先提交签署完毕的合同文本的一方,可以在合同中约定,合同只有当双方签署完毕并相互发出确认书时生效。将合同变成了附条件的合同。特别是对于当事人采用信件、数据电文等形式订立合同的,采取经确认才成立且生效的订立合同的方式有利于保护合同当事人防范合同风险。

第三节 实验目标之三:提高商事案件分析案情的法律实务技能

一、分析案件的常用方法——框图分析法和数轴分析法

本书作者从长期从事律师业务的实践经验中总结出对复杂案件的框图分析法和数轴分析法,在大学法学教学和律师业务实践中证明是非常有效的。案情分析时将框图分析法与数轴分析法混合运用,将框图和数轴的分析图形结合于一体再对案情进行分析讨论,往往能够从繁杂的证据、烦乱的法律关系中,迅速理清复杂的案情,发现案件的焦点,找出案件中各当事人的有利和不利的证据,分析出还需要哪些调查取证,有利于制定代理方案。这种框图分析法与数轴分析法的混合运用所产生的效果已在高校法学实验课中所证明是备受学生们欢迎的。

(一)案情框图分析法

掌握框图分析法的主要目的是理清案情中涉及哪些民事主体、各个民事主体之间的法律关系、案情所涉及的资产流向、案情所涉及的人员流向、案情所发生的顺序等,框图分析法能够使案件关系变得一目了然,便于清洗理解案情。

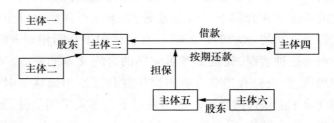

框图分析法实验要点:

1. 将所涉及案情的主体选出用框图标志,切不可漏掉主体;
2. 将各个主体之间的法律关系用连线标志,注明属于合同关系、侵权关系、投资关系、债权债务关系、担保关系等;
3. 在连线旁注明该法律行为发生的时间、地点等。

(二) 案情数轴分析法

掌握数轴分析法的主要目的是理清案情发生的起始点和起因、案情发展顺序和产生背景、案件争议时间点和违约点、诉讼时效中断情况等,数轴分析法能够有利于对案情发展情况、案件最先违约点或侵权点、抗辩权行使时间、诉讼时效中断情况等得到清晰的分析。

```
  2006.1.3   2006.5.8   2007.3.6      2007.11.3   2008.7.10
─────┼──────────┼──────────┼──────────────┼──────────┼──────→
     │          │          │              │          │
    行为       行为       行为           行为       行为
   时间点1    时间点2    时间点3         时间点4    时间点5
```

数轴分析法实验要点:

1. 将手中掌握的全部证据按照每份证据所发生的时间先后依次在数轴上标明时间点;
2. 将每个时间点所发生的行为和地点以能看懂的缩写的文字在数轴上标出;
3. 将案件争议的时间点在数轴上标出;
4. 将案件中各类违约(侵权)时间点和违约(侵权)行为在数轴上标出;
5. 将各方当事人行使的抗辩权的行为时间点在数轴上标出;
6. 将诉讼时效中断点在数轴上标出。

二、案件框图分析法和数轴分析法实例运用

案 例 一

武汉一私营企业家王某与长子及其他两位亲戚一起作为发起

人拟成立一个注册资本金为1000万元的武汉商贸有限责任公司（以下简称A公司）。王某作为发起人于2003年4月将自己的现有个人不动产和固定资产（评估价1500万元）作为抵押担保向B股份公司个人借款1000万元。

2003年5月王某将1000万元借款中的500万元存入在工商银行为设立A公司而专门指定的临时账户，作为A公司全体发起人的出资，某会计师事务所验资后出具了王某、王某的长子和其他两位亲戚出资的1000万元全部到位的验资报告，经工商管理机关批准于2003年6月颁发了注册资金为1000万元的A公司法人营业执照。

2003年7月，A公司与B股份公司签订了《购货合同》，以支付货款形式向B股份公司转出500万元，实际是用于向B股份公司偿还500万元债务。此时A公司实际成为空壳公司。

2003年12月，王某争取到一个项目，需要启动A公司，便个人向公司转入100万元启动资金，该笔资金作为A公司向王某借款，公司向王某出具了没有还款日期的100万元借条。

一年后，A公司资产增长到300万元，但A公司对外负债达600万元。A公司以公司经营方向改变、经营业务规模缩小为由，隐瞒了对外负债600万的事实，向工商部门申请降低了注册资本金，经工商局变更批准并经公告，A公司注册资金由原1000万元减资到300万元，使得A公司的注册资金额与公司实际现有资产价额一致。

2006年6月，债权人对A公司提起追债诉讼，试对本案件进行法律分析。

1. 本案运用框图分析法：

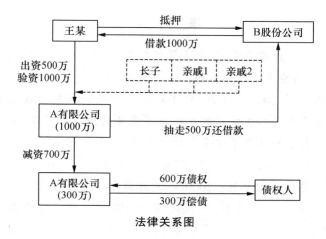

法律关系图

2. 本案运用数轴分析法：

通过框图和数轴分析，可以分析出本案案情中存在虚假出资、虚假验资、抽逃出资和逃债减资的违法行为，违反了资本三原则，分别应当承担出资补足、抽资赔偿、验资赔偿的民事责任，具体责任分担：

（1）王某、长子和两亲戚共计对 A 公司仅实际出资 500 万元，虚假出资 500 万，违反了公司法的资本确定原则，他们四人应各自对章程中认缴的出资数额不足的部分承担连带出资补足的责任；

（2）王某从 A 公司抽逃注册资金 500 万，违反了公司法的资本维持原则，王某应在抽逃注册资金的 500 万范围内对 A 公司债务承担责任；

（3）会计师事务所为 A 公司虚假验资 500 万，应当在虚假验资数额 500 万的范围内对 A 公司债务承担连带赔偿责任；

（4）A 公司为逃避公司债务而违法减少注册资金，不符合法定条件和程序，违反了公司法的资本不变原则，其减资无效，且股东在减资的 700 万范围内承担连带责任。

案 例 二

A是一个民营企业家,个人资产雄厚,他在2000年投资了两个项目,但却面临两个法律诉讼:

其中案一:2000年1月,A、B、C三自然人共同发起设立某实业公司。考虑到公司成立后的生产业务需要购地建盖厂房,A以个人的名义与某学校签订了购买土地的合同,合同约定A先付一部分定金,待公司成立后的1个月内,实业公司与学校办理土地使用权变更登记手续并付清购地款。2000年3月实业公司经工商登记领取了企业法人营业执照,此后,学校向该公司要求办理土地使用权转让手续,但公司认为与某学校签订了购买土地的合同是A的个人意愿,公司股东会或董事会从未授权A与学校签定购地合同,争持不下。最后,2000年12月学校决定提起民事诉讼。

其中案二:2000年4月,A、B、C和其他7个法人共同筹建成立某股份有限公司,该股份有限公司注册资本总额确定为1200万元,发起人需认购其中500万元的股份,其余700万元在6个月内向社会公开募集股份。该设立方案经过国务院有关部门批准后,全体发起人认足了500万元的股份,并开始项社会募集700万元的股份。

在此期间,A被推荐为该股份有限公司筹建组的负责人,A以个人名义与某装饰公司签订了《装饰材料供货合同》,用于公司成立后办公大楼的装修改造,合同约定A支付定金5万元,公司成立后的一周内向装饰公司一次性付清全部购货款。随后装饰公司按约将货物运至筹建处指定的仓库。

但在募股6个月期限届满,仅募集到600万元股份,由于在法定期限内尚未募足700万,致使股份公司未能成立。此时,装饰公司获悉股份公司无法成立后,向A多次催款但一直未果,2003年6月提起诉讼追偿货款。

问:试对本案案情进行法律分析,并分析本案中谁应当承担法律责任,承担何种法律责任?

1. 本案运用框图分析法:

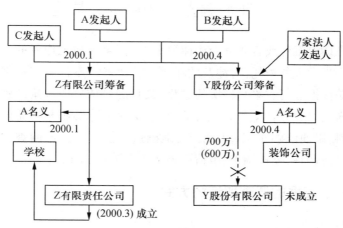

法律关系图

2. 本案运用数轴分析法:

通过框图分析法和数轴分析法对本案可分析出:

(1)对于案件一:在Z公司设立期间,A某代表全体发起人为日后公司成立的经营需要与学校签订了购地合同,其合同的行为后果应当由成立后的Z公司来承担。

(2)对于案件二:由于Y股份有限公司设立期间,在所批准的在6个月到期之日,向社会公开募集股份未完成700万元股份的发行量,故不符合成立募集式股份有限公司的条件,所以Y股份公司未能成立。在Y股份公司设立期间A某代表公司筹备组与装饰公司签订的合同所形成的债务应当由全体发起人即A某、B某、C某和其他7个法人共同承担连带清偿的责任。

第四节　实验目标之四：提高商事案件
　　　　证据调查的法律实务技能

在诉讼案件或者非诉讼法律事务中，商事法律工作者的调查工作是受当事人的委托，对涉及的相关法律事务或案件收集材料或取得相关证据进行收集与核实的过程，其目的是依靠所收集的资料和证据来支撑我方在案件诉讼中的观点或者非诉讼业务所需要的相关资料，以便能够正确查明事实，准确适用法律。证据调查方式主要有自行调查、委托调查、申请调查和法庭调查等方式：[①]

一、证据的调查取证的方式

（一）自行调查

商事法律工作者自行调查开始前，要准备委托人出具的授权委托书、受托人单位介绍信或律师事务所专用调查函、相关身份证件（如律师执业证、工作证），以及需要调查时随时要用的资料。在调查时，需要向被调查者介绍自己的身份，出示相应的证件，同时说明调查的事项和目的。

（二）委托调查

对路途较远、调查费用较大的事项，可以委托被调查对象所在地的律师事务所进行调查，并简要说明案件的基本情况，提出调查的内容、目的、对象、要求、委托的费用和希望受托人向委托人告知调查的结果时间。

（三）申请调查

对有些对于案件审理至关重要但商事法律工作者调查确有一定困难的证据时，可以申请人民法院调查，说明调查的必要性和调

---

① 秦甫编著：《律师办案艺术》，法律出版社1996年版，第137页。

查的线索、对象、目的和要求,供法院调查时参考。

（四）法庭调查

根据法律规定,在庭审法庭调查审理程序中,商事法律工作者作为案件代理人,经审判长同意,有权向被告、证人、鉴定人直接发问。通过发问而当庭收集或核实庭外难以取得的证据。如有些经验丰富的法律工作者在庭外无法调查某些相关证据,可以通过巧妙地对被告的发问,由被告自己无意或未意识到发问者真正本意的回答中自己提供了某事实的真相,而使发问者当庭收集到某些重要证据。

二、调查取证的方法

（一）有计划、有目的地收集和核实证据

收集证据前应首先认真地分析已经掌握的证据材料,要弄清哪些问题已经有了证据,哪些问题没有证据,哪些问题证据已经充分,哪些问题证据还要补充,哪些证据存在矛盾,哪些证据需要澄清。同时应当制定切实可行的调查取证计划,随着案情的发展,调查取证的计划应不断地修改与补充。

（二）及时地收集和核实证据

收集和核实证据的时间和期限有时非常重要,如果收集证据延误,则可能使原本可以收集到的证据消失、被转移或被毁坏。

（三）全面和细心地收集和核实证据

收集和核实证据必须全面,应当对涉及案情的所有能够收集到的需要核实的证据都尽量收集。收集和核实证据必须深入,要搞清证据的每一个细节和疑点,并细致地加以研究,发现线索一追到底,并在收集与核实证据中判断问题的来龙去脉和案件的争议焦点。

（四）依照法律规定收集证据

对于一些商事法律工作者难以依靠自己的能力收集到但对案件审理有着重要意义的证据,可以依照民事诉讼法的相关规定,将收集证据的线索提供给人民法院,通过向人民法院申请调查取证。人民法院依职权调查收集或核实的证据有着较高的证据效力。

(五) 收集与核实证据应辨析证据效力和真伪错证

收集的证据可能真假虚实、正确错误地混杂一起。商事法律工作者对于各种证据的真伪与正错需要认真仔细加以辨析,包括各种证据的真伪或正错、证据中签章的真伪或正错、证据中时间注明的真伪或正错,以及证据内容的真伪或正错。特别应该注意辨析证人证言的真伪或正错,因为证人证言不符合事实的原因有多种,如有证人为了某种利益故意提供伪证的,也有证人被胁迫或引诱而隐瞒事实真相提供伪证的,还有证人无意地提供了错证的。

收集的证据有与案情有关的,也可能有无关的,或者关系不大的。应该将涉及案情的有用证据选出,而将那些对案件代理没有效力的证据舍去,这就需要结合案情对证据仔细审查,认真鉴别。

(六) 收集或核实证据注意运用各种技巧

有经验的法律工作者在收集或核实证据时特别注意讲究方式方法和取证技巧。既要运用法律知识,也常常需要运用心理学、公共关系学等综合知识,讲究方法技能。在商事法律工作者实践中,收集证据的方法有:

1. 正面明取

对于涉及案件需要出面讲清责任的当事人或者可能出具了假证的当事人,通过正面讲清不出具证据可能责任牵连,或者提醒那些可能出具伪证的当事人出具伪证可能给他带来的不良法律后果。通过阐明法理,详细解释,消除他们的疑虑,使被调查人讲明事实而出具说明事实真相的证据。

2. 曲线巧取

有些尚未起诉的案件,需要收集有关证据以确定如何起诉,但是往往在收集或核实有关证据时涉及地方保护主义的干扰,许多单位和个人甚至公开冷落或驱赶前来调查的律师。面对这种情况,经验丰富的律师往往不与他们发生正面冲突,而通过其他途径绕道取证,如一些有经验的律师有时特意与熟悉被告的当事人建立良好的关系而间接地取证,也可利用其他的诉讼案件,通过依法向法院申请,由法院依职权依法调查取证,曲线巧取我方需要的相关证据。

3. 对话智取

收集对被告不利的证据,如果被告意识到则会采取各种隐藏、转移证据的手段,直接以法律工作者的身份面对被告,要求对方提供不利于他们的证据几乎是不可能的,甚至有时不得不采取一些通过与被告轻松对话等方式,结合录音取证,通过对话再现事实真相而取得重要证据。但是,值得注意的是不得以欺骗的手段取证,否则会因取证不合法而失去证据效力。

三、证据收集或核实中应避免的问题

一场诉讼能否胜诉,其关键在于能否收集和掌握有利的证据。而证据收集或核实的工作往往是艰辛的、繁琐的,需要有坚毅的意志和克服困难的决心,需要有耐心细致的工作态度。切忌出现:

1. 仅在当事人提供的证明材料的基础上,而不去积极地收集需要调查、收集、核实和补充的其他证据。

2. 怕麻烦不愿进行调查,或者调查工作走过场,碰到困难就停止调查,应付当事人。

3. 过于自信地、轻率地认为所收集到的证据确凿无疑,而放弃对其他相反证据的核实。

4. 在收集或核实证据时不注意证据与案件的内在联系,不注意审查证据的真实性、关联性、一致性和排他性,不注意形成严密的有效证据链。

5. 违反法律和职业纪律,为了某种利益,为了达到胜诉的目的,为了逃避责任,法律工作者指使当事人或参与做伪证。

第五节　实验目标之五：提高商事诉讼证据举证和质证的法律实务技能

举证从诉讼程序上分,可以分为庭审前的举证和庭审中的举证。庭审前的举证是指在开庭前的法院规定的举证期限内提交证据和核实证据,庭审中的举证则是在庭审法庭调查中提交证据和核实证据。举证必须紧紧围绕辩护或代理工作进行。举证的目的是为了使自己所收集的证据具有法律效力,使辩护或代理意见更有说服力。因此,商事法律工作者作为一方诉讼代理人时举证必须从有利于委托人的角度出发,切忌举出对委托人不利的证据。

一、庭前制定一份高质量的《证据索引》

举证的证据必须是与案件有关的证据。一份开庭前认真制定的"证据索引"在法庭调查中将有利于你的举证。不仅能够使你在举证中思路清晰,而且也有利于庭审法官清楚你举证的内容和举证目的。证据索引的格式通常将举证的证据按举证的先后依次编号(如证据一、证据二、证据三、……),每个证据分为三部分:

第一部分:依次说明举证的每一项证据是什么证据？
第二部分:依次说明举证的每一项证据的取证来源？
第三部分:依次说明举证的每一项证据是为了证明什么？

对证据的质证是指对于一方原告或被告的举出的每一个证据,庭审各方当事人都需对每一个证据针对其证据的真实性和证据的合法性作出评价,对举证的证据的疑点、对举证的证据自相矛盾或与其他证据之间的矛盾之处提出这些问题的存在,发表自己的看法。而对于证据材料中各方一致认同的部分不再作评价。在法庭调查时各方当事人不对各方所举证的证据进行法律适用上的辩论。

二、庭中掌握好高水平的法庭调查的运作技能

在开庭中的法庭调查阶段,作为代理人应该做到自己举证要说得清晰、庭审中要听得仔细、对方的证据要看得认真、向对方发问要问得巧妙、发现对方破绽要及时记录。

1. 自己举证说得清晰

在自己举证时,应清晰地说明举的是什么证据,该证据取证如何取得,该证据旨在说明什么问题,证据链如何组成。

2. 庭审中要听得仔细

在庭审法庭调查中,要认真倾听审判人员的询问、对方当事人的陈述、各方证人的证言等。在倾听时仔细分析证据的内容,判断证据中是否存在证明力的瑕疵,辨析证据是否存在虚假。

3. 对方的证据要看得认真

当就对方证据进行质证时,要认真辨析证据的真伪,要仔细查看证据的签章、证据落款日期、证明的内容、证明的对象是否存在瑕疵或可疑之处,是否与其他的证据自相矛盾。在对证据的仔细观察中发现证据的漏洞,以便对证据的真实性、合法性和证明的效力提出异议。

4. 向对方发问要问得巧妙

在开庭之前,有经验的律师往往认真反复准备一个向对方发问的提纲,其目的是为了达到通过向对方的发问,提醒法院注意对方存在的过错,或者试图通过对方回答我方提问时来不经意地帮助我方证明某些问题,当庭取得我方希望取得但难以在庭外取得的有利证据。

5. 发现对方破绽要及时记录

在庭审法庭调查中,通过听、看、问,发现对方证据或陈述存在破绽、错误和漏洞时,都应迅速及时地进行记录,以便在质证和法庭辩论中有力地、准确地反驳对方的观点。

第六节　实验目标之六:提高商事业务论辩的法律实务技能

商事法律业务论辩是指商事法律工作者在商事诉讼业务或者商事非诉讼业务中,根据事实与法律,阐述自己观点,反驳与否定对方观点的辩论活动。商事法律业务中的论辩是商事法律工作者法律知识、个人素质、语言表达能力、心理分析与抗衡的综合运用。

论辩中的"唇枪舌剑、刀光剑影",常常伴随着浓浓的战场中的"火药味"。许多优秀的论辩高手往往喜爱读"孙子兵法",并注意将"孙子兵法"的计谋努力应用于法律论辩之中。声东击西,诱敌深入,明修栈道,暗度陈仓;以退为进,暗藏锋芒;迂回旋绕,旁敲侧击;尤其在优秀的律师论辩时,展现的是一场斗智斗勇、博学多才、逻辑严密、能言善辩、随机应变、谈吐优雅以及表演才华的精彩体现。[1]

法庭审理前,认真拟定代理词是非常重要的。代理词实际上是一篇短论文,围绕着案件焦点、举证证据和案件所适用的相关法律,阐述代理人的法律意见。法庭上阐述代理人的代理意见,其目的并不是说服对方代理人,而是为了说服庭审法官接受你的观点。

一、论辩代理词的基本结构

1. 开头部分。代理人需要说明是接受谁的授权委托或指派,担任谁的代理人。如:受某公司(自然人)授权委托,并经某律师事务所指派(因为律师个人不能接案),本律师担任某案件的诉讼代理人,根据本案的事实与相关法律,阐述一下代理意见:……

2. 提出本案的争议焦点。法庭辩论开始前,如果庭审法官说明本案的焦点是什么,要求双方代理人围绕着本案焦点进行辩论,其

---

[1] 参见秦甫编著:《律师办案艺术》,法律出版社1996年版,第166页。

代理意见应围绕庭审法官所指出的焦点进行辩论;如果庭审法官指出的本案焦点不够准确或者遗漏了某些焦点,代理人在阐述代理意见时首先应该当庭提出自己认为的本案焦点,并围绕着自己认为的案件焦点阐述代理意见。

3. 围绕本案焦点,结合本案的相关证据阐述代理我方意见。针对已经法庭调查的所举证和质证的有利于我方的证据和不利于对方的证据,用事实来说话,攻击对方的弱点,本着实事求是的原则说明本案的事实真相。

4. 围绕着本案焦点,结合所适用的相关法律阐述我方代理意见。正确地选择本案所适用的法律和清晰阐述满足相关法律适用的条件,指出对方认定事实和适用法律的错误,说明我方代理意见所依据的事实和适用的法律以支撑我方的诉讼请求或者反驳对方诉讼请求的理由。

5. 结束部分。代理人应用简明准确的语言,概括总结我方的代理词中的主要观点,陈述我方的最后意见。

代理词无论是证明自己的论点,还是反驳对方的观点,都必须实事求是,有理有据,切不可无理狡辩。

二、庭审论辩中的常见问题

1. 紧张怯场

初次担任诉讼代理人或者出庭经历不多的法律工作者出庭辩论,特别是庭上有较多的旁听者时,都可能使代理人产生怯场心理。心跳加快,紧张过度,说话结巴,论辩失去逻辑。

2. 畏难思想

一些案件可能由于对方背景特殊,有着强大的社会背景,聘请的是知名律师,或者担心法院审判人员与对方关系密切,或有行政权力干预的案件,可能使代理人产生畏难心理,论辩激情丧失。有时可能出现"被动挨打"的局面,影响辩论效果。

3. 焦急慌乱

如果庭前证据索引和代理意见准备得不够充分,或者对证据和相关法律不够熟悉,或者对案情深入分析不够等,经常可以看到一些代理人在法庭上面对众人注视对需要说明的证据或者法律规定慌乱寻找却一时难以找到,于是心情焦急,面红耳赤,发生尴尬局面。

4. 反应迟钝

在法庭上,注意力不能高度集中,不能及时发现论辩对方的每一个漏洞、每一点疏忽、每一句错话,反应迟钝,缺少敏捷反应的能力,遗漏论辩反击机会。往往事后追悔莫及。

5. 情绪激动

经验丰富的律师在法庭论辩中,能够始终保持稳定的情绪,沉着冷静,语速稳定,思路清晰,不受对方情绪所影响;相反,有意引发对方代理人的语速增快,情绪激动而造成思索不慎,使得对方在论辩中一旦出现漏洞便立刻攻击之。而经验不足的律师往往容易陷入对方的诱使,激动中失言而陷于论辩的被动。

6. 随意应付

有些法律工作者工作繁忙,某些律师不顾精力有限而大量接案,造成不能安排充足的时间分析案情,时间紧迫仓促参加庭审,容易产生随意应付的情形和辩好辩坏无所谓的态度,最终导致案件败诉,引发委托人对此强烈不满。

7. 啰嗦反复

法庭辩论应观点明确,简明扼要,中心突出,思维清晰,逻辑严密。与案件无关的话不说,用处不大的话少说,始终围绕案件焦点,阐述代理意见。切不可言语啰嗦,主次不分,长篇大论,不仅容易使自己的思维造成混乱,也会使庭审法官不清楚你阐述的主要观点是什么,甚至引起对你的反感,影响你的论辩效果。

8. 盲目乐观

一些法律工作者对自以为证据充分、案情简单、法院关系较熟、对方代理人年轻、有较大胜诉把握的案件,往往会产生掉以轻心、盲目乐观的心理。对案件可能出现的不利于自己一方的因素分析不够,一旦在论辩中出现不利情形则不知所措,其论辩结果往往出乎自己的乐观意料而最终导致败诉。

以上这些在法庭论辩中常常出现的问题,如果不事先做好心态调整的准备,不注意克服这些缺点,常常导致自己思维乱套、论辩质量低下、论辩效果不佳、代理人形象受到严重损害的不良后果。

三、商事法律业务论辩的技巧

商事法律工作者论辩,一般可以从事实上、性质上、情节上和程序上四方面展开。论辩时注意辩论切题、充分说理;抓住要害,主题明确,论点集中,言简意赅;运用对策,以真实对辩失实,以全面对辩片面;口齿清楚,发言准确,音调和谐,快慢适度,句句有理。

提高庭审论辩中"问"的技巧有如下几点:

1. 正面问。对回答的问题有十分把握的,适宜于直截了当、不绕弯子地发问。

2. 绕着问。不过早地暴露发问的意图,让被询问人自然而然地谈出所需的情况。可先从外围问话入手,先询问与本案不直接有关的情节,使被询问人在不知不觉中谈出真实的情况。

3. 连着问。有时可以采用由远至近、层层发问的方式,问话速度逐步增快,所提问题步步紧跟,以扰乱其事先的设防,不给对方过多的思考时间,使他在回答问题上逻辑紊乱,从中抓住对方漏洞。

4. 重复问。在某些情况下,为了引起审判人员对重要的、有利于委托人的情节的重视,进行重复发问有时是必要的。

四、非诉讼法律业务的谈判论辩技巧

商事法律工作者从事非诉讼法律业务,其中常见的工作之一,

就是接受委托人的授权参与商事谈判,参加商事谈判的对手往往是经过授权的代理律师。谈判各方律师在商事谈判中同样存在着斗智斗勇、存在着激烈的辩论、在辩论中求得合作,在辩论中维护委托人的利益。如同诉讼业务中法庭辩论一样,同样存在着商事谈判中如何运用论辩技巧的问题。

1. 谈判中柔中有刚

所谓柔是指商事法律工作者谈判时,语言柔和,切忌趾高气扬,态度生硬。所谓刚,就是在实质性问题上要坚持原则,要据理力辩。柔与刚是对立的统一。在法庭谈判中柔是方法,刚是实质,柔为刚服务,刚则通过柔而取得胜利。

2. 谈判中举止大方

所谓举止大方是指商事法律工作者在谈判中要有风度,有气魄,不卑不亢。在谈判得势时,不忘乎所以,轻视对方;在谈判失利时,不惊慌失措,畏难害怕。发言必经思考,衡量后果,切不可轻率发表无准备、无水平的言论。在任何情况下,都要举止大方、言而有序。商事法律工作者应具有这样的形象。

3. 谈判中先发制人

谈判中先发制人、夺取制高点、掌握谈判的主动权,第一次发言只在适当的范围内阐述自己的理由,对自己的谈判对策本应严守秘密,在阐述我方理由的同时,将对方可能会提出的理由事先提出,使对方形成被动。

4. 谈判中后发制人

谈判中要静待时机。当你面对理直气壮、论证组织严密的谈判对手,应待他尽情发挥,避开锋芒,自己乘机积蓄力量。随着谈判的发展,当对方见自己已稳操胜券时,易滋长骄纵轻敌情绪,往往会自行暴露出一些疏于防范的破绽,这就为你提供了谈判反攻的时机。

5. 谈判中顺水推舟

在发现对方的谈判意图后,因势顺从,引导他步步深入,一直走向自己的希望的范围,使得谈判对方跌入欲退不能的境地。

6. 谈判中以退化强

对方采取强攻,如果你仍逆势抗辩,不如用隐秘的偷渡之法,暗暗化解对方的攻势,引渡进你的谈判对策中,从而战胜对方。

7. 谈判中示假隐真

舌战谈判时可以运用掩盖真相或本意的语言技巧,形成对方的错觉,使其无法看清己方的真实意图。常用声东击西或运用模糊语言的对策,使对方自我否定。

8. 谈判中化害为利

谈判中,在有害的情况下要想到有利的一面,趋利避害,变害为利。

综本编所述,从事商事法律实务工作,不仅着需要具备基本法学理论知识,而且还要掌握将商法理论应用于法律实务中的各种技能,需要了解和熟悉社会学、伦理学、经济学和逻辑学等方面的知识。因此,通过商事法学实验教学,其目标和指导思想是培养既掌握法学专业基本理论知识,又具备处理各种法律实务专业技能的法律人才,毕业后能够直接胜任法院、检察院、企业法律顾问、律师等司法第一线的法律实务工作。

第二编

商事诉讼与商事仲裁法学实验

第三章 公司诉讼实验教程

第一节 公司诉讼类型

公司诉讼具体可分为以下类型①：

（1）股东对公司提起的诉讼，具体分为股权确权诉讼、股东权行使诉讼、股东请求确认公司设立无效或撤销的诉讼、与公司解散相关的诉讼。

其一，股权确权诉讼包括当事人要求确认其在公司中具有股东资格提起的诉讼；股东要求公司向其签发出资证明或股票的诉讼；股东要求公司在股东名册中将其记载为公司股东的诉讼；隐名股东请求确认其股东资格并要求登记为显名股东的诉讼。

其二，股东权行使诉讼包括股东知情权诉讼；股东表决权诉讼；股东的股利分配请求权诉讼；公司剩余财产分配请求权诉讼；股东要求召开股东会或股东大会的诉讼；股东请求确认公司决议无效的诉讼；股东请求撤销公司决议的诉讼；异议股东的股份收购请求权诉讼。

其三，股东请求确认公司设立无效或撤销的诉讼包括股东请求确认公司设立无效的诉讼，股东请求撤销公司设立的诉讼。

其四，与公司解散相关的诉讼包括股东请求强制解散公司的诉讼；股东或债权人要求法院指令成立清算组的诉讼；债权人请求公司清算义务人承担违反清算义务的民事责任的诉讼；公司解散后债权人要求清算义务人承担民事责任的诉讼。

---

① 参见褚红军主编：《公司诉讼原理与实务》，人民法院出版社2007年版，第10页。

（2）公司对股东或经营管理人员提起的诉讼，具体包括因股东虚假出资而引起的公司向股东提起的履行出资义务的诉讼、因股东抽逃出资而引起的公司要求股东承担返还出资责任的诉讼、公司为维护自身合法权益而向公司股东或高级管理人员提起的诉讼、公司对清算组成员提起的损害赔偿诉讼。

其中公司为维护自身合法权益而向公司股东或高级管理人员提起的诉讼又包括公司要求撤销有关损害公司利益的关联交易的诉讼；公司要求公司董事、监事从事竞业禁止业务所得收益归入公司的诉讼；公司因董事及高级管理人员违反勤勉或忠实义务致公司损失而提起的损害赔偿诉讼；公司请求相关人员返还公司印章、财务账簿的诉讼。

（3）股东对股东的侵权或违约行为提起的诉讼，具体分为股权转让合同纠纷引起的诉讼、因股东瑕疵出资而由其他股东对其提出的出资违约诉讼。

其中股权转让合同纠纷引起的诉讼又分为因履行股权转让合同而形成的诉讼；请求撤销股权转让合同的诉讼；请求确认股权转让合同无效的诉讼；股权转让侵犯其他股东优先购买权而形成的诉讼；瑕疵出资的股权转让及其民事责任承担引起的诉讼；隐名股东转让股权或挂名股东转让股权而引起的股权转让纠纷；因股权继承引起的诉讼；因股东离婚分割股权产生的诉讼；因股东分立或合并涉及股权转让而产生的诉讼。

（4）股东代表诉讼，包括股东以自己名义代表公司要求侵害人承担损害赔偿的诉讼，股东以自己名义代表公司要求债务人清偿到期债务的诉讼。

（5）由公司债权人提起的诉讼，具体包括股东瑕疵出资的，公司债权人要求公司及其股东承担侵权或违约责任并要求公司股东承担瑕疵出资的民事责任的诉讼；公司法人人格否认诉讼；公司债权人提出的要求公司董事及高管人员与公司共同承担损害赔偿责任的诉讼。

（6）其他诉讼，具体包括请求确认公司章程条款效力的诉讼，公司承包经营纠纷而引起的诉讼。

第二节　公司诉讼实验过程

实验目的: 通过对股东代表诉讼案件的模拟操作，理解新旧公司法具体规定的含义及在实务中的运用，掌握实践中处理公司纠纷案件的技巧，特别注意在法律规定不明时如何制定诉讼策略，赢得诉讼。

实验要求: 熟悉新旧公司法关于股东代表诉讼的相关法律规定及最高人民法院相关司法解释，对公司运作的基本知识有所了解，认真研读案例。

实验原理: 运用《中华人民共和国公司法》及相关司法解释的规定正确分析案件，采用适当的策略进行诉讼，争取胜诉的结果。

实验素材: 主要法律文件素材为新旧《中华人民共和国公司法》及相关司法解释。

案例素材: 中国中期期货经纪有限公司股东代表诉讼案[①]

案情简介

中国中期期货经纪有限公司(以下简称"中期期货公司")是中国最大的一家期货经纪公司，注册资本为人民币 6 亿元，堪称中国期货业的"龙头老大"。该公司的董事长田××是中国期货业协会的会长。四川宏达(集团)有限公司(以下简称"宏达集团")和四川宏达股份有限公司(以下简称宏达股份)在中期期货公司一致行动时处于第一大股东的地位，合计持有中期期货公司 **46.9%** 的股份。宏达集团和宏达股份的董事长刘××，是中期期货公司的董事。中期

---

① 引用自赵继明、吴高臣著：《中国律师办案全程实录股东代表诉讼》，法律出版社 2007 年版，第 43 页。

期货公司的董事长田××兼任宏达集团的副董事长。

从 2003 年 7 月开始,宏达集团和宏达股份利用其在中期期货公司的控制股东地位以及其与中期期货公司董事长田××的关联关系,以关联企业青岛千禧宏达体育娱乐有限公司(以下简称"青岛宏达")的名义和宏达集团的名义多次从中期期货公司借款高达三亿多元(其中包括深圳中期期货经纪有限公司债权转让形成的应付款),其中 6000 万元借款由宏达集团和宏达股份提供担保。刘××和田××在相关协议上签字。所有的借款行为未经中期期货公司股东会或董事会批准同意。截至 2004 年 6 月尚欠 1.64 亿一直没有归还。中国证监会北京监管局多次通知中期期货公司:务必在 2004 年 7 月底以前,解决股东占用公司资金等问题,否则监管局将作出年检不予通过的意见上报中国证监会,公司可能受到停业整顿或吊销营业许可资格的处罚。

在中期期货公司面临生死存亡的关头,在公司小股东苏州新发展投资有限公司(以下简称"苏州"新发展)、兖矿集团有限公司(以下简称"兖矿集团")的强烈要求下,中期期货公司董事长田××于 2004 年 7 月 28 日在北京希尔顿酒店主持召开了临时股东会,股东会上通过了有关股东必须在 7 月底之前还清占用公司的资金,否则公司将寻求司法救济的决议。

2004 年 7 月底宏达集团、宏达股份并未执行中期期货公司股东会决议进行还款,中期期货公司也未启动诉讼程序。8 月 28 日小股东苏州新发展书面通知要求部分股东及其关联企业归还占用的资金。然而中期期货公司一直也未提起诉讼。

在如果不马上采取诉讼措施,中期期货公司有可能被证券监管部门责令停业整顿或吊销营业许可资格的紧急情况下,两小股东苏州新发展和兖矿集团于 2004 年 9 月委托北京市炜衡律师事务所赵××律师代理诉讼。

赵××律师接受委托后,经进认真研究,认为这是一起公司控制股东利用其控制地位与公司董事长、董事共同损害公司利益的股东代表诉讼案。但是当时中国法律对股东代表诉讼制度并没有规定,最高人民法院《关于审理公司纠纷案件若干问题的规定(一)》(征求意见稿)中有规定,但也毕竟只是一个征求意见稿。考虑到本案被告的强势地位、现行法律没有规定股东代表诉讼制度的实际情况以及之前中国证券市场的几起股东代表诉讼的夭折情况,赵××律师谨慎地选择了北京市高级人民法院作为一审管辖法院。2004年9月13日赵××律师代表两小股东苏州新发展和兖矿集团向北京市高级人民法院递交了起诉状,要求青岛宏达偿还中期期货公司借款本金6000万元及利息,宏达集团和宏达股份对该笔债务承担担保责任;宏达集团偿还中期期货公司转让款及借款1.04亿元及利息;刘××和田××对上述1.64亿元债务及损失承担连带赔偿责任。2004年9月24日北京市高级人民法院立案受理。

北京市高级人民法院立案受理后,各方被告及第三人均提出管辖权异议,认为北京市高级人民法院无权管辖,被北京市高级人民法院裁定驳回。接着,各方被告就管辖权异议的裁定上诉至最高人民法院,经审理,最高人民法院裁定驳回上诉,维持原裁定。

案经两次开庭审理,北京市高级人民法院于2005年8月5日作出(2004)高民初字1287号民事裁定,以"本案是以合同之债为标的的股东代表诉讼,原告苏州新发展公司、兖矿集团作为第三人中期期货公司的股东,对被告青岛宏达、宏达集团、宏达股份提起的是合同之诉,代位行使公司的债权。刘××、田××分别作为被告宏达集团、宏达股份和第三人中期期货公司的法定代表人,在相关合同上签字系法人行为,该二人并不是本案所诉合同的相对主体,不应成为本案合同之诉的适格被告"为由,裁定驳回原告苏州新发展、兖矿集团对被告刘××、田××的起诉。关于这一份中间裁定,被上诉人苏州新发展公司和兖矿集团也是不服的,但是当时考虑到如果对这份裁定提起上诉,则又要拖延更长的时间,才能进入实体审理阶段解决"宏达系"是否要还款的问题,因而没有提起上诉。

2005年12月8日北京市高级人民法院作出(2004)高民初字1287号民事判决,判决青岛宏达偿还第三人中期期货公司借款本金6000万元及利息;宏达集团偿还归还第三人中期期货公司转让款及借款1.04亿元及利息;宏达集团和宏达股份对青岛宏达偿还第三人中期期货公司本金6000万元及利息的不能清偿部分1/3承担清偿责任。由于当时"股东代表诉讼"并无法律依据,一审宣判后,在中国的资本市场产生了巨大影响,《中国证券报》、《21世纪经济报道》、《中国经营报》、《中国贸易报》、《法制日报》、《第一财经日报》、《法制早报》等多家媒体先后进行了广泛报道。

宏达集团不服一审判决,于2005年12月18日向最高人民法院提起上诉,2006年4月4日最高人民法院二审开庭审理。鉴于新《公司法》的生效以及中国资本市场清理大股东占款的大环境,二审期间,宏达集团于2006年5月22日主动归还了第三人中期期货公司1.64亿元并向最高人民法院申请撤回上诉,最高人民法院经审查认为宏达集团请求撤回上诉的意思表示真实,且不违反法律和行政法规的禁止性规定,于2006年5月24日以(2006)民二终字第56号裁定准许宏达集团撤回上诉,原北京市高级人民法院的一审判决即发生法律效力。

至此,中国涉案金额最大的股东代表诉讼案暨中国期货行业首例股东代表诉讼案圆满结束。该案从2004年9月起诉至2006年5月二审结案,持续将近两年时间,见证了中国股东代表诉讼制度建立的过程,跨越新《公司法》生效前后。

实验过程:

环节一:诉前准备

步骤一:前期接洽:初步判断案件性质

步骤二:为苏州新发展起草《关于请求尽快诉讼解决部分股东及其关联公司占用公司资金的通知》

步骤三:查阅有关案例及相关资料

步骤四:诉讼思路的确定

正式提出股东代表诉讼的方案:

1. 股东代表诉讼以苏州新发展和兖矿集团作为原告,以田××、刘××、青岛宏达、宏达集团、宏达股份为被告,以中期期货公司为第三人,要求:青岛宏达偿还中期期货公司借款本金6000万元及利息,宏达集团和宏达股份对该笔债务承担担保责任;宏达集团偿还中期期货公司转让款及借款1.04亿元及利息;刘××和田××对上述1.64亿元债务及损失承担连带赔偿责任。

2. 鉴于北京高院新近出台《关于审理公司纠纷案件若干问题的指导意见》,该案由北京院一审管辖最为适合,但尚需进一步与北京高院沟通。

3. 起诉的同时申请证据保全。

4. 诉讼中注意与媒体保持联系,希望社会舆论来支持股东代表诉讼,迫使"宏达系"还款,尤其宏达股份还是上市公司。

同时明确告知两公司:由于股东代表诉讼属于没有法律规定的新型诉讼案件,败诉的风险也还是存在的。

诉讼方案提出后,两公司又提出可否不将田××列为被告,本案律师坚持认为田××必须成为被告,如果田××不当被告,本案管辖权可能不在北京。管辖权不在北京,本案的诉讼将可能失去意义,败诉的可能性极大。

步骤五:委托代理协议的签署

鉴于本案的特殊性,律师在《民事委托代理合同》中多次表明了当事人委托的事务系股东代表诉讼。

步骤六:制作授权委托书

步骤七:调查收集证据

为此本案律师对两委托人提供的相关资料进行了梳理,要求其进一步提供证据。同时本案律师前往国家工商总局以及青岛、四川等地调查,以求尽可能全面地把握案件的相关情况,为诉讼工作奠定良好的基础。

1. 中期期货公司的工商登记情况
2. 中国国际期货经纪有限公司的工商登记情况。
3. 中期期货公司与中国国际期货经纪有限公司的名称演变过程。
4. 宏达集团的工商登记情况及实际控制人。
5. 宏达股份的工商登记情况及实际控制人。
6. 青岛宏达的工商登记情况。
7. 成都江南房地产开发有限公司的股东情况。
8. 刘××的个人身份情况。
9. 田××的个人身份情况。
10. 苏州新发展的更名情况。

步骤八:一审管辖法院的选定

鉴于北京高院于2004年2月出台了《关于审理公司纠纷案件若干问题的指导意见》,该案由北京高院一审管辖最为适合,但股东代表诉讼是否以标的额来确定管辖以及诉讼费用按何种标准缴纳,法律并没有规定。为此,本案律师前往北京高院立案庭咨询,答复是若按财产类案件起诉,争议金额超过人民币1亿元的,可以在北京高院一审。言外之意,股东代表诉讼也可以不按财产案件起诉,对于当事人而言,可以节省诉讼费用,但管辖法院就可能会是基层法院。毕竟,股东代表诉讼属于新型案件。基层法院是否具有审理股东代表诉讼的经验,以及是否能够妥善解决股东代表诉讼,本案律师心里没有底。一般而言,上一级人民法院具有更高的审判水平。就本案而言,争议金额1.64亿元,若按财产案件起诉受理费83万余元。如此高的诉讼费,当事人是否愿意承担?

随后,本案律师将上述情况告知两委托人,并认真地分析利弊,供委托人作决定之参考。两委托人经过慎重考虑也认为,股东代表诉讼这类新型案件还是在北京高院一审管辖比较安全,即使一审败诉,二审还可以到最高人民法院上诉。

步骤九:起草起诉状

步骤十:编制证据目录

提交人:原告苏州新发展投资有限公司、兖矿集团有限公司

委托代理人:北京市炜衡律师事务所赵××律师

序号 页数	证据名称	证据种类	证据来源	证明对象	备注
1 (共1页)	协议书	书证	第三人中期期货	2003年7月17日青岛宏达与中期期货公司签订1.8亿元的借款协议。	复印件
2 (共1页)	担保协议书	书证	中期期货	1. 宏达集团和宏达股份为青岛宏达借款1.8亿元提供了担保; 2. 借款最终成功决定于签字田××和刘××。	复印件
复印件3 (共3页)	中国建设银行汇票申请书(存根)两份、交通银行票汇委托书(存根)1份	书证	中期期货	2003年7月17日中期期货向青岛宏达支付了借款1.8亿元。	复印件
4 (共1页)	收据	书证	中期期货	青岛宏达收到中期期货的借款1.8亿元。	复印件
5 (共1页)	中国建设银行电子汇划收款补充报单	书证	中期期货	2003年10月23日青岛宏达通过青岛龙翔置业有限公司支付中期期货6000万元。	复印件
6 (共1页)	中国建设银行电子汇划收款补充报单	书证	中期期货	2003年10月23日青岛宏达通过青岛千禧国际置业有限公司支付中期期货1208.83万元。	复印件
7 (共1页)	收据	书证	中期期货	2003年10月24日青岛宏达代中期期货借给成都江南房地产开发有限公司4791.17万元,中期期货取得对成都江南房地产开发有限公司4791.17万元的债权。	复印件

(续表)

序号 页数	证据名称	证据种类	证据来源	证明对象	备注
8 (共1页)	划款指令	书证	中期期货	2003年10月30日胡××、田××同意宏达集团从中国国际期货经纪有限公司(原名深圳中期期货经纪有限公司)划款1亿元。	复印件
9 (共1页)	交通银行深圳分行电汇凭证	书证	中期期货	2003年10月30日中国国际期货经纪有限公司(原名深圳中期期货经纪有限公司)将1亿元支付宏达集团。	复印件
10 (共2页)	债权转让协议书	书证	中期期货	中期期货、中国国际期货经纪有限公司、宏达集团三方协议将1亿元的债权转让给中期期货。刘××等人协议上签字。	复印件
11 (共1页)	中国人民银行支付系统专用凭证	书证	中期期货	2003年12月23日宏达集团支付中期期货600万元。	复印件
12 (共1页)	中国建设银行电汇凭证	书证	中期期货	2003年12月29日中期期货支付宏达集团3000万元。	复印件
13 (共2页)	借款协议书	书证	中期期货	2003年12月29日宏达集团与中期期货就2400万元的借款事宜签订借款协议,田××和刘××在协议上签字。	复印件
14 (共2页)	借款担保协议书	书证	中期期货	2003年12月29日宏达集团与中期期货就2400万元的借款担保事宜签订借款担保议,田××和刘××在协议上签字。	复印件
15 (共1页)	中国人民银行支付系统专用凭证	书证	中期期货	2004年1月16日宏达集团支付中期期货1000万元。	复印件
16 (共1页)	付款凭证	书证	中期期货	2004年5月31日中期期货委托宏达集团代还深圳金禾进出口贸易有限公司1000万元。	复印件

(续表)

序号 页数	证据名称	证据种类	证据来源	证明对象	备注
17 （共4页）	中国证监会北京监管局文件京证监发［2004］90号《关于中国中期期货经纪有限公司限期整改通知书》	书证	中期期货	该文件是2004年6月4日所发，文件指出在年检中发现中期期货与股东之间存在大额往来款，有抽逃注册资本嫌疑等九大问题，并提出了清理与股东及关联企业往来款项，确保注册资金到位等8条监管要求，要求在一个月内完成整改。	复印件
18 （共1页）	中国证监会北京监管局文件《关于年检问题的提示意见》	书证	中期期货	该文件是2004年7月1日所发，文件指出期货公司年检工作将于7月5日结束。中期期货资本金不到位问题必须立即解决，否则将对该公司2003年度年检作不予通过处理。	复印件
19 （共1页）	中国证监会北京监管局期货处柳××同志来电记录	书证	中期期货	2004年7月22日中国证监会北京监管局期货处柳××同志电话通知中期期货：务必在7月底以前（这是最后的时间）解决股东占用公司资金等三个问题，否则监管局将作出年检不予通过的意见上报中国证监会，公司可能受到停业许可资格的处罚。	复印件
20 （共2页）	中国证监会深圳监管局深证局函［2004］72号《关于对中国国际期货经纪有限公司的监管意见书》	书证	中期期货	该文件是2004年5月11日所发，该文件指出宏达集团对中国国际期货经纪有限公司(原深圳中期期货经纪有限公司)增资后，验资的次日即将1亿元调走，要求在10个工作日内报送整改报告及相关说明，将视整改情况进行检查。	复印件
21 （共12页）	中期期货2004年临时股东会的相关材料	书证	中期期货	股东会要求宏达集团、宏达股份等股东于2004年7月31日前归还对公司欠款，否则将按中国证监会的要求，请求司法救济。	复印件

（续表）

序号 页数	证据名称	证据种类	证据来源	证明对象	备注
22 （共2页）	中期期货四届十三次董事会决议	书证	中期期货	包括刘××、田××在内的公司董事会责成经营班子落实2004年临时股东会形成的三项决议，确保公司年检过关。	复印件
23 （共2页）	《关于请求尽快诉讼解决部分股东及其关联公司占用公司资金的通知》以及《国内特快专递邮件详情单》	书证	原告新发展	2007年8月28日原告新发展书面通知第三人中期期货务必在接到通知之日起五日内采取诉讼行动，以维护公司及全体股东的合法权益。	原件
24 （共1页）	协议书	书证	国家工商总局	原中国国际期货经纪有限公司和原深圳中期期货经纪有限公司于2003年9月29日签订协议，决定将"中国国际期货经纪有限公司"的名称转让给原深圳中期期货经纪有限公司，即"深圳中期期货经纪有限公司"更名为"中国国际期货经纪有限公司"。	原件
25 （共2页）	《证明》一份以及《企业法人营业执照》	书证	国家工商总局	国家工商总局2003年10月15日同意原"中国国际期货经纪有限公司"更名为"中期期货经纪有限公司"，10月27日同意"中期期货经纪有限公司"再次更名为"中国中期期货经纪有限公司"。10月27日取得了国家工商总局颁发的名称"中国中期期货经纪有限公司"的《企业法人营业执照》。	原件
26 （共2页）	深圳中期期货经纪有限公司关于名称变更的申请以及《企业法人营业执照》	书证	国家工商总局	深圳中期期货经纪有限公司于2003年9月29日向国家工商总局申请将名称变更为"中国国际期货经纪有限公司"。2003年11月17日原深圳中期期货经纪有限公司取得了国家工商总局颁发的名称为"中国国际期货经纪有限公司"的《企业法人营业执照》。	原件

(续表)

序号 页数	证据名称	证据种类	证据来源	证明对象	备注
27 (共14页)	中期期货的章程	书证	国家工商总局	两原告第三人中期期货的股东。	原件
28 (共1页)	公司变更核准通知书	书证	苏州工商局	苏州恒和投资开发管理有限公司已更名为苏州新发展投资历有限公司。	原件

步骤十:起草证据保全申请书

附:需要保全的证据原件清单

1. 2003年7月17日中期期货公司(原名中国国际期货经纪有限公司)与青岛千禧宏达体育娱乐有限公司(以下简称"青岛宏达")签订的关于借款1.8亿元的《协议书》;

2. 2003年7月17日中期期货公司(原名中国国际期货经纪有限公司)、四川宏达(集团)有限公司(以下简称"宏达集团")、四川宏达股份有限公司(以下简称"宏达股份")签订的关于担保青岛宏达借款1.8亿元《担保协议书》;

3. 中期期货公司(原名中国国际期货经纪有限公司)支付青岛宏达1.8亿元的付款凭证;

4. 青岛宏达2003年7月17日收到借款1.8亿元的收据;

5. 青岛宏达分别于2003年10月23日、10月24日、10月29日向中期期货还款的凭证;

6. 2003年10月30日胡××、田××同意的宏达集团从中国国际期货经纪有限公司(原名深圳中期期货经纪有限公司)划款1亿元的划款指令;

7. 2003年10月30日宏达集团从中国国际期货经纪有限公司(原名深圳中期期货经纪有限公司)划款1亿元的凭证;

8. 2003年11月28日中期期货公司、中国国际期货经纪有限公司(原名深圳中期期货经纪有限公司)、宏达集团签订的关于1亿元的《债权转移协议书》;

9. 2003年12月23日宏达集团支付中期期货公司600万元、2003年12月29日中期期货公司支付宏达集团3000万元的凭证；

10. 2003年12月29日中期期货公司与宏达集团签订的关于借款2400万元的《借款协议》；

11. 2003年12月29日中期期货公司与宏达集团签订的关于借款2400万元的《借款担保协议书》；

12. 2004年1月16日宏达集团支付中期期货公司1000万元、2004年5月31日宏达集团代中期期货公司还深圳金禾进出口贸易有限公司1000万元的凭证；

13. 中国证监会北京监管局文件京证监发[2004]90号《关于中国中期期货经纪有限公司限期整改通知书》；

14. 中国证监会北京监管局文件《关于年检问题的提示意见》；

15. 中国证监会北京监管局期货处柳××同志来电记录；

16. 中国证监会深圳监管局深证局函[2004]72号《关于对中国国际期货经纪有限公司的监管意见书》；

17. 2004年7月28日中期期货公司的临时股东会文件；

18. 2004年7月28日中期期货公司四届十三次董事会决议；

19. 中期期货公司在银行贷款余额为2.406亿元的有关文件，包括但不限于借款合同、借据、还款凭证等；

20. 与本案有关的其他证据材料。

步骤十一：出具律师事务所函

环节二：庭前交锋

步骤一：申请立案

步骤二：各被告及第三人提出管辖异议

被告田××在2004年10月17日的《管辖异议书》中提出：

1. 本案级别管辖错误；

2. 本案在北京审理不利于诉讼的便利展开，更适宜由侵权行为

人即被告所在地法院管辖;

3. 异议人不应成为本案的被告,原告为在北京管辖,将与本案诉争案由无关的异议人列为被告。

第三人中期期货公司在2004年10月17日《管辖权异议书》中提出:

1. 本案级别管辖错误;

2. 本案在北京审理不利于诉讼的便利展开,更适宜由被告所在地法院管辖。

步骤三:关于管辖异议的一、二审裁定

步骤四:被告答辩

鉴于被告和第三人的管辖权异议最终被驳回,本案进入一审实体审理的庭前阶段。被告应当在法定期间内作出答辩。除被告田××外,其他被告均未提交书面答辩意见,被告田××答辩如下:

1. 答辩人并非借款合同当事人,不应成为本案被告;被答辩人也不具备作为本案原告的诉讼主体资格,依法应驳回被答辩人的起诉。

2. 答辩人对外签订上述协议的职务行为并无不当,不应承担任何法律责任。诉讼中所涉及的答辩人的行为,并没有超出其职权范围。答辩人与第三被告签订的借款合同完全是出于为公司获取高额回报的目的,由于第三被告表示愿意支付高额利息向公司借款,且有公司两位大股东提供担保,为有效利用公司闲置资金,答辩人才同意签订借款合同,足见答辩人在签约时是相当慎重的,是充分考虑公司利益的。

步骤五:证据交换

2005年3月17日法庭组织各方当事人进行了证据交换,并进行了庭前质证。

被告刘××提交了如下证据:

证据一:宏达集团《企业法人营业执照》

证明对象:(1)证明刘××是宏达集团法定代表人,依法享有代表该公司对外行使民事权利的资格。(2)证明刘××具备代表宏达集团与中国中期之间签订的借款《协议书》和担保《协议书》的主体资格。

证据二:宏达股份《企业人营业执照》

证明对象:(1)证明刘××是宏达股份的法定代表人,依法享有代表该公司对外代表本公司行使民事权力的资格。(2)证明刘××具备代表宏达股份与中国中期之间签订的借款《协议书》,担保《协议书》及其解除担保《协议书》的主体资格。

证据三:中国中期《公司章程》(同原告证据二十七,略)

证明对象:(1)证明刘××是中国中期董事。(2)证明刘××在中国中期不具备独立的代表中国中期决定是否同意对外借款的资格。(3)证明中国中期对外投资、借款等权限归公司经营层,无须经过董事会和股东会的批准。

证据四:京证监发(2004)90号文件(同原告证据十七,略)

证明对象:(1)证明证监局误将借贷和担保法律关系与涉嫌抽逃资本金混淆。(2)证明刘××代表宏达集团、宏达股份,在中国中期股东会上要求澄清涉嫌抽逃资本金;查明中国中期资本状况,与证监局文件内容之间存在直接因果关系。(3)证明中国中期股东会上通过《对中国中期资产进行审计》的决议,具有拟通过审计结果,澄清是否涉嫌抽逃资本金的因果关系。

证据五:提议聘请中介机构对公司资产进行审议的议案——《关于中国中期账面资产存在严重问题说明》

证明对象:(1)证明公司管理层向证监局提供虚假财务资料,导致证监局误认为大股东抽逃资本金。(2)证明中国中期管理层对外投资、挪用保证金、财务混乱等问题,是导致证监局误解大股东涉嫌抽逃资本金的原因。(3)证明股东通过法定形式,提议股东会通过聘请中介《对中国中期资本进行全面审计》的议案,是澄清事实和维护股东和公司利益的合法行为。

证据六:中国中期2002年《审计报告》

证明对象:(1)证明中国中期管理层向中介机构提供的资产负责表、年度利润及其利润分配表、现金流量表存在大量的虚假信息和遗漏。(2)证明中国中期资产的真实状况与中国中期管理层提交给证监局的财务资料之间存在重大的差异。(3)证明中国中期管理层具有涉嫌编造虚假财务资料报告、违反诚实义务、侵害股东权益的行为。(4)证明中国中期管理层隐瞒公司财务状况的行为,是造成证监局误解大股东涉嫌抽逃资金的直接原因。

被告田××提交了如下证据:

证据一:中期期货公司章程(同原告证据二十七,略)

证明对象:中期期货公司的股权结构情况;宏达系公司在中期公司占控股地位。

证据二:宏达集团收购苏州恒和投资开发管理有限公司的股权协议

证明对象:中期期货公司的股权结构情况;宏达系公司在中期公司占控股地位。

证据三:宏达集团收购北美物产集团的股权协议

证明对象:中期期货公司的股权结构情况;宏达系公司在中期公司占控股地位。

证据四:宏达集团收购四川汉龙高新科技开发有限公司的股权协议

证明对象:中期期货公司的股权结构情况;宏达系公司在中期公司占控股地位。

证据五:宏达集团收购太仓电解铜厂的股权协议

证明对象:中期期货公司的股权结构情况;宏达系公司在中期公司占控股地位。

证据六:中期期货公司股东2003年9月份会议决议

证明对象:中期期货公司的股权结构情况;宏达系公司在中期公司占控股地位。

证据七:1.8亿元借款协议(同原告证据一,略)

证明对象:比贷款利息低。

证据八:1.8亿元借款担保协议(同原告证据二,略)

证明对象:有担保

证据九:2400万元借款担保协议(同原告证据十四,略)

证明对象:有宏达集团股权质押。

证据十:宏达集团为中期期货公司无偿担保1亿元贷款的保证合同

证明对象:互惠互利。

证据十一:中期期货公司证人证言

证明对象:事后,田××积极采取补救措施。

证据十二:田××去成都的飞机票证

证明对象:事后,田××积极采取补救措施。

被告宏达股份提供了如下一份证据:

《补充协议书》

证明对象:(1)证明中国中期与宏达集团和宏达股份三方签订的担保《协议书》,已经根据《补充协议》变更担保事项。(2)证明宏达股份已经不具有对宏达集团的担保义务。(3)证明原告要求宏达股份承担连带担保责任的诉求不能成立。

被告宏达集团没有提交证据。

证据交换笔录

步骤六:起草质证意见

步骤七:补充新的证据

公 证 书

(2005)京证经字第02801号

申请人苏州新发展投资有限公司,企业法人营业执照注册号3205002108011,住所地苏州市干将西路1296号,法定代表人唐××。委托代理人赵××,男,一九七〇年十月二十一日出生。

公证事项:证据保全

申请人苏州新发展投资有限公司的委托代理人赵××于二〇〇五年四月五日来到我处,称该公司正在与刘××、田××等进行诉讼,为证明田××在四川宏达(集团)股份有限公司担任副董事长职务,为此向我处申请对深圳证券交易所的公告办理证据保全公证。

根据《中华人民共和国公证暂行条例》的规定,在本公证员与公证人员陈××的监督下,赵××于二〇〇五年四月五日在我处操作计算机,进行了如下保全证据行为:

1. 在桌面上新建文件夹"0405"。

2. 启动 IE 浏览器,在地址栏中键入"www.sse.org.cn",回车进入深圳证券交易所主页,将该页面命名为"深圳证券交易所"存入文件夹"0405",并打印上述网页,结果见打印资料第1—2页。

3. 在页面上点击"上市公司公告",在所得页面上信息查询栏中填写"2004-02-14",使用"prtscr"键拷贝屏幕,粘贴在 WORD 文档上,并命名为"1"存入文件夹"0405",并打印上述文件,结果见打印资料第3页。

4. 点击"确定",将所得页面命名为"报告"存入文件夹"0405",并打印上述网页,结果见打印资料第4—5页。

5. 点击"金路集团:四川宏达(集团)有限公司持股变动报告书",将所得文件命名为"全文"存入文件夹"0405",并打印上述文件,结果见打印资料第6—12页。

兹证明与本公证书相粘连的打印资料(共十二页)均为赵××在现场操作过程中实时打印所得,与实际情况相符。

文件夹"0405"的内容拷贝软盘一张,封存我处。

中华人民共和国北京市公证处(公章)

公证员:邵××
二〇〇五年四月五日

附:四川金路集团股份有限公司股东持股变动报告书

环节三:一审阶段

步骤一:准备发问提纲

发问提纲

(一) 问田××

1. 法律明文规定企业之间不得借贷,公司不得将资金借贷给他人,你为何批准将第三人中期期货公司的资金借给"宏达系"公司?为什么不拒绝?

2. 青岛宏达或宏达集团从中期期货公司借款时,如此巨大金额为什么不召开股东会或董事会?

3. 关于青岛宏达 1.8 亿元借款的担保人原来是宏达集团和宏达股份两家,2003 年 11 月 18 日的《补充协议书》将担保人变更为宏达集团一家,让宏达股份不承担担保责任,为什么?宏达股份是上市公司,承担债务的能力更强,为什么要补签协议不让它承担责任呢?

(二) 问宏达集团

田××为什么会在宏达集团担任副董事长?有无报酬?若无报酬为什么要当这个职务?

(三) 问第三人中期公司

中期公司目前还欠银行贷款有多少?

步骤二:准备代理词

中国中期期货经纪有限公司股东代表诉讼案一审代理词

步骤三:开庭公告

2005 年 3 月 18 日北京高院公告:本案定于 2005 年 4 月 7 日上午 9 时在本院 1110 法庭依法公开开庭审理。

步骤四:开庭

2005 年 4 月 7 日上午 9 时,本案在北京高院 1110 法庭正式开庭,《法制日报》、《21 世纪经济报道》、《经济观察报》、《法制早报》

等多家媒体的记者旁听了该案。

步骤五：各方当事人代理律师提交代理意见

步骤六：向法庭申请责令宏达集团提供证据

由于庭审中刘××否认田××在宏达集团担任副董事长职务，同时否认北京市公证处（2005）京经字第02801号公证书，本律师申请法庭责令宏达集团提交宏达集团关于选举田××等人为公司董事的股东会决议和关于选举田××等人为公司副董事长的董事会决议。

本律师按照法庭的要求起草了《关于法院责令宏达集团提交证据的质证意见》递交法庭。

步骤七：法院关于刘××、田××被告主体是否适格的裁定

令本律师意外的是，一审法院于2005年8月5日作出（2005）高民初字1287号民事裁定书，以"本案是以合同之债为标的的股东代表诉讼，原告苏州新发展公司、兖矿集团作为第三人中期期货公司的股东，对被告青岛宏达、宏达集团、宏达股份提起的是合同之诉，代位行使公司的债权。被告刘××、田××分别作为被告宏达集团、宏达股份和第三人中期期货公司的法定代表人，在相关合同上签字系法人行为，该二人并不是本案所诉合同的相对主体，不应成为本案合同之诉的适格被告"为由，裁定驳回原告苏州新发展、兖矿集团对被告刘××、田××的起诉。一审法院同时向本律师送达了《北京市高级人民法院关于当事人提起上诉预交上诉案件受理费等事项的通知》。

步骤八：申请对宏达集团进行财产保全

诉讼过程中，苏州新发展向北京高院申请对宏达集团进行财产保全，北京高院经审查，批准了苏州新发展的申请，于2005年10月31日作出（2004）高民初字第1287号民事裁定书，并冻结宏达集团持有的中期期货公司的全部股权。

步骤九:一审判决两原告胜诉

由于两委托人决定对(2005)高民初字 1287 号民事裁定书不上诉,北京高院于 2005 年 12 月 8 日作出(2005)高民初字 1287 号民事判决书,判决两原告胜诉,即青岛宏达偿还第三人中期期货公司借款本金 6000 万元及利息;宏达集团偿还第三人中期期货公司转让款及借款 1.04 亿元及利息;宏达集团和宏达股份对青岛宏达偿还第三人中期期货公司本金 6000 万元及利息的不能清偿部分 1/3 承担清偿责任。

环节四:二审阶段
步骤一:宏达集团提起上诉
步骤二:二审开庭
步骤三:二审和解,宏达集团撤回上诉

第四章 保险诉讼实验教程

第一节 保险诉讼类型

保险诉讼可分为:财产保险诉讼,包括财产损失保险诉讼、信用保险诉讼等;人身保险诉讼,包括人寿保险诉讼、健康保险诉讼、意外伤害保险诉讼;海上保险诉讼,包括海运货物保险诉讼、海运船舶保险诉讼、运费保险诉讼、预期利益保险诉讼、海上石油开发保险诉讼;保证保险诉讼;责任保险诉讼,包括公众责任保险诉讼、产品责任保险诉讼、第三者责任保险诉讼、雇主责任保险诉讼、职业责任保险诉讼;保险代位求偿诉讼。

第二节 保险诉讼实验过程

实验目的:通过对保险案件诉讼过程的模拟操作,理解保险法具体规定的含义及在实务中的运用,掌握实践中办理保险案件的技巧。

实验要求:熟悉保险法及相关法律规定,对保险的基本知识有所了解,认真研读案例。

实验原理:运用《中华人民共和国保险法》的规定分析保险案件,在诉讼中灵活运用各种策略,以维护当事的合法权益。

实验素材:主要法律文件素材为《中华人民共和国保险法》

案例素材:人身保险索赔案[1]

---

[1] 引用自詹昊著:《中国律师办案全程实录保险诉讼》,法律出版社2008年版,第79页。

基本案情

2000年3月中旬的一天,作者当时在深圳市中安律师事务所(后来更名为广东中安律师事务所)执业,经人介绍接待了三位客户:一位五十多岁的母亲和她的两个儿子文甲、文乙。通过文甲三个小时的讲述,作者明白了此案的基本案情。

三位客户的亲人(母亲的已故配偶、文甲和文乙的父亲)文××系深圳市福田区的本地居民。他生于1949年7月28日,初中文化,曾经在原来的宝安县岗厦生产队担任干部。随着特区的建立和深圳市农村城市化进程,原来的农村居民转为了非农业人口,文××一家也顺理成章地成为了深圳市居民。

文××为人正派,性格热情,办事认真,在村里的集体经济组织担任一定的职务。老两口身体健康,孩子们孝顺懂事,一家人和和睦睦,倒也其乐融融。

2000年是世纪之交,元旦时村里公司的同事们照例要来聚一聚,聊聊去年的工作经验和来年的安排。

聚会的地点就在岗厦的一家海鲜酒楼。席间,大家喝酒助兴,推杯换盏,兴致盎然。在劝说之下,文××饮下了若干白酒,其中有茅台酒和五粮液;后来,又喝了一些威士忌(广东人习惯称之为"洋酒")。

不知不觉之中,文××有些喝多了,言谈举止之中有了醉意。忽然之间,他从椅子上滑落在地,但是并没有受到任何磕碰。同事们、朋友们这才发现文××喝醉了,但是大家兴趣正浓,就将他扶到沙发上躺下,其余人则继续聊天、喝酒。

其间,也有人看了看横躺在沙发上昏睡的文××,发现他鼾声很大,并无什么异样。

酒席直到夜深方才散去,同事、朋友们发觉文××依然昏睡不醒,就找来几个村里的治安联防队员,将文××扶回家中。

回家之际,家人并没有感到任何危险,只是觉得文××喝醉了,脸色不大好。可是,当文××继续昏睡30分钟之后,家人发觉文××呼吸停止,面色发紫。

家人立即将文××送入深圳市福田区人民医院进行抢救。2000年1月14日凌晨2时,经过值班医生检查,文××入院时没有心跳、呼吸,人处于昏迷状态,全身紫绀,血压测不到,双瞳孔散大(7 mm)、固定,心电图呈现一条直线。诊断结论为:心肺骤停、酒精中毒。

医生在抢救中发觉文××的气管被米粒等呕吐物堵塞致使呼吸困难,输气导管因为异物太多而无法插入,不得不割开文××的喉管进行救治。

一番紧急抢救之后,文××被送入了深切护理部进行住院救治。其后,文××一直丧失知觉。医院选派了最好的大夫进行治疗,文××的家人也表示要尽其可能进行抢救,但是,1月18日7时52分,文××不治死亡。经过医院内外专家会诊,死亡原因是:死者因为酒精中毒,中枢神经抑制,误吸了呕吐物,导致窒息;虽然经过抢救,但是由于窒息时间过长,严重缺氧,脑部造成了不可逆的损害及多器官衰竭,最终抢救无效死亡。

料理完文××的后事,家人回忆起文××生前曾经在太平洋保险公司深圳分公司(以下简称太保深圳分公司或者保险公司)投保了人身保险。合同中规定了如果被保险人因为遭到意外伤害事故导致全残或者死亡,保险公司应当支付一百多万的保险金。

从2000年3月初开始,文甲和文乙就同保险公司进行了联系,希望保险公司能够尽快理赔。同时,还向保险公司出示了文××的死亡证明、病历等证据文件。但是,保险公司始终对此不置可否,既不表示拒赔,也不同意赔付,一直以所谓"研究研究"予以搪塞。当问及具体原因,保险公司的经办人称,文××的死亡原因可能需要继续研究,看看到底属于意外伤害死亡还是疾病导致的死亡。

面对着充满保险专业术语的保险合同,文××家人感到茫然。无奈之下,文××的家属找到了作者,希望寻求一二帮助。

在作者建议下,2000年4月3日文甲、文乙向保险公司递交了索赔申请书,要求保险公司赔偿人民币1059280元。经过一段时间后,保险公司托人带话给文甲:第一,仅仅同意给付十多万元,这是通融赔付。死者的死亡属于因为疾病死亡,不属于意外伤害死亡。第二,如果死者家属起诉,则十多万元的保险金也不给付。第三,没有书面答复。文甲、文乙觉得无法接受,遂决定通过法律手段维护权益。

实验过程:
环节一:接受委托代理
步骤一:与当事人文甲、文乙签订委托代理合同。
步骤二:文甲、文乙签署《授权委托书》。

环节二:正式立案之前进行案件分析
步骤一:考察本案事实所涉及的保险纠纷法律关系
步骤二:考察本案的法律适用
步骤三:对保险合同的内容进行分析

文甲、文乙能够提供的保险合同履行证据有四份:《中国太平洋保险公司太平盛世综合系列寿险——长发储金保险》保险合同条款一份、《中国太平洋保险公司太平盛世综合系列寿险——长顺安全保险》保险合同条款一份、《中国太平洋保险公司深圳分公司保费收据(0103258)》一份、《中国太平洋保险公司人寿保险保险单(正本)NO.0605524》一份。

证据之一:《中国太平洋保险公司长发储金保险合同条款》

中国太平洋保险公司
CHINA PACIFIC INSURANCE COMPANY LIMITED
太平盛世综合系列寿险
——长发储金保险

第一章 保险合同的构成

第一条 本保险及其声明或批注,以及和本保险合同有关的投保单及其他约定书,都是本保险合同(以下简称本合同)的组成部分。

第二章 投保条件

第二条 凡年龄在十五周岁以上(不含十五周岁),七十周岁以下(不含七十周岁),身体健康,能正常劳动或工作的人,均可作为本保险的被保险人。

第三条 符合投保条件的个人可为本人投保本保险;经被保险人同意,其配偶、直系亲属或其他有抚养、抚养关系的人可作为本保险的投保人为其投保本保险;机关、企业、事业单位和社会团体可作为投保人,为其成员向本公司投保本保险,但必须经被保险人书面同意。

第三章 保险期限

第四条 本保险为终身保险。

第五条 本保险的责任,自投保人缴付保险费且本公司同意承保并签发保险单时开始生效,至本条款规定的保险责任履行完毕时止。

第四章 保险责任

第六条 本保险分别设置有甲款、乙款供投保人选择。

第七条 本保险单有效期间,本公司对被保险人负有以下保险责任:

(一) 甲款:

1. 保单生效每满三年,若被保险人生存,本公司则给付一次储金,直至被保险人身故。

2. 被保险人身故,本公司则按规定给付死亡退保金人民币1000元,保险责任终止。

(二) 乙款:

1. 保单生效每满五年,若被保险人生存,本公司则给付一次储金,直至被保险人身故。

2. 被保险人身故,本公司则按规定给付死亡退保金人民币1000元,保险责任终止。

第五章　保险金额和保险费

第八条　本保险按份计算。每份保险的储金额根据被保险人选定的款别确定。甲款每份为人民币270元,乙款每份为人民币500元。

第九条　本保险费采用趸缴方式缴付,每份保险费为人民币1000元。投保人可购买多份同款或不同款的本保险。

第六章　受　益　人

第十条　本保险人的受益人由投保人或被保险人指定受益人时须征得被保险人书面同意。若没有指定受益人或受益人先于被保险人身故,保单利益按有关法律规定处理。

第十一条　被保险人或投保人可以变更受益人,变更受益人时,应向保险人提出书面申请,须保险人批注后生效。投保人变更受益人时须经被保险人书面同意。

第七章　退　　保

第十二条　保单生效后,如果被保险人不愿继续保险,可向本

公司申请退保,本公司按规定给付保单申领储金时,应提供下列材料:

(一)储金申请书及保险单;

(二)缴费凭证;

(三)被保险人的户籍证明身份证件。

第八章 保险金的申请与给付

第十三条 被保险人生存至各款规定的储金领取时间时,可向本公司申请领取储金。被保险人领取储金时,应提供下列材料:

(一)储金申请书及保险单;

(二)缴费凭证;

(三)被保险人的户籍证明或身份证件。

第十四条 被保险人身故,其受益人申领死亡退保金时,应提供下列材料:

(一)退保金申请书及保险单;

(二)缴费凭证;

(三)被保险人的死亡诊断书或有关死亡证明;

(四)受益人的户籍证明及身份证件。

第九章 年龄的计算及错误的处理

第十五条 被保险人的年龄按周岁计算。投保人在申请投保时,应将被保险人的真实年龄在投保单上填明,如果发生错误,应按以下规定办理:

(一)投保人申报被保险人年龄不真实,并且其真实年龄不符合本合同所载年龄限制的。本公司有权解除合同,并在扣除费用后向投保人返还保险费,但自本合同生效之日起两年后发现的除外;

(二)投保人申报的被保险人年龄不真实,但符合本合同所载年龄限制的,本公司有权要求投保人或被保人更正,若被保险人或投保人不愿更正的,本公司有权解除合同,并在扣除费用后向投保人退还保险费,但自本合同生效之日起两年后发现的除外。

第十章 附 则

第十六条 本合同的变更或记载事项的增减,未经投保人申请及公司同意并加以批注的,不具效力。

第十七条 保险双方在保险发生争议且协商无效时,可通过仲裁机构仲裁,或向保险单签发地法院提起诉讼。

第十一章 释 义

本保险合同中具有特定含义的名词,解释如下:

本公司:指中国太平洋保险公司。

证据之二:《中国太平洋保险公司长顺安全保险合同条款》

中国太平洋保险公司
CHINA PACIFIC INSURANCE COMPANY LIMITED
太平盛世综合系列寿险

第一章 保险合同的构成

第一条 本保险及其声明或批注,以及和本保险合同有关的投保单、投保告知书、体检报告书及其他约定书,都是本保险合同(以下简称本合同)的组成部分。

第二章 投保条件

第二条 凡年龄在十五周岁以上(不含十五周岁),六十五周岁以下(不含六十五周岁),身体健康、能正常工作或劳动的人,均可作为本保险的被保险人。

第三条 符合投保条件的个人可为本人投保;经被保险人同意,其配偶、直系亲属或其他有抚养、扶养关系的人可作为本保险的投保人为其投保本保险;机关、企业、事业、单位和社会团体可作为投保人,为其成员向本公司投保本保险,但必须经被保险人书面同意。

第三章 保险期限

第四条 本保险为终身保险。

第五条 本保险的责任,自投保人缴付保险费且本公司同意承保并签发保险单时开始生效,至本条款规定的保险责任履行完毕时止。

第四章 保险责任

第六条 本保险按保险责任的不同,分别设置有甲款(意外伤害保障)、乙款(疾病保障)以供保人选择。

第七条 在本保险单有效期内,本公司对被保险人负责:

(一)甲款:

被保险人因遭受意外伤害事故所致的全残或死亡,本公司给付受益人约定的保险金额,保险责任终止。

(二)乙款:

1. 保险单生效两年内,被保险人因疾病所致的全残或身故;本公司给付保险金额的 10% 予受益人,保险责任终止。

2. 保险单生效两年后,被保险人因疾病所致的全残或身故,本公司给付受益人约定的保险金额,保险责任终止。

第五章 责任免除

第八条 本公司对以下原因所致的被保险人全残或身故不负保险责任:

(一)被保险人的犯罪行为,或因为投保人、受益人的故意行为;

(二)投保人或保险人未履行如实告知义务的行为;

(三)战争、军事行动、动乱或其队类似的武装叛乱;

(四)被保险人自残或自保单生效之日起两年内自杀;

（六）核爆炸、核辐射或核污染。

第（四）、（五）、（六）款所致被保险人死亡或全残时,本公司退还所缴的保险费。

第六章 保险金额和保险费

第九条 本保险按份计算。甲款每份保险的保险金额为人民币 38280 元;乙款每份保险的保险金额根据被保险人投保时的年龄确定,具体标准详见乙款保险金额表。

第十条 本保险的保险费采用趸缴方式缴付,每份保险费人民币 1000 元,投保人可购买多份同款或不同款的本保险。

第七章 受 益 人

第十一条 本保险的受益人由投保人或被保险人指定,投保人指定受益人须征得被保险人书面同意。若没有指定受益人或受益人先于被保险人身故,保单利益按有关法律规定处理。

第十二条 被保险人或投保人可以变更受益人,变更受益人时,应向保险人提出书面申请,须保险人批注生效。投保人变更益人时须经被保险人书面同意。

第八章 退 保

第十三条 保单生效后被保险人如果不愿继续保险,可向本公司申请退保,本公司按规定给付保单价值。

第九章 保险金的申请与给付

第十四条 被保险人在保险有效期内发生保险责任范围内的全残或死亡后,其受益人申请保险金时,应提供以下材料:

（一）保险金申请书及保险单;

（二）缴费凭证;

(三) 被保险人的全残证明[由县、(区)级的医院出具]或死亡后,其受益人的户籍证明或身份证件。

(四) 受益人的户籍证胆或身份证件。

第十章 年龄的计算及错误的处理

第十五条 被保险人的年龄按周岁计算。投保人在申请投保时,应将被保险人的真实年龄在投保单上填明,如果发生错误,应按以下规定办理:

(一) 投保人申请的被保险人年龄不真实,并且其真实年龄不符合本合同所载年龄限制的,本公司有权解除合同,并在扣除费用后的向投保人返还保险费,但自本合同生效之日起两年后发现的除外;

(二) 投保人申报的被保险人年龄不真实,但符合本合同所载年龄限制的,本公司有权要求投保人或被子保险人更正,若被保险人或投保人不愿更正的,本公司有权解除合同,并在扣除费用后向投保人退还保险费,但自本合同生效之日起两年后发现的聊外。

第十一章 附 则

第十六条 本合同的变更或记载事项的增减,未经投保人申请及本公司同意并加以批注的,不具效力。

第十七条 保险双方在保险合同发生争议、协商无效时可通过仲裁机构仲裁,或向保险单签发地法院提起诉讼。

第十二章 释 义

本保险合同中具有特定含义的名词,解释如下:

(一) 本公司:指中国太平洋保险公司。

(二) 全残:指下列残疾项目之一:

1. 两眼视力永久完全丧失;

2. 咀嚼吞咽能力永久完全丧失；

3. 中枢神经或器官严重残疾、终身需要护理；

4. 两上肢腕关以上丧失或功能永久完全丧失；

5. 两下肢踝以上丧失或功能永久完全丧失；

6. 一上肢腕关节以上和一下肢踝关节以上丧失或功能永久完全丧失。

证据之三：保险单

中国太平注保险公司
CHIAN PACIFIC INSURNCE CO. ,LTD
人寿保险保单（正本）　　NO.0605524

根据投保人的申请，本公司在投保人缴付约定的保险费后，按本保险条款承担保险责任，特立本保险单。

```
保险单号　SHZ971AL1500004R　　投保险种名称　长发储金保险甲款
被保险人姓名　文××　　　　　被保险人身份证号（略）
出生年月　1947 年 7 月 28 日　　性别　男　　年龄 50 周岁
投保人　文××　　　　　　　　受益人　文甲　文乙
保险期限　1997 年 9 月 9 日零时起到终身
缴费期限
缴费方式　每三年领取　首次领取日 2000 年 9 月 8 日
红利　RMB 17280.00 元
保险金额
长顺安全保险甲款　份数 26.0 份　保险费 RNB 26000.00 元
保额 RNB 995280.00 元
长顺安全保险乙款　份数 10.0 份　保险费 RNB 10000.00 元
保额 RNB 66360.0 元
附加险
特别约定

公司地址　深圳市深南路二号新闻大厦二楼　联系电话 0755-×××××
业务员编号　00191　审核人编号 A0003　公司签章　签单日期 09/08/1997
```

保单现金价值(每份)

1年内	1年末	2年末	3年末	4年末	5年末	6年末
900.00	900.00	900.00	900.00	900.00	900.00	900.00
7年末	8年末	9年末	10年末	15年末	20年末	25年末
900.00	900.00	900.00	900.00	900.00	900.00	900.00

收到本单后请仔细核对,如有误请及时间向本公司办理更正。自收到本保险单十日内投保人要求撤销保单,本公司退还所交全部保险费,十日后按本保险单现金价值栏支付退保金。

证据之四:保险费收据

中国太平洋保险公司 深圳分公司
CHINA PACIFIC INSURANCE XOMPANY LIMITED SHENZDEN BRANCH

0103258

保险收据(第三联 客户收据)
PREMIUM PRECEIPT

兹收到
Received from 文××

金额
The sum of 人民币壹拾万元整(100000.00)

系
Being SHZ97IALJ500004号保单趸缴保费(含附加保费人民币36000.00)

业务经办人(略) 开票人(略) 收款人(略)

单位盖章 中国太平洋保险公司深圳分公司寿险计划财务部财务专用章(印章)

通过对于四份文件的分析,可以发现如下问题:

第一,判断争议保险的种属。

A. 关于长发储金保险合同的分析

B. 关于长顺安全保险合同的分析

第二,合同主体关系的分析。

步骤四:对保险合同效力进行分析

步骤五:关于当事人双方可能争议焦点的分析

步骤六:关于诉讼程序问题的判断

1. 关于诉讼法院的级别管辖
2. 关于诉讼法院的地域管辖

步骤七:关于诉的合并问题

步骤八:关于被告的选择

保险单的签发单位是中国太平洋保险公司深圳分公司,它是法人单位中国太平洋保险公司的分支机构,究竟应当以何者作为被告呢?

步骤九:确定本案尚需进一步调查的问题

1. 关于保险合同文件搜集
2. 文××的治疗资料

关于被保险人治疗和死亡原因的证据,文甲、文乙仅仅能提供《深圳市福田医院(即深圳市福田区人民医院)死亡通知单》和《深圳市福田区人民医院门诊病历卡》。

深圳市福田医院死亡通知单 住院号××

姓名:文×× 性别:男 年龄:(略) 床号:(略) 住址:(略)
诊断及死亡原因:
1. 心跳呼吸骤停复苏手术后
2. 酒精中毒
3. 有枕叶脑出血,蛛网膜下腔也血
4. 多器官功能衰竭
入院时间:2000年1月14日上午3时10分
死亡时间:2000年1月18日上午7时50分
(医师签名)
(深圳市福田区人民医院章)

深圳市福田人民医院门诊病历卡(见影印件):
3. 关于被保险人误吸呕吐物窒息死亡的案例
4. 关于文××醉酒当晚的事件经过

环节三:进一步调查
步骤一:去医院调查

深圳市福田人民医院住院病案摘录

文××,男,53岁,病室ICU,床号4,住院号70249

(1) 死亡记录

入院时情况:……气管插管时,发现口腔及气管内大量胃内容物,予吸引清理。经抢救,心跳恢复,但自主呼吸仍未恢复,呼吸机支持。双侧瞳孔仍散大6 mm,光反射消失……

(2) 住院病历续面P2

2001-1-14 9AM. 气管切开术

……分开插入"8"号气管套管,拔出管蕊,吸出物黑色、酒味较重,少许食物残渣,逐层缝合……

(3) 院外专家会诊记录P1 2000.1.16

诸××(市人民医院主任)

……不考虑神经系统原发病。考虑酒精中毒后窒息,致呼吸、心跳骤停,气管切开后吸出胃内容物……

韩××(市红会医院主任)

同意诸主任的意见,不考虑神经系统原发病。可能是饮酒后小量呕吐窒息,致呼吸、心跳停止,发现呼吸停止,发现呼吸停止到复苏约15分钟,已引起脑不可逆损害,预后差……

(4) 院外专家会诊记录P2

刘××(中国医附院主任)

结合病史和CT等检查,脑出血量不大,不至于造成心跳、呼吸骤停。考虑仍是酒精中毒,引起呕吐,误吸致窒息导致心跳、呼吸骤停……

(5) 住院病历续页

2001-1-17 11PM。

林××:"CT 片示脑出血量不大,不至于造成心跳、呼吸骤停……"

(6) 死亡病例讨论

2000-1-20

林××医师:门诊和病情明确,患者因酒精中毒,中枢抑制,呕吐误吸,至窒息,呼吸停,心跳骤停。因时间过长,虽到院后给予及时、正确的抢救措施,终因脑不可逆损害,及多器官功能衰竭,抢救无效死亡……

降×主治医师:诊断明确,同意林医师意见,主要原因酒精中毒,中枢抑制,呕吐误吸,窒息,呼吸、心跳骤停……

赵××副主任:同意大家意见……

张××主任:诊断明确,抢救和诊断措施及时、正确。患者主要是因酒精中毒,中枢抑制,昏迷;脑出血引起呕吐,误吸致窒息,呼吸、心跳骤停……

步骤二:查询医学资料,了解与死者死亡原因有关的医学知识

步骤三:调查目击证人的证言

《文××诉太保深圳分公司人身保险合同履行纠纷一案的证人调查提纲》

(1) 姓名、性别、年龄、职业、住址、身份证号码、联系电话
(2) 与被保险人关系
(3) 事发当晚是否与被保险人一同进餐
(4) 进餐时与被保险人的座位是否接近
(5) 看见被保险人喝了什么酒,量多少
(6) 被保险人醉酒之后有什么感觉
(7) 一起进餐的人有什么感觉
(8) 被保险人最后是如何回家的
(9) 当晚最后见到被保险人是什么时候,被保险人情况如何

（10）被保险人平常身体如何

（11）还有什么需要补充的吗

步骤四:查询关于"意外伤害"的合同解释理论与搜集相应有利证据

步骤五:类似案例的整理与分析

因此,在诉讼前注意搜集相关案例(注意:仅仅是案例,而不是判例),就显得十分重要。尤其是《最高人民法院公报》或最高人民法院网站上公告的保险诉讼案例,就有一定的指导意义。

环节四:起诉

步骤一:递交立案材料

向法院提交《证据材料清单》和《民事诉状》。

当事人提交证据材料清单

当事人	原告:文甲、文乙 被告:中国太平洋保险公司深圳分公司			
案由	保险合同纠纷			
序号	材料名称	件数	页数	备注
1	民事诉状	2	3	原件
2	原告身份证	2	2	复印件
3	原告授权委托书	1	1	原件
4	被告工商登记资料	1	1	原件
5	死者身份证、户口本	2	2	复印件
6	保费收据	1	1	复印件
7	保险单	1	1	复印件
8	保险合同条款	1	4	复印件
9	死亡通知单	1	1	复印件
10	证人证明	1	1	复印件
11	医院门诊病历卡	1	4	复印件
12	病案摘录	1	4	复印件
13	同类合同	1	12	复印件

提交人:詹昊

签收人:(略)

时间:2000 年 4 月 17 日

民事诉状原告

原告:文甲,男(其他情况略)

原告:文乙,男(其他情部略)

委托代理人:詹××,深圳市中安律师事务所律师

联系电话:(略)

被告:中国太平洋保险公司深圳分公司

住所地:深圳市福田区深南中路2号新闻大厦1号楼20层

负责人:夏××

联系电话:(略)

诉讼请求:

1. 请求判令被告向原告支付保险金共计人民币1059280元(其中长顺安全甲款保险金995280元,长发储金甲款保险金64000元);

2. 请求判令被告承担本案的诉讼费用。

事实与理由:

两原告的父亲文××[1947年7月28日出生,身份证号(略)]系深圳市××实业股份有限公司员工。1997年9月初,被告属下业务员与文××联系,希望文××购买被告所售人寿保险。文××与公司同事3人经被告指定医院体检,结论为身体健康、合格,被告同意其购买人寿保险险种长发储金保险及长顺安全保险。

1997年9月8日,文××一次性向被告给付保费人民币10万元整并于同日同被告订立人寿保险保险单一份(号码0605524)。保单中约定被保险人及投保人均为文××,受益人为文甲、文乙,投保险种为长发储金保险甲款64份,长顺安全保险甲款26份(保额为995280元),长顺安全保险乙款10份(保额为66360元)。随后,被告向文××交付了长发储金保险条文、长顺安全保险条文、保费收据、人寿保险保险单。其中长顺安全保险条文第七条规定:"(一)甲款:被保险人因遭受意外伤害事故所致的全残或死亡,本

公司给付受益人约定的保险金额,保险责任终止。(二)乙款:……
2. 保险单生效两年后,被保险人因疾病所致的全残或身故,本公司给付受益人约定的保险金额,保险责任终止。"

2000年1月13日晚6时许,文××与公司同事一道去岗厦海鲜酒家进餐。进餐过程中文××饮用了白酒及洋酒若干。席中,文××神志不清,突然摔倒在地上,后被同事放在沙发上横卧。凌晨1时许,文××被同事送回家中。不久,家人发觉文××没有知觉、呼吸停止、口吐白沫,即刻将其送往福田区人民医院抢救。2000年1月14日凌晨2时,经值班医生检查,文××入院时无心跳、呼吸,人处于昏迷状态,全身紫绀,血压测不到,双瞳孔散大(7 mm)、固定,心电监护呈一条直线。经诊断结论为:1. 心肺骤停。2. 酒精中毒。

医生在抢救中发觉文××气管被米粒等异物堵住致使呼吸困难,输气导管因异物太多而无法插入,不得不割开文××的喉部。文××在抢救后被收入深切护理部救治。文××因醉酒后将呕吐物误吸入气管,异物堵塞气管时间过长,脑部缺氧严重致使身体各器官受到损伤。其后,文××一直丧失知觉。1月18日7时52分,文××不治死亡。经各方专家会诊,一致结论为"患者因酒精中毒,中枢抑制,呕吐误吸,致窒息,呼吸、心跳骤停。因时间过长,虽到院后给予及时、正确的抢救措施,终因脑不可逆损害及多器官功能衰竭,抢救无效死亡"。

原告认为文××的死亡原因系意外伤害事故,是外来的、明显或剧烈的、非本意的、偶然的突发事故,同因疾病而致的死亡有着本质的不同。2000年4月3日,原告向被告提交了索赔申请书并依被告要求将保险单正本、收据正本及保险条文正本交给了被告。被告于2000年4月11日口头答复原告,被告认为系因疾病死亡而非意外伤害事故死亡,被告仅愿意按长顺安全乙款及长发储金甲款给付保险金人民币130360元。

为保护原告的合法利益不受侵害,依据《保险法》、《合同法》的有关规定特向人民法院提起诉讼,请求人民法院判令被告依约支付保险金及承担诉讼费用。

此致

深圳市福田区人民法院

具状人:文甲、文乙(签字)
2000 年 4 月 13 日

步骤二:提交调取证据申请书

调取证据申请书

深圳市福田区人民法院:

  申请人文甲、文乙因与被告太平洋保险公司深圳分公司人身保险合同履行纠纷一案,已经向贵院提起诉讼,请求人民法院依法判令被告太平洋保险公司深圳分公司依据保险合同约定给付申请人保险金。

  此案的争议在于被保险人文××的死亡原因。文××死亡前曾经在深圳市福田区人民医院进行抢救、住院治疗。因此,文××在深圳市福田区人民医院的住院病案、专家会诊意见以及该医院的医护人员对于文××死亡原因的分析对于此案的认定极为关键。按照该医院的规定,申请人无法复制上述相关证据。依据《最高人民法院关于民事经济审判方式改革问题的若干规定》之中"关于当事人举证和法院调查搜集证据问题"的规定,申请人特此申请贵院前往深圳市福田区人民医院调查取证。申请调取的证据内容为文××在深圳市福田区人民医院的住院病案、专家会诊意见和医护人员对于文××死亡原因的分析。

  特此申请

申请人:文甲、文乙
2000 年 4 月 17 日

步骤三：正式立案

广东省深圳市（福田区）人民法院
受理案件通知书

文甲、文乙：

你/你单位诉<u>中国太平洋保险公司深圳分公司</u>的起诉状及附件，经审查，符合诉讼法规定的受理条件，我院决定立案审理，案号为（2000）深（福）法（民初）字第（1239）号。现将有关事宜通知如下：

你/你单位应在接到本通知书次日起七日内向本院预交案件受理费

　　人民币：15306 元　　　人民币：_____元，
　　港币：_____元，　　其他诉讼费港币：_____元，
　　美元：_____元，　　美元：_____元，
　　单位名称：深圳市财政局地方收入管理处
　　开户行：中国农业银行深圳市分行地王大厦支行
　　账号：635840354210009296
　　（人民币、港币、美元均同一账户）

请直接到各级人民法院诉讼费专柜或中国农业银行深圳市分行的任何网点交纳。如预交确有困难的，可在预交期内向本院申请缓交。在预交期内未预交不提出缓交申请的，本院按自动撤回起诉处理。

深圳市福田区人民法院（印章）
2000 年 4 月 24 日

步骤四：领取首次开庭通知

2000 年 5 月 10 日，福田区人民法院书记员通知律师领取开庭传票。

步骤五:被告提出答辩

民事答辩状

答辩人:中国太平洋保险公司深圳分公司

住所地址:深南中路2号新闻大厦1号楼20层

法定代表人:夏××,总经理

答辩人就二原告诉人身保险赔偿一案,现做如下答辩:

一、投保人文××向被告投保了长发储金保险甲款,共64份,每份保险费为人民币1000元,共计交纳保险费人民币64000元,保险期限自1997年9月9日至终身。该险种属于养老给付保障性质,依据该险种条款第四章保险责任第七条"在本保险单有效期间,本公司对被保险人负有以下保险责任:甲款:1.保单生效每满三年,若被保险人生存,本公司给付一次储金,直至被保险人身故。2.被保险人身故,本公司则按规定给付死亡退保金人民币1000元(每份);保险责任终止。"被保险人于2000年1月18日身故,故依据上述规定,答辩人共应给付二受益人死亡退保金人民币64000元。原被告双方对此不存在争议,且答辩人也数次通知二受益人领取该死亡退保金。故二受益人此部分诉讼属于不当之诉。

二、投保人文××向被告投保了长顺安全保险甲款(意外伤害保障),共26份,每份保险费为人民币1000元,共交纳保险费人民币26000元,每份保险金额为人民币38280元,26份共计保险金额为人民995280元。保险期限自1997年9月9日至终身。保险责任为:被保险人因遭受意外伤害事故所致的全残或死亡,本公司给付受益人约定的保险金额,保险责任终止(保单条款第四章保险责任第七条第(一)款甲款)。

长顺安全保险甲款属于意外伤害保障性质。在人身保险中(同时亦在法律上),意外伤害是指在被保险人没有预见到或违背被保险人意愿的情况下,突然发生的外来的致害物明显地、剧烈地侵害被保险人身体的客观事实。意外伤害保险是以被保险人因遭受意外伤害造成死亡、伤残、支出医疗费或暂时丧失劳动能力为保险金条件的人身保险业务。

"意外伤害"的规定性包括以下三点：

第一，非本意的。非本意的是指事故的发生不是本人意志的结果。事故发生结果是本人不能预见的。凡是故意行为的结果或能预见行为后果并希望这个后果发生的事故都不是意外事故。纯粹的外来原因造成的事故，比如行走时被飞来之物砸伤，乘机时飞机失事坠毁，与本人的行为无关，亦是行为人无法预见到的，自然是非本意的。而与本人行为有关的事故，则存在两种情况。一种情况是非本意的；另一种是故意的。比如工人在操作过程中不慎触电致残，这虽然是由于自己的行为所致，不是故意的，因此是非本意的。但是如果由于过量服用安眠药致死，就是人的故意行为造成的。它的结果是足以预料的，就不属于非本意的。

第二，外来的。外来的是指伤害是由被保险人自身以外的原因造成的。比如：在交通事故中被撞伤；被飞来砖头砸伤都是外来原因引起的伤害。可是由于患某种病症造成身体受伤就不是外来原因引起的。比如患脑溢血摔倒后受伤，就是由于身体内部原因造成的，不属于外来的伤害。

第三，突然的。突然的是指意外伤害的直接原因是突然出现的，而不是早已存在的。这一点强调的是在事故的原因和伤害的结果之间有着直接瞬间的因果关系，而不是较长时期内缓慢形成的。比如由于交通事故造成的伤害，就是突然发生的瞬间造成的伤害。而另外一些伤害，比如长期接触汞的人发生汞中毒，长期接触粉尘的人发生矽肺，虽然是由于自身以外的原因造成的，但伤害不是突然发生的，就不属于意外伤害。

以上三点，缺一点便不能构成意外伤害事故。本案中被保险人身故的直接原因(保险上称为近因)是过度混饮烈性白、洋酒引起的

(急性)酒精中毒(见病历摘录、死亡通知单和殡仪馆火化证明),即:被保险人过度混饮烈性白、洋酒引起的(急性)酒精中毒与其死亡在法律上存在因果关系。

被保险人在之前投保该险种时,曾向被告书面告知,其本人不抽烟不饮酒。因此据常理判断,被保险人应对酒精不具有耐受力。被保险人作为一个具有独立民事行为能力的人,完全知道并能够预见到过度混饮烈性白、洋酒必然会对身体造成伤害(当然亦包括酒精中毒),并且完全能够控制自己饮酒的行为,能够或者应当能够预见到某种结果发生,却积极促成或放任这种结果的发生,这种结果在法律上不能视为"非本意",而应视为"本意",或称为故意。

此外,我们可以明显地看到,被保险人酒精中毒导致身故也不符合意外伤害的另外两个特征"外来的"及"突发的"。首先酒精中毒纯粹是由于身体内部的原因:人体肝脏的酶未能及时分解代谢乙醇,从而积聚在体内的乙醇作用于中枢神经系统引起的功能紊乱,并且导致窒息的呕吐物亦是来自身体内部,与"外来的"特征明显不符。其次,酒精中毒之前的饮酒是一个缓慢的过程,在这一过程中,被保险人完全能够按照自己意志及平时本人对酒精的耐受度,对饮酒量加以控制,因此被保险人的行为同样也不符合"突发的"的特征。

综上所述,以公众的立场而言,被保险人过度混饮烈性白、洋酒导致酒精中毒的行为不能被视为是意外伤害事故。再者,被保险人能够饮酒,对酒精具有一定耐受力,那么他投保前不饮酒的告知就违反了保险必须遵循的最大诚信原则,系不实告知。同时,被保险人故意过度混饮烈性白、洋酒引起酒精中毒(程度远大于醉酒和酗酒)的行为是违反社会公共利益和道德的行为,此等事故是世界上各国保险公司均不保的事故。因为,保险作为一种社会经济行为,其保障和维护的应当是法人或自然人的合法利益。依据该险种条款第四章保险责任第七条甲款、第五章责任免除、第八章第(一)款及保险法的有关规定,被告对此项保险不承担给付保险金的责任。

二原告此项诉讼请求应当予以驳回。

三、投保人文××向被告投保了长顺安全保险乙款(疾病保障),共10份,每份保险费为人民币1000元,共交纳保险费人民币10000元,每份保险金额根据被保险人投保时的年龄确定。投保人文××投保时年龄为50岁,故每份保险金额为人民币6636元,10份合计保险金额为人民币66360元,保险期限自1997年9月9日至终身。

疾病保险又称健康保险,其责任范围为:1. 保险单生效两年内,被保险人因疾病所致的全疾或身故,本公司给付保险金额的10%予受益人,保险责任终止。2. 保险单生效两年后,被保险人因疾病所致的全残或身故,本公司给付受益人约定的保险金额,保险责任终止。被保险人身故的时间为2000年1月18日,身故时,保单生效的时间已超过两年,即:如果被保险人身故是因疾病而引起,二受益人基此可从被告处受领保险金人民币66360元。

上文第二条阐述,本案中被保险人死亡的近因是饮用大量烈性白洋酒引起的(急性)酒精中毒。此因非但不属于意外伤害事故的范畴,也不属于疾病的范畴。亦即:二受益人不能依据此保险条款向被告受领人民币66360元的保险金。索赔期间,被告曾向二受益人表示,被告愿意将被保险人的死亡按疾病死亡处理,给付此险种项下的保险金额的全部人民币66360元。此意思表示纯粹带有抚慰性质,二受益人没有接受,被告现予以收回。

综上,答辩人认为,二原告诉讼请求中的长发储金保险甲款项下的死亡退保金人民币64000元是双方没有争议之诉,而其要求被告依据长顺安全保险甲款支付死亡保险金的理由和依据不能成立,请法庭予以驳回,以维护被告的合法权益。

此呈
福田区人民法院

答辩人:中国太平洋保险公司深圳分公司
二〇〇〇年五月二十九日

步骤六:准备发言提纲

发 言 提 纲

1. 关于争议的保险合同解释问题;
2. 关于被保险人死亡的原因与死亡前的症状区别问题;
3. 关于被保险人是否违反如实说明义务的问题;
4. 关于饮酒是否属于违反社会公共利益和道德的行为。

环节五:一审初次开庭

步骤一:证据提交与质证

1. 被告对于原告证据的意见
2. 原告对于被告证据的意见

被告所提供的绝大多数证据与原告的证据相同,不同的仅仅是被保险人投保时填写的《投保告知书》。告知书是被告设计的格式化表格,现本案有关系的是两个问题:

你是否饮酒？你一天内饮酒_____瓶。

你是否抽烟？你一天内抽烟_____包。

作者注意到,被保险人在上述文件的方框处都画了斜线,表示否定。另外。在告知书底部,文××签了名字。

3. 原告口头强调调查取证申请

因为法庭对于原告立案时提交的调查取证申请书没有表示同意或者不同意,作者再次以口头方式表示申请法院进行调查取证。法官表示需要研究。

步骤二:庭审辩论

1. 关于被保险人是否违反如实告知义务问题;
2. 关于被保险人的死亡是否属于"非本意"的问题;
3. 关于被保险人的死亡是否属于外来原因所致问题;
4. 关于被保险人的死亡是否属于突然的问题;
5. 关于大量饮酒是否违反社会公共利益和道德的问题。

步骤三：第一次提交书面代理意见

环节六：一审二次开庭
步骤一：原告提交新的证据

调 查 笔 录

调查人：
(询问人)詹××,深圳市中安律师事务所律师
(记录人)虞××,深圳市中安律师事务所律师助理
被调查人：陈××
地点：深圳市中安律师事务所办公室
时间：二〇〇〇年六月一日下午3时
问(以下用"?"表示)：请问你的职业、年龄、联系电话及与死者文××是否相识？

答(以下用"＿＿＿＿"表示)：我叫陈×,系福田人大办公室副主任,今年46岁,在1999年8月初带工作队进村与文相识。

?：请您谈一谈事发(聚餐)当晚的情况。

△：事发当日我本来并不知道要去岗厦村聚会吃饭,后来文植×、文××打电话邀请我们工作队一同进餐。我于下午5时30分先去岗厦海鲜酒家,后于6点多钟就离开酒家去另一地点与本单位同事聚餐。大概过了一会儿又赶回岗厦海鲜酒家。此时客人们已开始进餐,文××见了我十分高兴,他主动敬了我一杯酒。

?：后来情况如何？

△：文××后来就坐了我的椅子,我怕其他人敬酒,喝多酒,就回避在一边。

?：文××状况如何？

△：文××在我进来时一切十分正常,精神状态很好,没有任何异常的迹象。如果有什么异常的状态,我就会引起警觉的。

?：后来呢？

△：有一个插曲,文××坐在椅子上,没有坐好就滑倒在地上。

旁边的人马上就将他搀起来。摔倒以后,文××精神有些支持不住,旁边的人将他扶在沙发上睡着。因为空调太冷,服务小姐将桌布盖在他身上。

?:请问他(文××)如何躺着?

△:是平躺着,头枕着张桌布。中间文××曾去了一次洗手间,回来后他又躺下了。去洗手间时,是我扶着文××去的。

?:你什么时间离开的?

△:11点半离开的,离开时文××仍平躺在沙发上。

?:你与文××接触多不多,文××身体如何?

△:比较多,文××中气足,讲话洪亮,身体很好,看不出有什么问题。

以上情况属实

调查人、记录人:詹××、虞××(签字)

被调查人:陈××(签字)

2000.6.1

步骤二:进行新证据质证

第一份新证据是法院调取的福田人民医院的文××住院病案,内容与作者调取的内容大致相同。

第二份新证据为原告方提交的证人证言。

步骤三:二次辩论交锋

1. 关于疾病、意外伤害的关系
2. 关于保险合同不利解释方法的适用
3. 关于免责条款的适用
4. 关于死亡近因的分析
5. 关于死亡原因和死前症状的区别

步骤四:第二次提交书面代理意见

环节七:一审判决下达

2000年11月下旬,福田区人民法院作出了一审判决。原告胜诉。

第五章 证券诉讼实验教程

第一节 证券诉讼类型

证券诉讼类型主要包括证券转让诉讼、证券继承诉讼、证券回购诉讼、证券赔偿诉讼、上市公司关联交易诉讼等。

第二节 证券诉讼实验操作过程

实验目的:通过对证券赔偿案件诉讼过程的模拟操作,理解证券法具体规定的含义及在实务中的运用,掌握实践中处理证券赔偿案件的技巧。

实验要求:熟悉证券法及相关民事法律的规定,对证券市场的基本知识有所了解,认真研读案例。

实验原理:运用《中华人民共和国证券法》关于证券赔偿诉讼的法律规定及有关民事法律规定,正确处理证券赔偿案件,维护当事人合法权益。

实验素材:主要法律文件素材《中华人民共和国证券法》及《中华人民共和国民法通则》。

案例素材一:证券赔偿诉讼案[①]。

[①] 引用自吴庆保、孟祥刚主编:《证券诉讼原理与判例》,人民法院出版社2005年版,第209页。

红光实业欺诈上市诉讼案的基本案情

一、民事诉讼被驳回

原告上海股民姜某状告红光实业公司,在其民事诉状中列出的被告共达24名,包括了所有与红光实业做假相关的董事及中介机构。姜某在诉状中称,自己由于听信红光实业的虚假陈述,作出了对成都红光实业股份公司上市股票进行投资的错误判断。他在红光实业1997年6月6日上市后,于1997年6月10日至1998年6月5日期间共分6次买进1800股红光实业,实付金额为15744.66元。因红光实业在股票发行及上市期间存在编造虚假利润,骗取上市资格;少报亏损,欺骗投资者;隐瞒重大事项;未履行重大事件的披露义务;挪用募集资金买卖股票等严重违规行为(红光公司及其有关责任人员、涉案的会计师、律师事务所等已由中国证监会加以惩处),造成股价下跌。姜某于1997年12月22日至1998年10月16日分6次将股票卖出,结果与当初投资实付金额相比损失3136.5元。姜某认为红光实业虚假陈述的行为违反了《公司法》、《股票发行与交易管理暂行条例》、《禁止证券欺诈行为暂行办法》等法律法规,且红光实业董事会及全体董事曾在1997年6月3日的上市公告书中承诺对其真实性负个别的和连带的责任,因而红光实业全体董事及中介机构应予以赔偿投资损失3136.5元。

姜某的诉状将红光实业的上市推荐人国泰证券有限公司列为第一被告,其余被告包括红光实业原董事长、原总经理及原董事17名,中兴信托投资公司,中兴发企业托管公司,成都蜀都会计师事务所,成都资产评估事务所等。

上海浦东新区法院在调查并经审判委员会讨论后认为,不能确定原告亏损是由被告虚假陈述直接造成的,被告在股票市场上的违法、违规行为应由中国证监会予以处理,原告诉其股票纠纷案件不属法院处理范围,裁定驳回起诉。

二、刑事责任和行政责任被追究

成都市人民检察院一纸关于红光实业在股票上市过程中违规行为的起诉书,开启了我国证券市场检察机关根据国家法律对上市公司的违法行为进行刑事诉讼的先河。

2000年1月5日,成都中院依法受理了被告成都红光实业公司以及被告人何××(原董事长)、鄢××(原总经理)、刘××(原副总经理)、陈××(原财务部部长)被控欺诈发行股票罪案。

市检察院起诉指控,被告成都红光实业于1997年2月21日召开主要领导人会议,何××等人为了使公司股票能够上市,明知1996年度公司亏损,不符合《公司法》关于股票上市的有关规定,仍决定调整财务报告,虚增利润,欺诈上市。同年3月9日,被告人陈××整理了《关于公司股票上市财务资产调整情况的报告》,经被告人何××、鄢××、冉××(原副总经理;在逃)和谢某某签字同意,被告人刘正齐、冉××、陈××具体组织实施,采用改变折旧方法、虚开增值税专用发票2604.2万元等手段,在1997年5月23日该公司招股说明书概要中隐瞒1996年公司实际亏损5377.8万元的事实,虚增1996年公司净利润5428万元,虚报利润1亿余元,骗取了股票上市。

尽管ST红光当初以欺诈手段获得了上市资格,其上市公司的身份似乎已成事实,但法律并不饶恕这种违规行为,还是要严加处罚。以前,股市中有一种重责轻罚现象,某公司违规了,舆论一致予以谴责,并且是口诛笔伐,但最后的行政处罚却不重,而且一般也没有什么刑事处罚,以至于有人认为,证券市场上犯罪违法,其成本很低,万一抓住了也没有什么,这就助长了违规行为,使之不能有效地被控制。成都市人民检察院的介入,使这种不正常局面结束了,这不但体现了"违法必究,执法必严"的精神,也维护了法律的尊严,保证了市场的秩序。如果ST红光早点被处罚,那么现在市场无疑会净化得多。

《证券法》实施后,如何运用法律武器,惩治犯罪,是一个全新的课题。依据《公司法》与有关法律起诉 ST 红光,实际上也是提醒人们,任何一种违法犯罪行为,都要受到惩罚,这是一个必然趋势,也是我国证券市场的必然选择。通过起诉 ST 红光,实际上是教育了全体市场参与者,防范了犯罪的出现。有了法律,虽不可能杜绝犯罪,但是毕竟会震慑有关人员,减少犯罪行为的数量。

上市公司被追究刑事责任,红光是首例。刑事诉讼是一种最为严厉的法律手段和形式,为什么红光应该被追究刑事责任?除了严格的法律依据外,最根本的原因还在于红光的行为已经构成了严重的社会危害。红光在招股时虚报利润高达 1.57 亿元等重大欺骗行为,使大批投资者蒙受损失,对此类事件如果不拿起刑事处罚这个武器,不足以制止其在市场上蔓延。更重要的是,上市公司如此大肆"骗钱",投资者如何还敢放心投资?这是对投资者信心与信任的打击,不仅扰乱一时的市场秩序,更影响了证券市场的健康发展。

证券市场已曝光的违规、违法事件中,"够格"被追究刑事责任的绝不止红光一家,然而,这些违法者之所以迟迟不见付诸公诉,与有关部门对其危害性的认识不足有关,也牵涉地方利益等复杂因素。因此,此次成都检察机关挺身而出对已涉嫌违法的上市公司提起公诉,迈出了富有意义的第一步。

1998 年 10 月,红光受到行政处罚,被罚款 100 万元。然而,如此严重的违法行为,岂能仅是一罚了之?既然有法可依,就应该动真格。

专家指出,行政处罚和刑事处罚不仅适用的法律依据不同,其性质和出发点都有深刻的区别,前者仅仅是证券监管部门出于行政管理的需要,后者是从国家维护社会秩序的高度出发,因此,受过处罚的红光又面临刑事起诉,绝不存在重复问题,这不仅是必要之举,本身更反映了国家加大对此类行为的打击力度。

三、红光驳回起诉案剖析

在红光实业虚假上市大白于天下之后,有多位中小股东不约而同地将红光实业推上了民事诉讼的被告席。然法院也不约而同地驳回了他们的诉请。这几宗因红光实业信息披露不实引发的诉讼案,其败诉的理由惊人地相似:公司信息披露不实与股民股票投资损失之间不存在必然的因果关系,公司毋须承担民事赔偿责任。尽管从《股票发行与交易管理暂行条例》、《禁止证券欺诈行为暂行办法》到《证券法》,无一不规定上市公司信息披露不实应对投资者造成的损失承担民事赔偿责任,《证券法》更是确立了民事赔偿责任优先的原则。但在现实中,一方面,信息披露不实的公司乃至责任人以及相关中介机构屡屡受到行政处罚,红光实业的责任人更被追究刑事责任;另一方面,因之受害的投资者不是状告无门就是索赔无果。

首先,追究公司违约民事责任还是侵权民事责任。无论我国台湾地区"证券法"还是日本证券立法,均将公司信息披露不实所应承担的民事责任确立为侵权责任。相对照之下,我国《证券法》在这方面缺乏明确的界定。

其次,信息披露不实公司的侵权民事责任。我国民法关于侵权民事责任的归责原则确立有三,即过错责任原则、无过错责任原则和公平责任原则。国外证券法一般规定,只要信息公开文件有虚假或欠缺事项,除发行人或发起人证明原告取得证券时已知悉外,应就整个文件内容承担绝对责任。同样,我国《证券法》也规定,在信息披露中只要存在虚假、误导性陈述或重大遗漏,发行人不能以没有故意或过失来免责。可见,国内外证券法均确立了发行人在信息披露不实责任上的无过错责任原则。这就决定不同于过错责任原则的构成最终取决于行为人有无过错,无过错责任原则最终取决的是行为人的行为与损害后果之间有无因果关系。至此,此类索赔案又将面临诉讼和审理中最大的难点:如何认识公司信息披露不实行为与投资者损失之间的因果关系,又如何证明该因果关系的存在。

案例素材二：全国首例虚假陈述案——张某诉渤海集团虚假陈述案一审判决书①

山东省济南市中级人民法院民事判决书

(2002)济民二初字第 12 号

原告:张某,男,1970 年 7 月 20 日出生,汉族,山东省枣庄市城市信用社职工,住枣庄市市中区龙兴南里××号。委托代理人:郭××、李××,均系山东泰山蓝天律师事务所律师。

被告:银座渤海集团股份有限公司(原渤海集团股份有限公司),住所地济南市东源大街中段。

法定代表人:王××,董事长。

委托代理人:林××、孙××,均系北京市华堂律师事务所律师。

原告张某与被告银座渤海集团股份有限公司(以下简称银座渤海集团)虚假陈述证券民事赔偿纠纷一案,本院受理后,依法组成合议庭,公开开庭审理了本案。原告张某的委托代理人郭××、李××,被告银座渤海集团的委托代理人林××、孙××均到庭参加诉讼。本案现已审理终结。

原告张某诉称,其于 2001 年 8 月 16 日、17 日先后三次购进渤海集团股票 1500 股,计人民币 18435 元。此后,该股票一路下跌,其于 2002 年 1 月 29 日将该 1500 股股票低价卖出,共损失 9420.06元。原告认为其损失是被告的虚假信息披露行为所致,故请求判令被告赔偿其差价损失、交易费用、银行同期存款利息以及因诉讼支出的费用(律师代理费、差旅费等),合计 9930.06 元。

原告共提交了 3 份证明材料,主要为原告的股民身份情况,其买卖渤海集团股票情况,其所支出的费用单据以及中国证券监督管理

---

① 引用自吴庆保、孟祥刚主编:《证券诉讼原理与判例》,人民法院出版社 2005 年版,第 242 页。

委员会(以下简称证监会)对原渤海集团股份有限公司(以下简称原渤海集团)进行行政处罚的证监罚字(2001)23号行政处罚决定书。

被告银座渤海集团辩称,本案不符合最高人民法院《关于受理证券市场因虚假陈述引发的民事侵权纠纷案件有关问题的通知》(以下简称《通知》)所确定的受案范围;原告诉讼主张其存在虚假信息披露事实与事实不符,其行为不构成遗漏,原渤海集团的行为不构成侵权,与原告损失之间无客观必然的因果关系,请求依法驳回原告的诉讼请求。

被告银座渤海集团共提交了31份证明材料,主要为原渤海集团于1993年年底兼并原济南火柴厂时,对原济南火柴厂的银行借款利息"免二减三"的规定,济南市人民政府给证监会的认可给予原渤海集团"免二减三"优惠的公函,中国工商银行济南市经二路支行(以下简称经二路支行)因原济南火柴厂兼并前的借款(本息合计1787万余元)于1996年向山东省高级人民法院提起诉讼,以及最终双方达成以房地产抵偿欠款自行和解情况的资料,原渤海集团自1999年中报起至今在其公开发布的信息中,对该诉讼事宜已予以披露,并于1999年已补提1996、1997、1998年三年的半息190.5万元的情况资料,原渤海集团股票自2001年7月17日至2002年2月8日的日K线报表,2001年7月31日至2002年2月8日上证指数的日K线报表。

经审理,本院认定如下事实:

(一) 原渤海集团成立于1984年11月。1995年5月6日,渤海集团股票在上海证券交易所挂牌上市,交易代码为600858。2003年12月26日,原渤海集团经批准更名为银座渤海集团股份有限公司。

(二) 1993年底,原渤海集团根据济南市人民政府办公厅[1993]82号文件对原济南火柴厂实施兼并,该文件规定:"对原济南火柴厂的全部银行贷款给予两年挂账停息,三年减半收息的照顾,由市有关银行抓紧向上级银行申报。"1994年1月6日,原渤海集团正式兼并原济南火柴厂。

(三) 1994年3月4日,济南市人民政府办公厅致函证监会负责同志称,对原济南火柴厂的全部银行贷款给予两年挂账停息,三年减半收息的照顾。同年4月20日,济南市人民政府办公厅又致函证监会,再次确认给予原渤海集团该照顾,并承诺此事由市政府负责协调落实。

(四) 1996年7月,经二路支行就原济南火柴厂所欠贷款本金1484万元及被兼并前的利息303万余元向山东省高级人民法院提起诉讼,要求原渤海集团予以偿还。诉讼中,双方于1997年3月17日达成和解协议,次日,经二路支行向山东省高级人民法院申请撤诉。同月20日,山东省高级人民法院以[1996]鲁经初字第46号民事裁定书,准许经二路支行撤回起诉。1999年6月14日,双方签订《以房地产抵偿银行贷款协议书》。对于该诉讼案,原渤海集团自1999年中报起已予以持续披露。

(五) 证监会于2001年11月5日作出证监罚字[2001]23号行政处罚决定书,该处罚决定书确认,原渤海集团在《上市公告书》之附件《山东渤海集团股份有限公司兼并济南火柴厂报告书》中,披露了"免二减三"政策,但遗漏了"由市有关银行向上级银行申报"内容,至今未披露。在上述"免二减三"政策未得到银行批准且与经二路支行就此发生诉讼的情况下,原渤海集团坚持其应享受该政策,未计提经二路支行此笔贷款1994—1995年利息、1996—1998年的半息,导致该三年度的财务报告中存在虚假数据。1999年原渤海集团补提了此笔贷款19%—1998年的半息,合计190.5万元。原渤海集团的行为构成了遗漏重大信息的行为,故作出处罚决定:(1) 责令原渤海集团公开披露上述未披露事项;(2) 对原渤海集团相关负有领导责任和直接责任的人员分别处以警告、原渤海集团于2001年12月6日在相关媒体对上述未披露内容予以公告。证监会对原渤海集团的行政处罚已经生效。

（六）原告张某（此处省略其身份证号和股东编号——编者注）于2001年8月16日以每股12.40元的价格买入渤海集团股票500股，于同日以每股12.29元买入500股，于2001年8月17日以每股12.18元买入500股，于2002年1月29日以每股6.17元将该1500股卖出，差价损失为9236.4元，手续费、过户费、印花税共计183.66元，原告张某因诉讼支出的律师代理费、差旅费、打字复印费等费用合计510元。

（七）诉讼中，原告张某自认其买入渤海集团股票时依据的是原渤海集团有小盘重组概念及原渤海集团拟设立投资公司的利好消息。

（八）原渤海集团的经营状况，该公司2000年度、2001年度、2002年上半年持续亏损，自1999年末至2001年末，每股净资产降幅达35.49%。

（九）原告张某买卖渤海集团股票期间的上证指数，即2001年8月16日上证指数收盘为1919.26点，2002年1月29日上证指数收盘为1392.77点，该期间大盘涨跌幅度为-27.43%；渤海集团股票2001年8月16日收盘价为12.28元，2002年1月29日收盘价为6.18元，涨跌幅度为-49.67%。其中，2001年12月5日渤海集团股票收盘价为9.97元，次日（证监会处罚公告日）收盘价为10.06元。将原告张某买卖渤海集团股票期间的上证指数日K线图与渤海集团股票日K线图叠加对照，两者的波动及涨跌趋势基本一致。

本院确认以上事实的依据，是经双方当事人质证无争议的证据和众所周知的事实。

本院认为，本案中双方当事人争执的焦点有三：一是本案是否属于《通知》所确定的受理范围；二是被告银座渤海集团的行为是否已构成重大遗漏；三是被告银座渤海集团的行为与原告张某所主张的经济损失之间有无因果关系及被告银座渤海集团是否应承担赔偿责任。

对于第一个焦点问题,被告银座渤海集团认为,《通知》所确定的应受理的案件是指证券信息披露义务人违反《中华人民共和国证券法》规定的信息披露义务而引发的案件。而其违规行为发生在该法生效之前,且证监会处罚依据的亦是 1993 年 4 月 22 日施行的《股票发行与交易管理暂行条例》(以下简称《条例》)。因此,本案不应属于《通知》所确定的受理范围。对此,本院认为,证监会的行政处罚虽然依据的是《条例》,但被告银座渤海集团的违规行为一直延续到中国证监会作出行政处罚时(2001 年 11 月 15 日),其行为不仅违反了《条例》,同时亦违反了《中华人民共和国证券法》,且在此后的最高人民法院《关于审理证券市场因虚假陈述引发的民事赔偿案件的若干规定》中,未再特指《中华人民共和国证券法》,而是指"法律规定",故对于本案,本院应当予以受理。被告银座渤海集团该辩称理由,于法无据,本院不予采纳。

对于第二个焦点问题,被告银座渤海集团认为,虽然其未对证监会的处罚提起复议申请或行政诉讼,但在有证据证明行政处罚认定事实确有错误的情况下,人民法院应依职权对有关事实重新予以认定;另外,其自 1999 年中报起,该信息已予以披露、补救,即便其在 1998 年前的行为有不适当之处,截至 1999 年已全部予以有效补救了,因此,其行为不构成重大遗漏。对此,本院认为,《通知》以证券监管机构作出的生效行政处罚作为受理该类案件的前提之一,这说明当事人可将生效的行政处罚书作为案件的事实依据。虽然《通知》未明确规定行政处罚书是属于确定性效力还是推定性效力,但如果当事人在行政处罚作出后,未提起行政复议或行政诉讼,行政处罚已生效,行政处罚决定书即具有确定性效力,法院可据此作出实体裁判。另外,对行政处罚书进行司法审查,亦不属于民事案件管辖的范畴。故根据已生效的行政处罚决定书,应认定被告银座渤海集团的行为已构成重大遗漏行为。

本案中,证监会的行政处罚决定书已证明被告银座渤海集团重大遗漏行为的存在,原告张某高价买入低价卖出渤海集团股票,亦有交易记录为证。因此,第三个争议焦点,即被告银座渤海集团的重大遗漏行为与原告张某所主张的经济损失之间有无因果关系,进而对于原告张某的损失,被告银座渤海集团应否承担民事责任,就是一个关键问题。经查,原渤海集团在《上市公告书》披露了"免二减三"政策,但遗漏了"由市有关银行向上级银行申报"内容,此构成了虚假陈述中的重大遗漏。但该"免二减三"政策除经二路支行外,在其他银行均已得到落实,就经二路支行该笔贷款所引发的诉讼案,原渤海集团与经二路支行于1997年和解、经二路支行撤诉,双方又于1999年达成以房产抵偿贷款协议。原渤海集团对此自1999年中报起已予以持续披露,并于1999年已补提1996、1997、1998年三年的半息190.5万元。原渤海集团持续披露诉讼案信息和补提三年半息的行为是真实的,即使其原来的不当行为会对投资者产生误导,但因其后来披露相关诉讼案信息和补提利息的行为,已消除了原来信息的不确定性,应当认定被告银座渤海集团在客观上已经对原不当行为进行了更新、补救,消除了原不当信息的误导作用。原告张某买入渤海集团股票时已距原渤海集团上述行为间隔相当一段时间,此时原渤海集团的财务数据正确且相关信息完整,原告张某亦应以被告银座渤海集团后来披露的信息为进行投资交易的依据,且其买入渤海集团股票时依据的是原渤海集团有小盘重组概念及其拟设立投资公司的利好消息,故其投资交易行为与原渤海集团的虚假陈述行为之间没有关联。

原告张某买卖渤海集团股票亏损系因渤海集团股票价格下跌所致。对于其下跌的原因,本院认为应作全面、客观、公正的分析、判断。股票作为一种有价证券,其除具有流动性、决策性的特征之外,还具有风险性、波动性的特征。股票的特征决定了投资股票既是一种收益率颇高的投资方式,又是一种高风险的投资方式。股市瞬息万变,其风险是客观存在的。作为投资者,不仅要面临自身主观行为因素所造成的风险,还要面临外部客观因素所带来的风险。外部客观因素所带来的风险主要是非系统风险的公司风险以及系统风险的市场风险。在股票交易市场上,股票价格呈波动状态,股票价格变动的根本因素是股票的供求关系,影响股票价格变动的主要相关因素有:国家宏观经济状况的变化,国家经济、金融政策的变化,银行利率的影响,通货膨胀,投机操作行为,投资者的心理因素以及上市公司本身的声誉、经营状况、股利政策、预期发展前景等因素。上述因素的综合作用,既决定了股票价格的起伏,又会对投资者的风险带来严重影响。审视 2001 年我国的股票市场,涨跌起伏较大,大盘指数处于大动荡中。上半年延续了 2000 年的上扬行情,但大盘指数的震荡有所加剧,上升劲头已显不足。下半年终因央行全面查处违规资金入市、国有股减持试点、新股上市加速、上市公司大量增发配股、证券监管部门加大监管力度,造假企业被查处以及投资者信心严重不足等等归属于系统风险因素的影响,股票价格大幅、持续下跌,后市虽有政策面的利好调整,但大盘指数年跌幅超过了 20%。被告银座渤海集团因各方面的原因自 2000 年度起持续亏损,经营业绩欠佳,自 1999 年末至 2001 年末,每股净资产降幅达 35.49%。在公司发展前景不甚明朗、业绩大幅下滑,且股市大盘巨跌的背景下,被告银座渤海集团股票价格的下跌,其原因应归结于公司自身的非系统风险因素及外部的系统风险因素。综上,本院认为,虽然被告银座渤海集团存在虚假陈述之违法行为,原告张某亦存在投资受损的事实,但两者之间并无因果关系,其买卖渤海集团股票所受损失不能归责于原渤海集团的虚假陈述行为。被告银座渤海集团的相关抗辩主张成立。因此,原告张某要求被告银座渤海集团对其所主张的损失承担民事赔偿责任无事实及法律依据,本院不予支持。依照《中华人民共和国证券法》第 19 条、最高人民法院《关于审理证券市场因虚假陈述引发的民事赔偿案件的若干规定》

第 19 条第(4)项之规定,判决如下:

驳回原告张某对被告银座渤海集团股份有限公司的诉讼请求。

案件受理费 479 元,由原告张某负担。

如不服本判决,可在判决书送达之日起 15 日内,向本院递交上诉状,并按对方当事人的人数提出副本,上诉于山东省高级人民法院。

审　判　长　韩××
代理审判员　于××
代理审判员　刘××
二〇〇四年七月七日
书　记　员　李××

证券赔偿诉讼操作过程:

环节一:接受委托

步骤一:投资者向律师事务所电话咨询和委托诉讼登记。投资者需向登记律师事务所讲明,自己是否属于侵权事实持续阶段买入股票的。事务所在确认上述事项后,如投资者要求进行登记,则还需向事务所准确告知其姓名(与股东账户卡一致)、联系方式、联系地址及交易的基本情况。

步骤二:投资者进行有效登记后,必须先行准备诉讼所用材料。即股票账户卡复印件、身份证(或营业执照)复印件、交易清单(交割单)原件。

步骤三:律师事务所向"拟起诉原告"寄发诉讼相关文件。

诉讼相关文件包括"诉讼告知事项"、"风险提示函"、"诉讼委托代理协议"、"诉讼代表人推荐函"、授权委托书、律师代理协议、诉讼代表人推选书(共同诉讼)等在内的文件等 9 项。拟起诉原告必须认真阅读"告知事项",特别是各类文件的签名(或盖章),切不可漏签或错签。

步骤四:投资者在签署完毕文件后应向事务所返寄诉讼必备材料。投资者在阅读和理解 9 类文件的基础上,可作出是否在"诉讼代理协议"等文件上签字的决定。如不打算诉讼,则不必签署文件,也不必再返寄信函。

步骤五:律师事务所确认诉讼委托代理是否成立和确认投资者是否符合起诉条件。律师事务所确认诉讼委托代理是否成立的标准有两个:一是拟起诉原告的有效签字(或盖章),二是在规定的时限内准时寄回诉讼相关材料。

确认投资者是否符合起诉条件,主要是核对股票账户卡与交割单及身份证(营业执照)三者是否一致,交易时间是否属于侵权损害事实持续阶段。

环节二:诉前准备

步骤一:律师事务所对符合起诉条件的投资者分别建立档案,并开始计算损失金额,完备起诉所必需的所有诉讼文书及证据材料。根据最高人民法院《关于贯彻执行〈中华人民共和国民法通则〉若干问题的意见(试行)》,诉讼中对原告损失的计算应当是:凡是在股价被操纵期间高买低卖的,其买卖差价属于原告的直接损失,这是指已经卖出股票的原告。对至今仍被高价位套住的原告,可参照境外法院的做法,以法院判决前一日的股市收盘价为卖出价格,计算出高买低卖的价差作为原告的直接损失。

步骤二:注意诉讼时效的期间。《通知》中明确了虚假陈述民事赔偿案件的诉讼时效为两年,从我国证券监督管理委员会及其派出机构对虚假陈述行为作出处罚决定之日起计算。我国《民法通则》规定,受害人向法院请求保护民事权利的诉讼时效为两年,诉讼时效期间从知道或应当知道权利被侵害时计算。因此,虚假陈述民事赔偿案件的诉讼时效也应当从因信息披露义务人的虚假陈述行为而遭受损害的投资者知道或应当知道自己的权利遭受损害之日起计算。但是,考虑到该司法解释以证监会的处罚作为受理案件的前置程序,因此,诉讼时效从中国证监会及其派出机构对虚假陈述行为作出处罚决定之日起计算。

步骤三:注意诉讼前置程序

步骤四:确定诉讼形式

《通知》第4条规定:"对于虚假陈述民事赔偿案件,人民法院应当采取单独或者共同诉讼的形式予以受理,不宜以集团诉讼的形式受理。"《规定》于2003年2月1日正式施行。关于诉讼方式问题。证券市场投资人如是因同一侵权行为而受到侵害,基于同一事实而共同产生民事赔偿请求,众多投资人完全可以同一种类标的进行共同诉讼。故《规定》根据我国《民事诉讼法》第53条、第54条,最高人民法院《关于适用民事诉讼法若干问题的意见》第59条、第60条、第62条,以四个条文对如何共同诉讼作了较为明确的规定,即人数确定的代表人诉讼,而不是人数不确定的代表人诉讼。

步骤五:撰写起诉状,重点确定赔偿金额

(1)关于计算损失的开始时间、初始价格

(2)关于计算损失的结束时间、终极价格

(3)损害期间的界定

(4)证券赔偿金额的确定方法

步骤六:分析举证责任

步骤七:确认证券赔偿举证责任中的因果关系

在要求被告对不实陈述承担民事责任时,因果关系和信赖关系成了举证责任的核心。这也是我国法院在受理证券民事赔偿案件时的困惑。

环节三:开庭审理

步骤一:法庭调查

步骤二:法庭辩论

步骤三:最后陈述

环节四:判决及执行
步骤一:判决
步骤二:执行

第六章 破产诉讼实验教程

第一节 破产诉讼类型

破产诉讼按起诉主体的不同,可分为债权人提起的破产诉讼与债务人企业提起的破产诉讼;按破产企业是否属金融行业,可分为金融企业的破产诉讼与非金融企业的破产诉讼;按破产企业是否属国有,可分为国有企业的破产诉讼与非国有企业的破产诉讼;按破产企业是否属公司类别,可分为公司制企业的破产诉讼与非公司制企业的破产诉讼;按破产企业是否属企业法人,可分为企业法人的破产诉讼与其他组织的破产诉讼。

第二节 破产诉讼实验操作过程

实验目的:通过对实际案件破产程序的模拟操作,理解破产法具体规定的含义及在实务中的运用,掌握实践中办理破产案件的技巧。

实验要求:熟悉破产法及相关法律规定,对企业经营管理的基本知识有所了解,认真研读案例。

实验原理:将《中华人民共和国企业破产法》之规定运用于实际案件中,使企业破产依法进行。

实验素材:主要法律文件素材为《中华人民共和国企业破产法》

案例素材:广东国际信托投资公司深圳公司破产案①

---

① 引自许海峰主编:《企业破产清算》,人民法院出版社2005年版,第83页。

广东国际信托投资公司深圳公司(以下简称广信深圳公司)是经广东省经济特区委员会批准于 1980 年 6 月 19 日注册成立的有限责任公司,是广东国际信托投资公司(以下简称广国投)的全资子公司,1985 年经中国人民银行批准获得金融机构法人许可证、金融机构营业许可证,并经国家外汇局批准,获得经营外汇业务许可证,经营相应的外汇业务。公司注册资本为人民币 2 亿元,公司的经营范围是主营:信托存贷款、投资业;委托存贷款、投资业务;有价证券业务;金融租赁业务;经济担保和信用见证业务;经济咨询业务。兼营:技术咨询服务。广国投是一家省级非银行金融企业,广信深圳公司是广国投下属企业中唯一获得独立金融机构营业许可证和经营外汇业务许可证的企业。

广信深圳公司从 1992 年开始将大部分资金投放房地产业务,导致大量资金沉淀,尤其自 1995 年后,将巨额资金通过账内、账外的途径投向深圳艺丰集团公司及其关联公司等私营企业,并大量为其他企业提供担保,公司负债累累,信贷资产质量极差,逾期率和呆账率较高,金融风险急剧增大。由于广国投不能支付到期债务,为了维护债权人的合法权益,中国人民银行依法决定于 1998 年 10 月 6 日关闭广国投,收缴总公司及分支机构的《金融机构法人许可证》、《金融机构营业许可证》和《经营外汇业务许可证》,停止一切经营活动,由中国人民银行依法组织成立清算组进行关闭清算。广信深圳公司作为广国投属下有独立《金融机构法人许可证》、《金融机构营业许可证》和《经营外汇业务许可证》的机构,亦在关闭清算之列。据广州会计师事务所清产核资报告反映,截至 1998 年 10 月 6 日,广信深圳公司资产总额折合人民币 14.8 亿元,负债总额折合人民币 27.2 亿元,相抵后亏损折合人民币 12.4 亿元。

1999 年 1 月 11 日,广信深圳公司以"我司严重资不抵债,到期巨额债务无法偿付,而且经营管理十分混乱"为由,向深圳市中级人民法院(以下简称深圳中院)提出破产申请。深圳中院经审理,查明广信深圳公司符合破产条件,于1999年1月16日裁定宣告广信深圳公司破产还债,并指定成立清算组接管破产企业。其审理与清算的主要程序是:

1. 接管破产企业

广信深圳公司自1999年1月16日被深圳中院裁定宣告破产之日起,就丧失管理和处分其资产的权利,清算组对其进行全面接管,包括:接收企业法人营业执照、证券业务经营许可证(金融机构法人许可证等已于1998年10月6日被中国人民银行收缴);接收企业章程、董事会决议、合同等重要文件;接收财产,包括固定资产及流动资金;接收财务账册、财务凭证、银行开户资料;对深圳公司下属的非破产企业进行监管。由于破产清算是在人民银行行政关闭清算的基础上进行的,故对广信深圳公司的接管不是直接从原广信深圳公司各经营部门及经营人员手中接管,而是从人民银行关闭清算组接管。接管破产企业的主要内容是接管破产财产。破产财产范围包括:1999年1月16日深圳中院宣布广信深圳公司破产时广信深圳公司经营管理的全部财产,其中主要包括货款、其他应收款及长期投资;深圳公司破产宣告后至破产终结前所取得的财产,包括已作为担保物的财产和破产企业内属于他人的不能列为破产财产的财产。

2. 接受破产债权申报,进行破产债权的确认

(1) 破产债权申报。广信深圳公司债权人申报债权的期限为广信深圳公司被裁定宣告破产之日起3个月内。鉴于广信深圳公司是先进入行政关闭清算程序后进入破产清算程序,曾于关闭期间申报的债权应视为已申报债权。至法定债权申报期限届满,广信深圳公司申报债权为211笔,申报金额为人民币459899万元,性质包括借款、债券、其他应付款、担保以及证券部客户存款、保证金和其他应付款。

(2) 破产债权确认程序。

① 清算组要求申报债权人提供/补充申报凭证原件/足够的证据。

② 清算组发出确认/拒绝申报债权通知书,并告知申报债权人在规定期限内若有异议可向清算组提出;若拒绝,在通知书中说明拒绝的依据和理由。

③ 清算组对申报债权人的异议进行审查,再次发出确认/拒绝申报债权通知书,并附相应的依据和理由,且告知申报债权人若对清算组再次确认/拒绝申报债权通知书有异议的仍可在规定的期限内申请深圳中院裁定。

④ 深圳中院就申报债权人的异议,根据不同情况,采取开庭审理或者书面审理方式进行公开审理,并作出裁定。根据破产法的规定,除驳回申请破产的裁定可以上诉外,破产程序的裁定均为终局裁定。

3. 破产财产回收及处置

(1) 对外债权追收。经清理,清算组发现深圳公司债务人共67家,涉及金额约20亿元。清算组分批申请深圳中院向债务人发出《偿还财物通知书》,并由深圳中院查封了该等债务人的有关财产。债务人在接到法院依法送达的《偿还财物通知书》后7日内若有异议,可提出异议申请法院裁定,否则该等《偿还财物通知书》发生法律效力,可成为法院强制执行的法律依据。对债务人在法定期限内提出的异议,深圳中院根据具体情况,分别采取开庭审理或者书面审理的方式进行公开审理,并作出裁定。该等裁定是终审裁定,是法院强制执行债务人财产的法律依据。

对外债权追收过程中的几点原则:

① 对债务人经营状况较好,符合产业发展政策,有发展潜力,但确实难以一次性还清债务的,应采取"放水养鱼"政策,不要执行到令其破产,可责令其以一定资产作抵押,分期分批偿还债务,偿还期限定在2年之内。

② 对与清算组达成还款协议的债务人,清算组与法院应加强督促,要求债务人依约履行还款义务。如债务人不按期履行还款协议的,清算组应及时与法院联系,申请法院对债务人的财产强制执行,及时变卖债务人抵押或被查封的财产。

③ 对经营状况不好,确无财产可供执行的债务人,可中止、终结执行程序。具体情形:A. 债务人无财产可供执行的,执行程序终止;B. 债务人已被宣告破产的,执行程序终结,由清算组申报债权,参与破产财产分配;C. 债权人与债务人达成重组协议的,执行程序中止,视重组协议履行情况而决定恢复执行还是终止执行。

对外债权追收过程中的具体工作安排:法院将已查封、扣押的财产移交清算组,清算组应加快变现进度,提高现金回收率。变现财产原则上以拍卖为主,经多次拍卖不能成交的,可以以物抵债或协商转让;对不宜拍卖的财产,可通过公开变卖或招标出售。在追收中,涉及债务人要求减免部分本金或利息的,只要有利于对外债权的追收,有利于提高现金回收率,清算组报债权人主席委员会同意后可以减免。

追收过程中的几种情况:

① 经清算组或者法院追收,债务人按要求自动履行还款义务或一次性还款,或分期还款,基本属小额债务。

② 债务人对清算组或法院追收金额无异议,但由于债务金额大,债务人偿债能力差,或者现金收入少须分多期偿还,或者虽有财产(主要为固定资产之中的房产)可供执行,但是该等财产目前不便于变现。在此类型中,在债务人向清算组提供相应的财产担保或法院已查封了相应的财产的前提下,可由清算组与债务人协商,同意债务人分期还款。若双方达不成还款协议或达成还款协议债务人未按约定还款,清算组申请强制执行债务人财产。

③ 债务人对法院发出的《偿还财物通知书》提出异议的,待法院审理下达裁定后处理。

④债务人下落不明、无财产可供执行。

(2) 固定资产和长期投资变现。破产财产的变现原则:严格依照中国法律、参照国际惯例,公开、公平、公正地处理破产财产;最大限度保护债权人的合法权益;破产财产处理以公开变卖为主,不适合公开变卖的,可以协商转让;对具体破产财产的处置、变现,由清算组委托中介机构实施;清算组处理重大破产财产定期向债权人主席委员会通报。

破产财产的变现遵循以下规定:

① 破产财产变现前应进行评估。评估机构的确定应在已聘请的四家评估机构中采取公开招标形式进行。

② 破产财产的变现应公开进行,按照公开拍卖为主的原则,确实不宜拍卖的,可以协商转让,转让程序亦应按照公开、公平、公正原则进行。拍卖机构的确定亦应在已聘请的几家机构中采取公开招标形式进行。

③ 对价值5000万元以上或影响重大的破产财产的评估、拍卖,清算组应分别制定评估、拍卖方案,报法院审批后实施。

(3) 破产企业全资子公司和参股企业的处分

广信深圳公司拥有全资子公司6家,参股企业23家。全资子公司和参股企业具有独立法人资格,广信深圳公司作为投资人,应回收其投资权益,列入破产财产。

① 对于仍在经营的子公司和参股企业,应在公开的基础上,采取整体出售的方式处理,如将该子公司的经营、资产情况、股权比例等,在媒体上予以公开,广泛招商,有3家以上竞买人参与竞买的,应采取拍卖方式进行,不足3家竞买的,可进行协商转让。

② 对于已经停业的全资子公司,如债权债务关系清楚,在了结债权债务的基础上,由清算组到工商部门办理该子公司的注销手续;对于资不抵债、不能偿还到期债务而停业的子公司,清算组应将情况告知债权人主席委员会,破产企业在该子公司的投资权益为零

或负值,希望债权人放弃对该子公司投资权益的追索,如获债权人主席委员会同意,清算组则放弃对该子公司的追索,否则,清算组应申请该子公司破产。广信深圳公司参股企业大部分处于停业多年、资不抵债状态,从加快审理清算进度、节省清算费用的角度,应考虑在对该等参股企业进行初步审计的基础上,清算组将情况告知债权人主席委员会,破产企业在该子公司的投资权益为零或负数,希望债权人放弃对该参股企业投资权益的追索;或者尽快向法院申请宣告该等参股企业破产。

③ 清算组对仍在经营的子公司和对参股企业的股权转让的处理,向法院提交处理方案,获准后方可实施。清算组应将对已经停业的子公司、参股企业处理方案报法院备案。

④ 对已经停业的子公司的处理工作在2001年6月底前全部完成;对于参股公司的股权转让工作在2001年6月底前全部完成;对于仍在经营的子公司的处理工作在2001年1月底完成。

清算组严格按照上述原则,公平、公开、公正地处理破产财产。具体操作:清算组通过刊登广告、委托中介代理放盘、委托拍卖等方式公开出售固定资产和长期投资项目。若有多个竞买人,且竞买人收购价格接近,清算组采取委托拍卖方式出售投资项目;若竞买人不多,或竞买人提出的收购价格相差太大,为避免在拍卖会上无人出价竞投的情况,清算组采取协商转让的方式出售投资项目。

4. 破产企业员工的遣散

由于广东国投等四家破产企业不属于国家计划调整范围,不适用《国务院关于若干城市试行国有企业破产有关问题的通知》(国发[1994]59号)、《国务院关于在若干城市试行国有企业兼并破产和职工再就业有关问题的补充通知》(国发[1997]10号),而只能按照《企业破产法》的规定,破产企业财产处置所得,必须用于按比例清偿债务,安置破产企业职工的费用只能由当地政府补贴、民政救济和社会保障等渠道解决。为指导广东国投等四家破产企业员工遣散工作,广东省人民政府办公厅颁发粤府办[1999]50号《关于广东国际信托投资公司破产企业员工遣散若干问题处理办法》规定:对实行劳动合同制以前参加工作的员工,按照当地职工上年度平均工资的3倍的标准,发给一次性安置费,领取安置费后不再享受失业救济;对实行劳动合同制以后参加工作的员工,按员工上年度月平均工资计算,每满一年发放一个月工资的标准,支付经济补偿费,并按规定享受失业保险待遇。养老保险费由社会保险经办机构负责发放;离退休人员的医疗费,在医疗保险制度出台前按现行规定执行,医疗保险制度出台后按新制度办理。广东省劳动厅就员工遣散若干细节向广东国投清算组回复了《关于广东国际信托投资公司破产企业员工遣散若干问题的复函》(粤劳关函[1999]202号)。

清算组根据上述法律、政策规定,开展破产企业员工遣散工作,并暂垫付破产企业员工的安置费用,安置费用最终由广东省人民政府承担。

5. 破产财产分配

破产财产的分配原则:根据《企业破产法》第37条的规定,从破产财产变现之金额中优先拨付破产清算费用后,按下列顺序清偿:

(1)破产企业所欠职工工资和劳动保险费用。

(2)破产企业所欠税款。

(3)其他债权。破产财产不足清偿同一顺序的,按照比例分配。

在第三次债权人会议上,清算组提交的破产财产分配方案经债权人会议讨论一致通过,并进行了第一次破产财产分配,在以后的破产财产分配中,原则上按第三次债权人会议讨论通过的破产财产分配方案实施。

破产财产分配的原则:

(1)境内外、国内外债权人一律平等受偿;

(2)主债权和担保债权在同一时间内平等受偿;

（3）经确认的外币债权以宣告破产当日银行公布的外币兑换率折合人民币数额参与分配；

（4）被确认的外币债权，债权人要求以原币受偿的，经外管局批准后可将分配所得兑换成原币分配给债权人。

以后破产财产分配时可召开债权人主席委员会会议，通报破产财产分配情况，并由清算组将破产财产分配情况书面通知各个债权人，直接分配给债权人。

鉴于申报债权确认工作已基本完成，追收及处理破产财产已获得一定数额的现金，除广发证券申报债权及尚待处理的一笔借款债权需获确认外，清算组在2000年8月31日召开的广信深圳公司第三次债权人会议上提出了第一次破产财产分配方案。第三次债权人会议一致通过清算组提出的第一次破产财产分配方案，即扣除获优先清偿的款项，每个债权人可获得已确认债权金额5.48%的分配款项。对于尚待确认的两笔债权，清算组按申报的金额，预留足额款项，待完成确认程序后按最终结果分配。

根据广东国投破产清算组的申请，广东省高院通知广信实业有限公司（在香港注册成立，处于清盘中，以下简称广信实业），将其名义持有的江湾新城的75%股权交付给广东国投破产清算组。广信实业提出异议，广东省信托房产开发公司（以下简称广信房产公司）以独立请求权第三人的身份，请求江湾新城75%股权归其所有。省高院依法进行了公开审理。经审理查明：江湾新城工程原由中国南海石油服务总公司（以下简称南油总公司）投资兴建，由于南油中心工程存在一系列严重问题，1987年4月27日，广东国投以15133277.51美元的代价，接受南油中心工程的一切产权。1987年12月9日，广东国投决定由其两个全资子公司广信房产公司和广信实业合资成立江湾新城，注册资金为人民币1.8605亿元，广信房产公司应认缴人民币4590万元，占25%，广信实业应认缴人民币1.4015亿元（约合2355万美元），占75%。由江湾新城经营、管理江湾大酒店。1995年3月7日,广东国投决定江湾新城为直属广东国投的二级公司。为了投资兴建江湾新城,广东国投从1987年至1997年,先后投资70760357.92美元。为了解决广信实业没有实际投入资本金的问题,1996年5月6日,广东国投指示国际金融部从贷给江湾新城的70760357.92美元中转出2355万美元作为广信实业的资本金,并且作了转账处理。

据此,法院认定:由于广信实业没有履行股东最基本的出资义务,违反了合同约定和《中华人民共和国中外合作经营企业法》第9条、《中华人民共和国公司法》第25条中关于股东应如期足额认缴出资的规定,依法丧失了股东的资格。同时,广信实业作为在香港注册的境外企业,从境内借款投入中外合作企业的投资行为,属严重规避法律。此外,根据《公司法》第4条规定,公司股东只有基于自己的出资才能享有资产受益、重大决策和选择管理者等权利。广信实业没有向江湾新城投入资本金,也没有受益,更没有参与重大决策和选择管理者。因此,广信实业要求享受江湾新城股东权利的主张不能成立。第三人广信房产公司认为广信实业没依约投入资本金,江湾新城的所有股权全部归其所有的理由显然不能成立。法院还认定,对实际投资者的权益应当依法保护。原广东国投不仅是江湾新城建设的实际投资者,同时又是江湾新城的组织、策划、管理者,现在广东国投虽然依法被裁定破产,其在江湾新城的权利依法应当予以保护。按"谁投资,谁受益"的原则,遂作出裁定:江湾新城75%股权归原广东国投所有。

说明:本案是我国法院在《中华人民共和国企业破产法》颁布前依1986年颁布的《中华人民共和国企业破产法(试行)》所处理的一起企业破产案件,现要求学生依《中华人民共和国企业破产法》的规定对该案的程序进行实验,一方面可达到上述实验目的,另一方面可发现依《中华人民共和国企业破产法》操作与依《中华人民共和国企业破产法(试行)》操作可能对案件的影响有所不同,从而可掌握新旧破产法的异同。

实验过程：

环节一：破产案件申请与受理环节

步骤一：债权人或债务人认为企业达到破产界限可拟好破产申请书，附具有关证据材料向有管辖权的法院提出破产清算申请（掌握破产界限的判断标准和破产申请书的写法，识别有管辖权的法院，分清债权人和债务人需提交的不同证据材料）。

步骤二：如债权人提出申请，债务人接法院通知后可提出异议，异议成立由法院裁定驳回破产申请；异议不成立，法院将裁定受理破产申请。如债务人提出申请，法院应在法定期限内作出是否受理的裁定。

（注意各种期间及掌握异议申请书的写法）

步骤三：法院作出裁定后，依法送达申请人。申请人可对不受理裁定上诉。

步骤四：法院裁定受理破产申请的，同时指定破产管理人。

步骤五：受理破产申请后，法院应通知债权人及公告破产受理事宜。

步骤六：破产管理人接管破产企业的财产印章和账簿、文书等资料并履行其他职责。

步骤七：法院告知破产企业有关人员在破产程序终结前须承担特定的法定义务。

步骤八：破产管理人接受破产企业的债务人或财产持有人清偿债务或交付财产。

步骤九：受理法院受理所有新提起的有关破产企业的民事诉讼。

环节二：债权申报环节

步骤一：债权人在法院确定的申报期限内向管理人申报债权。

步骤二：收到债权申报材料后，管理人登记造册，对申报的债权进行审查,并编制债权表供第一次债权人会议核查。

步骤三:债务人、债权人对债权表记载的债权无异议的,由人民法院裁定确认;有异议的,可以向破产受理法院起诉。

环节三:债权人会议环节

步骤一:已申报债权并通过审查的债权人为债权人会议成员,参加债权人会议,行使表决权。债权人会议主席由人民法院在有表决权的债权人当中指定。

步骤二:债权申报期限届满之日起15日内由人民法院召集第一次债权人会议。

步骤三:债权人会议可决定设立债权人委员会,并经人民法院书面决定认可。

步骤四:管理人实施特定行为应及时报告债权人委员会,未设债权人委员会的应及时报告法院。

环节四:重整阶段

步骤一:债务人或债权人可依法向人民法院申请对债务人进行重整。

步骤二:人民法院不准许重整申请或裁定债务人重整并予以公告。

步骤三:准许重整的,债务人或管理人应在法定期限内,向人民法院和债权人会议提交重整计划草案。

在重整期间,经人民法院批准,债务人可在管理人监督下自行管理财产和营业事务,并制作重整计划草案。在重整期间,出现特定事由的,人民法院可依管理人或利害关系人申请,裁定终止重整程序,并宣告债务人破产。

步骤四:人民法院在收到重整计划草案之日起30日内,召开债权人会议对重整计划草案进行表决。

债权人会议表决通过后,报人民法院批准,人民法院认为合法的,应予以批准,终止重整程序,并予以公告。

重整计划草案未获通过且也未获批准,或已通过的重整计划未获得批准的,人民法院应裁定终止重整程序,并宣告债务人破产。

步骤五:重整计划由债务人负责执行,管理人监督执行。

监督期届满,管理人向人民法院提交监督报告,管理人监督职责终止。

债务人不能执行或者不执行重整计划的,经管理人或利害关系人申请,人民法院应裁定终止重整计划的执行,并宣告债务人破产。

环节五:和解阶段

步骤一:债务人可向人民法院申请和解,并提出和解协议草案。

步骤二:人民法院认为和解申请合法,即裁定和解予以公告,并召集债权人会议讨论和解协议草案。

步骤三:债权人会议表决和解协议草案,如通过并由人民法院裁定认可,终止和解程序并公告。管理人向债务人移交财产和营业事务,并向法院提交执行职务报告;如未通过或虽通过但未获法院认可,人民法院裁定终止和解程序,并宣告债务人破产。

步骤四:债务人不能执行或者不执行和解协议的,人民法院经和解债权人请求,裁定终止和解协议执行,并宣告债务人破产。

环节六:破产清算阶段

步骤一:人民法院宣告债务人破产的,应将裁定送达债务人和管理人,通知已知债权人,并予以公告。

步骤二:管理人拟订破产财产变价方案,提交债权人会议讨论。

步骤三:管理人依照债权人会议通过的或者人民法院裁定的破产财产变价方案,适时变价出售破产财产。

步骤四:破产财产优先清偿破产费用和共益债务,然后依法定顺序清偿。

步骤五:管理人及时拟订破产财产分配方案,提交债权人会议讨论。

步骤六:债权人会议通过破产财产分配方案后,由管理人交由人民法院裁定认可,并由管理人执行。

步骤七:管理人在最后分配完结后,应及时向人民法院提交破产财产分配报告,并提请人民法院裁定终结破产程序。

步骤八:人民法院收到终结破产程序的请求后15日内,作出是否终结破产程序的裁定。裁定终结的,应予以公告。

步骤九:管理人自破产程序终结之日10日内,持人民法院终结破产程序的裁定,向破产人的原登记机关办理注销登记。

第七章　商事仲裁实验教程

第一节　商事仲裁类型

商事仲裁按仲裁案件是否具有涉外因素,可分为国内商事仲裁与国际商事仲裁;按仲裁案件的具体类型,可分为公司纠纷案件商事仲裁、保险纠纷案件商事仲裁、海事纠纷案件商事仲裁、证券纠纷案件商事仲裁等。

第二节　商事仲裁实验操作过程

实验目的:通过对商事仲裁案件的模拟操作,理解仲裁法具体规定的含义及在实务中的运用,了解国内商事仲裁的特点,掌握实践中处理商事仲裁案件的技巧。

实验要求:熟悉仲裁法与合同法相关法律规定,对工程合同的基本知识有所了解,认真研读案例。

实验原理:运用《中华人民共和国仲裁法》的规定解决仲裁程序问题,运用《中华人民共和国合同法》及其他法律规定分析案件实体问题。

实验素材:主要法律文件素材为《中华人民共和国仲裁法》及《中华人民共和国合同法》。

案例素材:北京市盛东阳建筑安装工程公司工程合同纠纷仲裁案[1]

---

[1] 引用自潘修平、刘家刚著:《中国律师办案全程实录商事仲裁》,法律出版社 2004 年版,第 141 页。

基本案情介绍：

申请人北京市盛东阳建筑安装工程公司与被申请人张××于1998年2月24日签订了《北京市建设工程施工合同》，申请人承建被申请人发包的北宅村林业队旧房翻建工程。合同中约定的主要内容是：1.工程项目名称为北宅村林业队旧房翻建工程，总建筑面积为5635.29平方米，一层砖混/框架结构；2.承包范围为土建、设备安装、装修；3.承包方式为包干价加增减概算承包；4.工期总天数166天，1998年3月15日竣工；5.工程承包造价为260万元，支付方式为开工前支付工程款10万元，主体完工支付10万元，其余工程款1999年2月15日前付清。

合同签订后，申请人即进场施工。申请人称，申请人于1998年4月发现该工程手续不完善，口头向被申请人提出该问题，被申请人承诺将尽快完善手续。1998年8月的某一天，主管怀柔县建筑市场执法工作的怀柔县建委工程科在检查当中发现该工程仍未完善建设手续，该工程科的马××于8月15日通知申请人不能再为被申请人承建该工程，否则将予以处罚。申请人随即将建委要求停工的意见口头通知了被申请人，并在9月22日又书面通知被申请人，表示愿意配合被申请人将手续办齐，争取早日复工。但被申请人在9月25日的回函中，非但不检讨自己的建设工程没有合法手续所应承担的责任，反而指责申请人的停工行为是擅自毁约，不按时交工，以此为由决定扣减申请人应得的工程款。

申请人称，在申请人按照建委的要求停工以前，该工程的主体已经完工，并经过双方以及设计单位的共同验收。双方于1998年9月18日根据验收结果及已经完成的工程量进行了结算，共同确认工程款应为1800162元。但到目前为止，被申请人实际支付的工程款仅为446477.88元，该工程所需的其他各项用款均由申请人先行垫付，被申请人实际拖欠申请人的工程款为1353684.16元。为维护自身的合法权益，申请人依据合同当中的仲裁条款提请仲裁。

环节一:接受委托代理阶段

步骤一:得到案源信息

2001年7月25日,星期三,本案中律师接到一个朋友的电话,说他自己所在单位北京市盛东阳建筑安装工程公司(简称盛东阳公司)1998年承揽的一个工程,现在发生了纠纷。单位准备起诉,让律师过去咨询一下。

步骤二:确定接案策略

区分老客户与新客户,采取不同的接案策略。

步骤三:与客户初步接洽,向潜在客户介绍仲裁的基本知识

步骤四:取得客户信任后,详细了解案情(审查合同等证据、与当事人交谈)

工程合同内容如下:

北京市建设工程施工合同协议条款

发包人(甲方):张××

承包方(乙方):怀柔县房屋修建安装工程公司

依照《中华人民共和国经济合同法》、《建筑安装工程承包合同条例》和国家工商行政管理建设部颁发的《建设工程合同示范文本》(GF-91-0201),就本项工程建设有关事经双方协商达成如下协议:

第1条 工程概况。

1.1 工程名称:北宅村林业队旧房翻建工程

工程地点:北宅村林业队果园

工程内容:见"工程项目一览表"附后。

承包范围:土建、设备、装修(含客房吊顶)

承包方式:包干价加增减概算承包

1.2 工程性质(指基建、技改、合资等):技改

批准文号(有权机关批准工程立项的文号):_____

1.3 定额工期总天数:166天。

1.4 开工日期(双方约定的符合开工报告规定的具体日期,以单位工程为准;群体工程以第一个开工的工程为准):本合同工程定于<u>1998</u>年<u>3</u>月<u>15</u>日开工。

竣工日期(以单位工程为准;群体工程以最后竣工的工程为准):本合同工程定于<u>1999</u>年<u>8</u>月<u>31</u>日竣工。

1.5 质量等级:<u>合格</u>

1.6 合同价款:本合同工程承包造价为<u>2600000</u>元。

金额大写:<u>贰佰陆拾万元整</u>。

第2条 合同文件及解释顺序,除合同另有约定外,其组成和解释顺序如下:

1. 协议条款;
2. 合同条件;
3. 洽商、变更等明确双方权利义务的纪要、协议;
4. 招标承包工程的中标通知书、投标书和招标文件;
5. 施工图纸和本市现行确定及调整工程造价的有关规定;
6. 按可填单价的工程量清单承包的建设工程,甲方提供的工程量清单;
7. 标准、规范和其他有关技术资料、技术要求;
8. 国家和本市关于施工合同管理的规定。

当合同文件出现含糊不清或不相一致时,在不影响工程进度的情况下,由双方协商解决;双方意见仍不能一致的,按第30条约定的办法解决。

第3条 合同文件使用语言文字、标准和适用法律。

3.1 合同语言:本合同文件使用汉语。

3.2 适用法律法规:国家有关法律、法规和本市有关法规、规章及规范性文件均对本合同有约束力。

3.3 适用标准、规范:按国家和本市现行质量评定标准和施工技术验收规范执行。

第 4 条　图纸。

4.1　甲方提供图纸日期：<u>1998 年 3 月 15 日</u>

4.2　甲方提供图纸套数：<u>伍套</u>

4.3　甲方对图纸的特殊保密要求和费用承担：<u>此条款不发生</u>

4.4　工程竣工图：按照国家和本市有关规定，双方另行签订绘制工程图的协议。

第 5 条　甲方驻工地代表。

5.1　甲驻工地代表姓名(任命书、委派书作为合同附件)：<u>刘××</u>

5.2　社会总监理工程师姓名(如甲方委托监理公司监理时，总监理工程师的职责应在监理合同中明确，并将副本一份交乙方)：<u>　　　</u>

第 6 条　乙方驻工地代表(项目经理)。

乙方驻工地代表姓名(任命书作为合同附件)：<u>陈××</u>

第 7 条　甲方工作。甲方按本协议约定的时间和要求，一次或分阶段完成以下工作：

7.1　施工现场达到具备施工条件和完成的时间：<u>1998 年 3 月 15 日</u>

7.2　将施工所需水、电、电讯线路接至施工现场的时间、地点和供应要求：<u>1998 年 3 月 15 日</u>并保证施工期间的需要。

7.3　施工现场与公共道路的开通时间和起止地点：<u>1998 年 3 月 15 日</u>满足施工运输的需要，保证施工期间的畅通。

7.4　工程地质和地下管网线路资料的提供时间：<u>1998 年 3 月 15 日前</u>

7.5　办理证件、批件的名称和完成时间：<u>1998 年 3 月 15 日前</u>

7.6　水准点与坐标控制点位置提供和交验要求：<u>1998 年 3 月 15 日前</u>

7.7　会审图纸和设计交底的时间：<u>1998 年 3 月 15 日前</u>

7.8　协调、处理施工现场周围建筑物、构筑物(含文物保护建

筑)、古树名木和地下管线的保护要求及应支付的费用:<u>此条款不发生</u>

甲方不按合同约定完成上述工作时,应按本协议条款第32条执行。

第8条 乙方工作。乙方按本协议约定时间和要求完成以下工作:

8.1 提供计划、报表的名称及完成时间:<u>开工七天内</u>

8.2 对施工安卫工作要求。按工程需要提供和维修非夜间施工使用权用的照明、看守、围栏和警卫等。如乙方未履行上述义务造成工、程财产和人身伤害,由乙方承担责任及所发生的费用。

8.3 向甲方提供的办公和生活设施及费用承担:<u>此条款不发生</u>

8.4 对施工现场交通和噪音等管理的要求。必须遵守本市有关部门对施工现场交通和施工噪音等管理规定,经甲方同意后办理有关手续,甲方承担由此发生的费用,;在乙方责任造成的罚款除外。

8.5 已完工程成品保护的特殊要求及费用承担:<u>此条款不发生</u>

8.6 施工现场周围建筑物、构筑物(含文物保护建筑)、古树名林和地下管线的保护要求及费用承担:<u>此条款不发生</u>

8.7 施工现场整洁卫生的要求。保证施工现场清洁符合有关规定,承担因违反有关规定造成的损失和罚款。

乙方不按合同约定完成上述工作时,造成工期延误,应承担由此造成的经济损失,工期不予顺延。

第9条 进度计划

9.1 乙方提供施工组织设计(或施工方案)和进度计划的时间:<u>开工七天内</u>

9.2 甲方代表(或总监理工程师"下同")确认的时间:<u>1998年3月15日前</u>

第 10 条　延期开工。

乙方不能按时开工,应在协议条款约定的开工日期 5 天之前,向甲方代表提出延期开工的理由和要求。甲方代表在 3 天内答复乙方。甲方代表同意延期要求或 3 天内不予答复,可视为已同意乙方要求,工期相应顺延。甲方代表不同意延期要求或乙方未在规定时间内提出延期开工要求,竣工日期不予顺延。

甲方证得乙方同意以书面形式通知乙方后可推迟开工日期,承担乙方因此造成的经济支出,相应顺延工期。

第 11 条　暂停施工。

甲方代表在确有必要时,可书面要求乙方暂停施工,并在提出要求后 48 小时内提出书面处理意见。乙方按甲方要求停止施工,妥善保护已完工程,实施甲方代表处理意见后向其提出书面复工要求,甲方代表批准后继续施工。甲方代表未能在规定时间内提出处理意见,或收到乙方复工要求后 48 小时内未予答复,乙方可自行复工。停工责任在甲方,由甲方承担经济支出,相应顺延工期;停工责任在乙方,由乙方承担发生的费用。因甲方代表不及时作出答复,施工无法进行,乙方可认为甲方部分或全部解除合同,由甲方承担违约责任。

第 12 条　工期延误

12.1　对以下造成竣工日期推迟的延误,经甲方代表确认,工期相应顺延。

1. 工程量变化和设计变更;

2. 一周内,非乙方原因停水、停电(地区限电除外)、停气造成停工累计超过 8 小时;

3. 不可抗力;

4. 甲方代表同意工期相应顺延的其他情况。

乙方在以上情况发生 5 天内,就延误的内容和因此发生的经济支出向甲方代表提出报告。甲方代表在收到报告后 5 天内予以确认答复,逾期不予答复,乙方即可视为延期要求已被确认。

12.2 非上述原因,工程不能按合同工期竣工时,甲方每延期竣工一天,应交付的违约金额和计算方法:<u>此条款不发生</u>

12.3 因乙方原因延误工期,工程不能按合同工期竣工时,甲方可认为乙方已部分或全部解除合同,由乙方承担违约责任,并按本协议条款第39条工程停建或缓建规定执行。

第13条 工期提前。工期如需提前,双方约定如下:

13.1 按本协议条款1.4约定的开、竣工计算的合同工期总天数为<u> 0 </u>天,本协议条款1.3定额工期提前<u> / </u>天、提前<u> / </u>%。

13.2 乙方采取的赶工措施及因此增加的经济支出:<u>此条款不发生</u>

13.3 甲方应提供的条件:<u>此条款不发生</u>

13.4 乙方每提前竣工一天,甲方应支付乙方的奖励金额和计算方法:<u>此条款不发生</u>

第14条 质量检查和返工。

检查和返工,乙方应认真按照标准、规范和设计的要求以及甲方代表依据合同发出的指令施工,随时接受甲方代表及其委派人员的检查检验、为检查检验提供便利条件,并按甲方代表及委派人员的要求返工、修改,承担由自身原因导致返工、修改的费用。

因甲方不正确纠正或其他乙方原因引起的经济支出,由甲方承担。

以上检查检验合格后,又发现由乙方原因引起的质量问题,仍由乙方承担责任和发生的费用,赔偿甲方的有关损失,工期相应顺延。

以上检查检验不应影响施工正常进行,如影响施工正常进行,检查检验不合格,影响正常施工的费用由乙方承担,除此之外影响正常施工的经济支出由甲方承担、相应顺延工期。

第15条 工程质量。

15.1 约定的工程质量等级(优良、合格)<u>合格</u>,实行按质论价和奖罚对等,由此增减的费用支付:<u>此条款不发生</u>

15.2 违约责任:

达不到约定条件的部分,甲方代表一经发现,可要求乙方返工,乙方应按甲方代表要求的时间返工,直到符合约定条件。

因乙方原因达不到约定条件,由乙方承担返工费用,工期不予顺延。返工后仍不能达到约定条件,乙方承担违约责任。

因甲方原因达不到约定条件,由甲方承担返工的经济支出,工期相应顺延。

15.3 双方对工程质量有争议时,按第 30 条约定的办法解决。

第 16 条 隐蔽工程和中间验收。

16.1 工程具备覆盖、掩盖条件或达到协议条款约定的中间验收部位,乙方自检后在隐蔽和中间验收 48 小时前通知甲方代表参加。通知包括乙方自检记录、隐蔽和中间验收的内容、验收时间和地点。乙方准备验收记录。验收合格,甲方代表在验收记录上签字后,方可进行隐蔽和继续施工。验收不合格,乙方在限定时间内修改后重新验收。

工程质量符合规范要求,验收 24 小时后,甲方代表不在验收记录签字,可视为甲方代表已经批准,乙方可进行隐蔽或继续施工。

16.2 双方约定的中间验收部位为:<u>主体竣工、设备安装、装修</u>

第 17 条 试车(应按承包范围确定)。

17.1 设备安装工程具备单机无负何试车条件,乙方组织试车,并在试车 48 小时前通知甲方代表,通知包括试车内容、时间、地点。乙方准备试车记录。甲方为试车提供必要条件。试车通过,甲方代表在试车记录上签字。

17.2 设备安装工程具备联动无负荷度车条件(如乙方承包时),甲方组织试车,并在试车 48 小时前通知乙方,通知包括试车内容、时间、地点和对乙方应做准备工作的要求。乙方按要求做好准备工作和试车记录。试车通过,双方在试车记录上签字。

17.3 双方责任:

由于设计原因(包括设备的选型)试车达不到验收要求,甲方负责修改设计,乙方按修改后设计重新安装,甲方承担修改设计、拆除及重新购置安装的经济支出,工期相应顺延。

由于设备制造原因试车达不到验收要求,设备由甲方采购时,应按本协议条款第23条执行,设备由乙方采购时,应该本协议条款第24条执行。

由于设备制造原因试车达不到验收要求,甲方代表在试车后24小时内提出修改意见。乙方修改后重新试车,并承担修改和重新试车的费用,工期不予顺延。

试车费用除已包括在合同价款之内或协议条款另有约定的,均由甲方承担。

甲方代表未在规定时间提出修理意见,或试车合格不在试车记录上签字,试车结束24小时后,记录自行生效,乙方可继续施工或办理竣工手续。

第18条 验收和重新检验。

甲方代表不能按时参加验收或试车,须在开始验收或试车24小时之前向乙方提出延期要求,延期不能超过两天。甲方代表示能按以上时间提出延期要求,不参加验收或试车,乙方可自行组织验收或试车,甲方应承认验收或试车记录。

无论甲方代表是否参加验收,当其提出对已经隐蔽工程的前一道工序重新检验的要求时,乙方应按要求进行剥露,并在检验后重新进行覆盖或修复。检验合格,甲方承担由此发生的经济支出,赔偿乙方损失,并相应延顺工期。检验不合格,乙方承担发生的费用,工期也予顺延。

第19条 合同价款的调整。发生下列情况之一时,工程承包造价可做调整:

1. 原0100191号图纸外涂贴石材,檐口吊顶均减掉,改为外涂抹灰喷涂料,此项造价不减掉,含在260万元内。

2. 发生工程量增减,依据96概算定额结算。

第20条 预付工程款。

预付工程款的时间和比例及开始抵扣工程款的时间和比例,按国家和本市有关主管部门现行规定执行。

20.1 在合同签订后,甲方预付工程款的时间、比例及甲方按建筑(安装)工程工作量开始抵扣工程款的时间、比例双方约定如下:开工前支付工程款10万元,主体完工支付工程款10万元,其余工程款1999年2月15日前付清。

20.2 甲方不按时预付工程款,乙方在约定预付时间10天后向甲方发出要求预付的通知,甲方收到通知后仍不能按要求预付,甲方从应付之日起向乙方支付应付款的利息并承担违约责任。

第21条 工程量的核实确认。

21.1 乙方按工程进度提交已完工程报告的时间和要求:

21.2 甲方核实已完工程量报告的时间和要求:

第22条 工程款(进度款)支付。

22.1 工程款(进度款)支付的时间和方式:见第20.1条款

22.2 凡属本协议条款第19条发生的合同价款调整内容,导致合同款增减时,其工程款(进度款)同期调整后支付。

22.3 甲方违约责任:

甲方不按时支付工程款(进度款),乙方在约定支付时间10天后向甲方发出要求付款的通知,甲方收到乙方通知后仍不能按要求付款,经乙方同意并签订协议,甲方可延期支付工程款(进度款)。协议须明确约定付款日期和从甲方计量签字后第11天起计算应付工程款(进度款)的利息。

甲方收到乙方通知后无支付能力,导致施工无法进行,乙方可认为甲方已部分或全部解除合同,由甲方承担违约责任,并按本协议条款第39条工程停建或缓建规定执行。

第23条 甲方供应材料设备。

23.1 按双方约定(招标发包工程按招标文件确定)的甲方供应材料设备一览表(附后)。

甲方按供应材料设备一览表,向乙方提供材料设备及其产品合格证明。甲方代表在所供材料设备验收24小时前将通知送达乙方,乙方派人与甲方一起验收。

23.2 违约责任:

甲方供应材料设备,乙方派人参加验收后妥善保管,甲方支付相应保管费用,发生损坏丢失,由乙方负责赔偿。

甲方不按规定通知乙方验收,乙方不负责材料设备的保管,损坏丢失由甲方负责。

甲方供应的材料,设备发生与一览表不符时,双方约定如下:

1. 材料设备单价与一览表不符:＿＿＿＿＿＿＿＿＿＿
2. 材料设备的种类、规格、质量等级与一览表不符:＿＿＿＿＿＿＿＿＿＿＿＿＿＿＿＿＿＿＿＿＿＿＿＿＿
3. 供应材料与一览表规格型号不符:＿＿＿＿＿＿＿＿＿＿＿＿＿＿＿＿＿＿＿＿＿＿＿＿＿＿＿＿＿＿＿＿
4. 到货地点与一览表不符:＿＿＿＿＿＿＿＿＿＿
5. 供应数量与一览表不符:＿＿＿＿＿＿＿＿＿＿
6. 供应时间早于一览表约定的日期:＿＿＿＿＿＿＿＿＿

因以上原因或迟于一览表约定供应时间,由甲方承担相应的经济支出,发生延误,相应顺延工期,甲方赔偿由此造成的乙方损失。

经乙方检验通过之后发现有与一览表的规格、质量等级不符的(设备经试车后)情况,甲方仍应承担重新采购及拆除和重建的经济支出,并相应顺延工期。

第24条 乙方采购材料设备

24.1 乙方按照设计和规范要求采购工程需要的材料设备,并提供产品合格证明,在材料设备到货24小时前通知甲方代表验收。

24.2 违约责任:

对乙方采购材料设备与设计和规范要求不符的产品,甲方代表拒绝验收,由乙方按甲方代表要求的时间运出施工现场,重新采购符合要求的产品,承担由此发生的费用,工期不予顺延。

甲方不能按时到场验收,验收后发现材料设备(设备经试车后)不符合规范和设计要求,仍由乙方修复或拆除及重新采购,并承担发生的费用,赔偿甲方的损失。由此延误的工期相应顺延。

24.3 乙方需使用代用材料时,须经甲方代表批准方可使用,由此增减的费用双方议定。

第25条 设计变更。

施工中甲方对原设计进行变更,经批准后,应在变更前15天(重大设计变更前20天)向乙方发出书面变更通知,乙方按通知进行变更,否则,乙方有权拒绝变更。因变更导致的经济支出和乙方损失,由甲方承担,延误的工期相应顺延。

施工中乙方对原设计提出的变更要求,经甲方和有关单位批准后方可实施,乙方未经批准不得擅自变更设计,否则,因变更导致的经济损失,由乙方承担,工期不予顺延。

第26条 确定变更价款。

根据工程承包方式及本协议条款第25条发生的设计变更、并按第22条中确定的工程款(进度款)支付方式支付工程变更价款:

26.1 乙方收到变更通知后5天内(重大变更10天内)提出变更价款报告的完整资料。

26.2 甲方收到变更价款报告之日起5天内(重大变更10天内)予以签认,无正当理由不签认时自变更价款报告送达之日起10天自行生效,由此延误的工期相应顺延。

26.3 双方对变更价款不能达成一致意见时,按第30条约定的办法解决。

第27条 竣工验收。

工程具备竣工验收条件,乙方按国家和本市工程竣工有关规定，向甲方代表提供完整竣工资料和竣工验收报告，按本协议条款第 4 条约定向甲方提交竣工图。甲方代表收到竣工验收报告后，在协议条款约定时间内组织有关部门验收（群体工程以单位工程为准），并在验收后 5 天内给予批准或提出修改意见。乙方按要求修改，并承担自身原因造成修改的费用。

甲方代表在收到乙方送交的竣工验收报告后 10 天内无正当理由不组织验收，或验收后 5 天内不予批准且不能提出修改意见，可视为竣工验收报告已被批准。

竣工日期为乙方送交竣工验收报告的日期，需修改后才能达到竣工要求的，应为乙方修改后提请甲方验收的日期。

甲方不能按约定日期组织验收，应从约定期限最后一天的次日起承担工程保管责任及应支付的费用。

因特殊原因，部分单位工程和部位须甩项竣工时，双方订立甩项竣工协议，明确各方责任。

甲、乙双方办理工程竣工验收手续后，甲方于 5 日内按有关规定向质量监督机构申报竣工工程质量核定，取得《建设工程质量合格证书》，经核定工程质量不合格时，应予返修重新进行核定，竣工日期相应顺延。

第 28 条 竣工结算。

甲乙双方办理工程竣工验收手续后，应按照施工合同签订的承包方式，及约定的工程价款变更方式，由双方进行工程竣工结算（群体工程以单位工程为准）。

28.1 乙方在竣工工程验收后 15 天内向甲方递交竣工结算报告及完整的结算资料。

28.2 甲方自签收竣工结算报告资料之日起 15 天内提出审核意见并予以签认，取得《建设工程质量合格证书》后拨付工程尾款。

28.3 乙方收到工程结算尾款后 15 天内将竣工工程交付甲方。

28.4 由于甲方不能支付工程尾款，乙方可留置部分或全部工程,予以妥善保护,由甲方承担保护费用,该工程视同进入工程保修期。

甲方无正当理由收到竣工结算报告后30天内不办理结算,从第31天起按施工企业向银行计划外贷款的利率支付拖欠工程款额的利息,并承担违约责任。

28.5 由于乙方不能按时向甲方递交竣工结算报告及完整的结算资料,造成工程款不能及时结算时,应承担违约责任;在取得《建设工程质量合格证书》后15天内将竣工工程交付甲方使用,并承担工程保修责任。

第29条 保修。

乙方应按国家和本市有关规定进行保修,保修工作的实施,乙方在收到工程竣工结算尾款后,将工程交付甲方的同时,与甲方签订工程保修合同(群体工程以单位工程为准),并向甲方交付保修抵押金(或在结算工程尾款时抵扣)。

第30条 争议。

甲、乙双方发生争议时,可以通过协商或者申请施工合同管理机构会同有关部门调解,不愿通过协商或调解不成的,可以采取下列一种方式解决:

第一种争议解决方式:向＿＿＿＿＿＿仲裁委员会申请仲裁;

第二种争议解决方式:向＿＿＿＿＿＿人民法院起诉。

双方约定按第＿＿＿＿种争议解决方式解决。

第31条 违约。

甲方代表不能及时给出必要指令、确认、批准,不按合同约定履行自己的各项义务、支付款项及发生其他使合同无法履行的行为,应承担违约责任(包括支付因期限违约导致乙方增加的经济支出和从应支付之日起计算的应支付款项的利息等),相应顺延工期;按协议条款约定支付违约金和赔偿因其违约给乙方造成的窝工等损失。

乙方不能按合同工期竣工,施工质量达不到设施和规范的要求,或发生其他使合同无法履行的行为,甲方代表可通知乙方,按协议条款约定支付违约金,赔偿因期限违约给甲方造成的损失。

除非双方协议将合同终止,或因一方违约使合同无法履行,违约方承担上述违约责任后仍应继续履行合同。

因一方违约使合同不能履行,另一方欲中止或解除全部合同,应提前10天通知违约方后,方可中止或解除合同,由违约方承担违约责任。

第32条 索赔。

甲方未能按合同约定履行自己的各项义务、支付各种费用、顺延工期、赔偿损失,乙方可以书面形式按以下规定向甲方索赔:

1. 有正当索赔理由,且有索赔事件发生时的有关证据;
2. 索赔事件发生后20天内,向甲方发出要求索赔的通知;
3. 甲方在接到索赔通知后10天内给予批准,或要求乙方进一步补充索赔理由和证据,甲方在10天内未予答复,应视为该项索赔已经批准。

第33条 安全施工。

乙方按有关规定,采取严格的安全防护措施,承担由于自身安全措施不力造成事故的责任和因此发生的费用,非乙方责任造成的伤亡事故,由责任方承担责任和有关费用。

发生重大伤亡事故,乙方应按有关规定立即上报有关部门并通知甲方代表。同时按政府有关部门要求处理。甲方为抢救提供必要条件。发生的费用由事故责任方承担。

乙方在动力设备、高电压线路、地下管道、密封防震车间、易燃易爆地段以及临街交通要道附近施工前,应向甲方代表提出安全保护措施,经甲方代表批准后实施。由甲方承担防护措施费用。

在有毒有害环境中施工,甲方应按有关规定提供相应的防护措施,并承担有关的经济支出。

第34条 专利技术、特殊工艺、合理化建议:_____

第 35 条 地下障碍和文物。

乙方在职施工中发现文物、古墓、古建筑基础和结构、化石、钱币等有考古、地质研究等价值的物品或其他影响施工的地下障碍物时,应在 4 小时内通知甲方代表。双方报告有关管理部门或采取有效保护措施。并按有关管理部门具体规定处置。甲方承担由此发生的费用,延误的工期相应顺延。

第 36 条 工程分包。

乙方可按投标书约定分包部分工程。

乙方与分包单位签订分包合同后,将副本送甲方代表。分包合同与本合同发生抵触,以本合同为准。

分包合同不能解除乙方任何义务与责任。乙方应在分包场地派驻相应监督管理人员,保证合同的履行。分包单位的任何违约或疏忽,均视为乙方的违约或疏忽。

工程分包价款除双方另有约定,应由乙方与分包单位结算。

第 37 条 不可抗力。

不可抗力应以国家和本市有关主管部门正式发布为准。

不可抗力发生后,乙方应迅速采取措施,尽力减少损失,并在 24 小时内向甲方代表通报受害情况,灾害继续发生,乙方应每隔 10 天向甲方报告一次灾害情况,直到灾害结束。

甲方应对灾害处理提供必要条件。

因灾害发生的费用由双方分别承担:

1. 工程本身的损害由甲方承担;
2. 人员伤亡由其所属单位负责,并承担相应费用;
3. 造成乙方设备、机械的损坏及停工等损失,由乙方承担;
4. 所需清理修复工作的责任与费用的承担,双方另签补充协议约定。

第 38 条 保险(如有时)。保险内容、保险金额、由谁办理和承担费用约定如下:

投保后发生事故,乙方应在 15 天内向甲方提供损失情况和估价的报告,如损害继续发生,乙方在 15 天后每 10 天报告一次,直到损害结束。

第 39 条 工程停建或缓建。

39.1 由于政策变化、不可抗力及甲乙双方之外原因导致工程停建或缓建,使合同不能继续履行,乙方应妥善做好已完工程和已购材料、设备的保护和移交工作;按甲方要求将自有机械设备和人员撤出施工现场。甲方应为乙方撤出提供必要条件,支付以上的经济支出,并按合同规定支付已完工程价款和赔偿乙方有关损失。已经订货的材料、设备由订方负责退货、不能退还的货款和退货发生的费用,由甲方承担。但未及时退货造成的损失由责任方承担。

39.2 由于甲乙任何一方不能按所签合同履约,导致工程停建或缓建,造成的损失由责任方承担。

第 40 条 合同生效与终止。

40.1 本合同自订立之日起生效。

40.2 乙方收到工程竣工结算尾款、交付竣工工程,双方已签订工程保修合同,乙方向甲方交付保修抵押金后,本合同即告终止。

第 41 条 合同份数。

41.1 本合同正本两份具有同等效力,由甲乙双方分别保存。

41.2 本合同副本_____份。

第 42 条 补充条款。

补充条款如下:_____

步骤五:对案件结果进行初步判断,确定有无胜诉可能

步骤六:审查仲裁协议,确认是否可申请仲裁

步骤七：签署委托代理合同、授权书

环节二：仲裁立案前的准备

步骤一：拟写仲裁申请书

申请书的格式与法院的起诉状类似,分为申请人、被申请人、案由、事实和理由、落款、年月日几个部分。申请人、被申请人需写明其名称、地址、法定代表人、电话、邮编。申请人、被申请人为自然人的,还需写明年龄、性别、工作单位。

当事人提出仲裁请求书,应一式五份,如果当事人超过两人,则应增加相应的份数,如果仲裁庭由一名仲裁员组成,则可以减少两份。

步骤二：申请人准备营业执照副本复印件与法定代表人身份证明书

申请人身份证明文件是仲裁必需材料之一,企业的身份证明文件为营业执照副本复印件,个人提供身份证复印件。

步骤三：提供企业名称变更证明

如果企业名称或个人姓名在合同订立后,发生了变更,应提供变更证明,企业提供工商部门的变更证明,个人提供公安部门变更证明。本案,盛东阳公司存在名称变更的问题,需提供名称变更证明。

步骤四：准备证据材料

准备证据应编制证据清单,证据清单的一般格式为：

1. 申请人证据材料清单

编号；

证据名称；

页码范围；

证据种类；

证据来源；

证明对象；

原件/复印件。

2. 被申请人证据材料清单

编号；

证据名称；

页码范围；

证据种类；

证据来源；

证明对象；

原件/复印件。

当事人提出有关证据文件的，应一式五份，如果当事人超过两人，则应增加相应的份数，如果仲裁庭由一名仲裁员组成，则可以减少两份。

本案证据清单原件：

证 据 目 录

证据一：1999年7月16日申请人的《改制企业名称核准申请表》；

证据二：1999年7月19日怀柔县工商局核发的《企业名称变更预先核准通知书》；

证据三：1998年2月24日申请人与被申请人签订的《北京市建设工程施工合同》；

证据四：1998年5月14日被申请人致申请人关于增加陈××为被申请人驻工地代表的函；

证据五：怀柔县建设委员会工程科干部马××的证言；

证据六：1998年9月22日申请人致被申请人的《怀柔县房建公司的函》；

证据七：1998年9月25日被申请人给申请人的回函；

证据八：本案主体工程完成后的六幅照片；

证据九：1998年6月30日、7月11日申请人、被申请人及设计单位签署确认的两份《主体工程验收记录》；

证据十:1198 年 9 月 29 日申请人、被申请人签署确认的两份《工程预算结算书》；

证据十一:1998 年 4 月至 2001 年 5 月被申请人向申请人五次支付工程款的付款凭证；

证据十二:2001 年 7 月被申请人向申请人出具的《农庄主体工程付款明细表》。

步骤五:分析是否需申请证据保全

在证据可能灭失或者以后难以取得的情况下,当事人可以申请证据保全。当事人申请证据保全的,仲裁委员会应当将当事人的申请提交证据所在地的基层人民法院裁定。

环节三:仲裁受理及答辩
步骤一: 提交仲裁申请书,仲裁委员会决定是否受理
步骤二: 仲裁委员会送达决定受理后送达受理通知
步骤三: 被申请人答辩

仲裁答辩书

答辩人:张××

关于北京市盛东阳建筑安装工程公司与我因建设工程施工合同纠纷一案,特提出以下答辩意见:

(1) 我与申请人所签合同是有效合同,而非无效合同。

首先,合同签订是双方的真实的意思表示,其合同的文本是申请人提供的,条款的内容系双方平等,自愿协商,由申请人填写的。

其次,我方的工程已经当地计委批准,有规划许可证、建设用地规划许可证。建设工程许可证和开工证亦正在办理的过程中,对此情况申请人非常清楚,并且,在当时开工之前申请人曾明确表示:先付 10 万元现金,可帮助我去办理所需要的开工手续和文件。我方当

时虽知还有些手续不全，但具体须如何办理也不十分清楚，申请人当时自称有办法解决，故双方才签订了此合同。至于申请人所说到1998年4月才发现建设手续不完善，纯系借故推脱责任。申请人作为专门从事建筑承包的企业，难道不知道工程开工需要履行哪些手续吗？

至于申请人所说怀柔建委马××要求工程停工一事，我从来没有听说过，建委也未下达过任何文件要求我停工或通知责令改正；现申请人拿出一份既非行政执法文件又非马××本人签名的所谓"证据"想说明合同无效，我认为这是别有用心的。

（2）申请人不善意履行合同，有重大违约行为。

第一，开工后，5月14日之前，申请人方面人员调整，原来签约的那个申请人的法人代表及驻工地的代表不知是何原因被撤职，致使工地无人负责，工程停工达二十余天，5月14日以后新法人代表才又派新的驻工地负责人恢复施工，其间停工的原因直到现在也没有对我方作过任何的解释。

第二，合同约定工程应于1998年8月31日完工，但到1998年9月申请人连主体工程还没有做完，防水没有，并且不再继续施工，以之相要挟索要工程款。几年来因风吹雨淋，现工程已多处漏水，钢筋已严重锈蚀，各种下水管线也已无法使用。

第三，申请人不履行协商义务，故意扩大事端，刁难我方。

本来是申请人违约在先，然而他还以种种借口故意拖延不解决问题，1998年9月2日申请人向我发函"在未办理完结算手续前，甲方不得以任何形式或手段另选施工人员进驻工地，如甲方不予合作，造成任何损失及后果，由甲方负责"，以此对我进行要挟。

然而，与此同时申请人新换的法人代表又拒绝承认与我方签订的《北宅村林业队旧房翻建合同》，想以此来强迫我承认合同无效，索要不合理价款。

在此种情况下我方要求与其进行协商，希望申请人能提供有关的资料和数据,在此基础上达成协议,但申请人拒不向我方提供有关的施工资料,也不与我协商,而是单方面作出决定,漫天要价,自己随意确定一个数额要我方接受,致使协商无法进行。

我方认为,造成申请人违约的真实原因是申请人方面法人代表的更换和有关人员变动,是申请人自己内部矛盾造成的。

(3) 申请人索要 1353684.16 元工程款没有事实根据。合同约定工程的总价款是 260 万元,应包括"主体竣工,设备安装,装修"三项内容。

按照通行的计算标准,仅主体一项至多占全部工程的 1/3,实际上,绝不会超过 90 万元,而其中我方已付给了申请人 44 万多元。

申请人索要的数额远远超出我方的想象以外。

至于申请人所说,1998 年 9 月 18 日双方根据验收结果及已经完成的工程量进行了结算,共同确认工程款应为 1800162 元一事,纯属子虚乌有,所谓赵××的签字与我方毫无关系。正如 1998 年 9 月 25 日我方曾向申请人函告的:我方自始至终遵守合同条款。按合同约定我方仅认可我本人和工地代表刘××先生签署的所有文件。其他任何人的签字均与本公司无关。

(4) 我方忠实地履行了自己的义务。

按照约定,我方向申请人按时付款,即便是在申请人无理停工以后,1999、2000、2001 年还在不断地向申请人付款,以表示我方希望双方能真诚解决问题的愿望,这可以说明我方对履行合同的态度。

(5) 申请人不履行合同,拖延工期,应负违约责任。

1998 年 9 月至今已 3 年的时间,由于申请人工程主体工程没有完成,房顶没做防水,致使房体到处漏水,钢筋和各种管线严重锈蚀,墙体有的地方已有裂缝。

申请人的临时设施还长期占用我方土地 361 平方米,其费用要我方支付,加大了我方的损失。

由于工程的长期迟延,使我方的经营不仅无效益可言,而且还造成了我方的重大的损失。

为维护我方的合法权益和法律的严肃性,特提出以上答辩意见,请仲裁庭依法查明事实,作出公正裁决。

此致
北京市仲裁委员会

答辩人:张××
2001年9月17日

步骤四:申请人可以放弃或者变更仲裁请求

步骤五:被申请人提出反请求

步骤六:仲裁员的选定与仲裁庭的组成

环节四:财产保全

步骤一:提出申请

步骤二:提供担保

环节五:开庭审理

步骤一:首先由书记员核对双方当事人

步骤二:仲裁员入席

步骤三:首席仲裁员告知本案仲裁员的组成,仲裁庭告知双方当事人权利、义务

步骤四:询问双方当事人是否申请回避

步骤五:我方宣读仲裁请求及事实理由,被申请人答辩

步骤六:双方举证质证

1. 被申请人出示:规划许可证、建设用地规划许可证,主张该工程有合法手续。

我方答辩:该两证是对应其他工程的,不是本工程的批文。

2. 我方出示1998年9月19日的《工程预算结算书》、2001年4

月 10 日的《概算书》进行结算。

被申请人答辩:《结算书》及《概算书》无具体范围,无法确定其计算的内容。

3. 我方出示律师调查笔录,证明建设主管部门责令我方停工。

被申请人答辩:被申请人从未收到怀柔县建委要求停工的通知。

步骤七:被申请人申请鉴定

步骤八:第二次开庭

1. 质证

2. 辩论

我方:该工程没有规划等手续,为无效合同。

被申请人:该工程已取得怀柔县计委批准,有建设用地规划许可证、建设工程规划许可证、国有土地使用证和怀柔县环保局的批准文件,施工许可证也正在办理之中。合同有效。

我方:怀柔县建委责令我方停工,我方才停工的,停工的责任在被申请人。

被申请人:停工的真实原因是申请人法定代表人的变换和人员的变动。申请人所说的停工的理由不能成立。

我方:事隔三年再鉴定工程质量,各方面的客观因素、人为因素至少都会对质量产生影响,因此现在的鉴定不能确定当时质量是否存在问题。

被申请人:工程是百年大计,不能说过了两三年质量就出问题。

步骤九:最后陈述

我方:合同无效,停工的责任在被申请人,请求仲裁庭支持我方的仲裁请求。

被申请人:合同有效,工程质量不合格,要求驳回申请人的仲裁请求。

步骤十:仲裁宣布休庭

步骤十一:提交代理词

代理词的格式一般为:标题、称谓、正文、律师签名、年月日。

代理词提交给仲裁庭后,发觉有遗漏的观点或又有了新的情况需补充观点,可以提交补充代理意见。

环节六:作出裁决

步骤一:仲裁委作出仲裁裁决

步骤二:当事人不服可依法申请法院撤销

环节七:仲裁裁决的执行

步骤一:当事人申请法院强制执行

步骤二:另一方可申请不予执行

第三编

商事非诉讼实务法学实验

第八章 关于有限责任公司设立的法律实务

第一节 实验概况

实验目的：通过对有限责任公司设立程序和文件制作的模拟操作，理解新公司法关于有限责任公司设立相关规定的含义及在实务中的运用。

实验要求：熟悉新公司法关于有限责任公司设立相关法律规定及最高人民法院相关司法解释，认真研读案例。

实验原理：运用《中华人民共和国公司法》及相关司法解释的规定正确分析案例，分组模拟实际场景，从实际操作中理解法律规定。

实验素材：主要法律文件素材为新《中华人民共和国公司法》及相关司法解释，相关文件的样本。

案例：

甲、乙、丙、丁四人拟共同出资设立一有限责任公司。注册资本为人民币100万元，公司经营范围为烟草零售及批发。甲出资40%，乙、丙和丁各出资20%，均以现金出资。

实验步骤：

(1) 发起人签订设立公司的协议；
(2) 拟定公司章程；
(3) 申请名称预先核准；
(4) 设立审批；
(5) 缴纳出资；

(6) 验资;
(7) 确认公司的组织机构;
(8) 申请设立登记;
(9) 登记发照。

第二节 实验过程

步骤一:发起人签订设立公司的协议

实验重点:通过实验,了解设立公司的协议的性质和内容。

设立公司的协议的性质:有限责任公司的发起人在发起时订立的协议,以明确发起人在公司设立中的权利和义务,在法律性质上被视为合伙协议。①

设立公司的协议的内容:公司经营的宗旨、项目、范围和生产规模、注册资本、投资总额以及各方出资额、出资方式、公司的组织机构和经营管理、盈余的分配和风险分担的原则等。②

注意事项:

在草拟协议过程中,通过协议条款的内容约定和履行顺序的安排,注意对协议各方法律风险的防范。

参考样本:

有限责任公司发起人设立公司协议书

根据《中华人民共和国公司法》及相关法规,发起人经友好协商,本着平等互利的原则,一致决定共同发起设立_____有限责任公司(以下简称公司),特签订如下协议:

一、公司形式为有限责任公司。

---

① 江平、李国光主编:《最新公司法对照适用图解》,人民法院出版社,第17页。
② 同上。

二、公司发起人的基本情况。

1.

2.

3.

4.

……

发起人共同委托_____为代理人办理公司设立的申请手续。

三、公司经营目的:合法经营,在促进经济发展的同时,为股东争取良好的经济效益……

四、公司经营范围:烟草零售及批发。

五、公司注册资本为人民币100万元,均为现金出资。

六、发起人认缴出资的情况。

甲认缴出资人民币40万元,占公司注册资本的40%;乙、丙和丁各认缴出资人民币20万元,各占公司注册资本的20%。出资形式均为现金。

七、发起人在公司名称预先核准后_____日内,将出资存入指定账户。

八、发起人应当在本协议签订后_____日内商讨并签署公司章程。若在约定时限内发起人对公司章程无法达成一致,本协议自行终止。

九、未尽事项,各方共同协商,订立补充协议。

十、本协议一式四分,各方各执一份。各方签字后生效。

甲_____乙_____丙_____丁_____

签订日期:_____年_____月_____日

步骤二：草拟公司章程

实验重点：通过实务运用，理解新《公司法》第二章有限责任公司的设立和组织机构的相关规定的含义及立法原意。

注意事项：

在草拟章程过程中，注意法律的限制性规定与选择性规定在实务中的运用。

参考样本：(引用北京市工商行政管理局制作的章程样本)

制定有限责任公司章程须知

一、为方便投资人，北京市工商行政管理局制作了有限责任公司(包括一人有限公司)章程参考格式。股东可以参照章程参考格式制定章程，也可以根据实际情况自行制定，但章程中必须记载本须知第二条所列事项。

二、根据《中华人民共和国公司法》第二十五条规定，有限责任公司章程应当载明下列事项：

(一) 公司名称和住所；

(二) 公司经营范围；

(三) 公司注册资本；

(四) 股东的姓名或者名称；

(五) 股东的出资方式、出资额和出资时间；

(六) 公司的机构及其产生办法、职权、议事规则；

(七) 公司法定代表人；

(八) 股东会会议认为需要规定的其他事项。

三、股东应当在公司章程上签名、盖章。

四、公司章程应提交原件，并应使用 A4 规格纸张打印。

附：《有限责任公司章程》参考格式

北京市工商行政管理局
BEIJING ADMINISTRATION FOR INDUSTRY AND COMMERCE

（2006年第一版）

_____有限责任公司章程

（参考格式）

第一章 总 则

第一条 依据《中华人民共和国公司法》（以下简称《公司法》）及有关法律、法规的规定，由_____等_____方共同出资，设立_____有限责任公司，（以下简称公司）特制定本章程。

第二条 本章程中的各项条款与法律、法规、规章不符的，以法律、法规、规章的规定为准。

第二章 公司名称和住所

第三条 公司名称：_____。

第四条 住所：_____。

第三章 公司经营范围

第五条 公司经营范围：日用百货、五金交电、机电产品的零售及批发。（注：根据实际情况具体填写）

第四章 公司注册资本及股东的姓名(名称)、出资方式、出资额、出资时间

第六条 公司注册资本:_____万元人民币。

第七条 股东的姓名(名称)、认缴及实缴的出资额、出资时间、出资方式如下:

股东姓名或名称	认缴情况			设立(截止变更登记申请日)时实际缴付			分期缴付		
	出资数额	出资时间	出资方式	出资数额	出资时间	出资方式	出资数额	出资时间	出资方式
合计	其中货币出资								

(注:公司设立时,全体股东的首次出资额不得低于注册资本的百分之二十,也不得低于法定的注册资本最低限额,其余部分由股东自公司成立之日起两年内缴足;其中投资公司可以在五年内缴足。全体股东的货币出资金额不得低于注册资本的百分之三十。请根据实际情况填写本表,缴资次数超过两期的,应按实际情况续填本表。一人有限公司应当一次足额缴纳出资额)

第五章 公司的机构及其产生办法、职权、议事规则

第八条 股东会由全体股东组成,是公司的权力机构,行使下列职权:

(一) 决定公司的经营方针和投资计划;

(二) 选举和更换非由职工代表担任的董事、监事,决定有关董事、监事的报酬事项;

(三) 审议批准董事会(或执行董事)的报告;

(四) 审议批准监事会或监事的报告;

(五) 审议批准公司的年度财务预算方案、决算方案;

(六) 审议批准公司的利润分配方案和弥补亏损的方案;

(七) 对公司增加或者减少注册资本作出决议;

（八）对发行公司债券作出决议；

（九）对公司合并、分立、解散、清算或者变更公司形式作出决议；

（十）修改公司章程；

（十一）其他职权。（注：由股东自行确定，如股东不作具体规定应将此条删除）

第九条 股东会的首次会议由出资最多的股东召集和主持。

第十条 股东会会议由股东按照出资比例行使表决权。（注：此条可由股东自行确定按照何种方式行使表决权）

第十一条 股东会会议分为定期会议和临时会议。

召开股东会会议，应当于会议召开十五日以前通知全体股东。（注：此条可由股东自行确定时间）

定期会议按（注：由股东自行确定）定时召开。代表十分之一以上表决权的股东，三分之一以上的董事，监事会或者监事（不设监事会时）提议召开临时会议的，应当召开临时会议。

第十二条 股东会会议由董事会召集，董事长主持；董事长不能履行职务或者不履行职务的，由副董事长主持；副董事长不能履行职务或者不履行职务的，由半数以上董事共同推举一名董事主持。

（注：有限责任公司不设董事会的，股东会会议由执行董事召集和主持）

董事会或者执行董事不能履行或者不履行召集股东会会议职责的，由监事会或者不设监事会的公司的监事召集和主持；监事会或者监事不召集和主持的，代表十分之一以上表决权的股东可以自行召集和主持。

第十三条 股东会会议作出修改公司章程、增加或者减少注册资本的决议，以及公司合并、分立、解散或者变更公司形式的决议，必须经代表三分之二以上表决权的股东通过。（注：股东会的其他议事方式和表决程序可由股东自行确定）

第十四条 公司设董事会,成员为_____人,由_____产生。董事任期_____年,任期届满,可连选连任。

董事会设董事长一人,副董事长_____人,由_____产生。(注:股东自行确定董事长、副董事长的产生方式)

第十五条 董事会行使下列职权:

(一)负责召集股东会,并向股东会议报告工作;

(二)执行股东会的决议;

(三)审定公司的经营计划和投资方案;

(四)制订公司的年度财务预算方案、决算方案;

(五)制订公司的利润分配方案和弥补亏损方案;

(六)制订公司增加或者减少注册资本以及发行公司债券的方案;

(七)制订公司合并、分立、变更公司形式、解散的方案;

(八)决定公司内部管理机构的设置;

(九)决定聘任或者解聘公司经理及其报酬事项,并根据经理的提名决定聘任或者解聘公司副经理、财务负责人及其报酬事项;

(十)制定公司的基本管理制度;

(十一)其他职权。(注:由股东自行确定,如股东不作具体规定应将此条删除)

(注:股东人数较少或者规模较小的有限责任公司,可以设一名执行董事,不设董事会。执行董事的职权由股东自行确定)

第十六条 董事会会议由董事长召集和主持;董事长不能履行职务或者不履行职务的,由副董事长召集和主持;副董事长不能履行职务或者不履行职务的,由半数以上董事共同推举一名董事召集和主持。

第十七条 董事会决议的表决,实行一人一票。

董事会的议事方式和表决程序。(注:由股东自行确定)

第十八条 公司设经理,由董事会决定聘任或者解聘。经理对董事会负责,行使下列职权:

(一) 主持公司的生产经营管理工作,组织实施董事会决议;

(二) 组织实施公司年度经营计划和投资方案;

(三) 拟订公司内部管理机构设置方案;

(四) 拟订公司的基本管理制度;

(五) 制定公司的具体规章;

(六) 提请聘任或者解聘公司副经理、财务负责人;

(七) 决定聘任或者解聘除应由董事会决定聘任或者解聘以外的负责管理人员;

(八) 董事会授予的其他职权。

(注:以上内容也可由股东自行确定)

经理列席董事会会议。

第十九条 公司设监事会,成员_____人,监事会设主席一人,由全体监事过半数选举产生。监事会中股东代表监事与职工代表监事的比例为_____:_____。(注:由股东自行确定,但其中职工代表的比例不得低于三分之一)

监事的任期每届为三年,任期届满,可连选连任。

(注:股东人数较少规格较小的公司可以设一至二名监事)

第二十条 监事会或者监事行使下列职权:

(一) 检查公司财务;

(二) 对董事、高级管理人员执行公司职务的行为进行监督,对违反法律、行政法规、公司章程或者股东会决议的董事、高级管理人员提出罢免的建议;

(三) 当董事、高级管理人员的行为损害公司的利益时,要求董事、高级管理人员予以纠正;

（四）提议召开临时股东会会议,在董事会不履行本法规定的召集和主持股东会会议职责时召集和主持股东会会议;

（五）向股东会会议提出提案;

（六）依照《公司法》第一百五十二条的规定,对董事、高级管理人员提起诉讼;

（七）其他职权。（注:由股东自行确定,如股东不作具体规定应将此条删除）

监事可以列席董事会会议。

第二十一条 监事会每年度至少召开一次会议,监事可以提议召开临时监事会会议。

第二十二条 监事会决议应当经半数以上监事通过。

监事会的议事方式和表决程序。（注:由股东自行确定）

第六章 公司的法定代表人

第二十三条 董事长为公司的法定代表人,（注:也可是执行董事或经理）,任期_____年,由_____选举产生,任期届满,可连选连任。（注:由股东自行确定）

第七章 股东会会议认为需要规定的其他事项

第二十四条 股东之间可以相互转让其部分或全部出资。

第二十五条 股东向股东以外的人转让股权,应当经其他股东过半数同意。股东应就其股权转让事项书面通知其他股东征求同意,其他股东自接到书面通知之日起满三十日未答复的,视为同意转让。其他股东半数以上不同意转让的,不同意的股东应当购买该转让的股权;不购买的,视为同意转让。

经股东同意转让的股权,在同等条件下,其他股东有优先购买权。两个以上股东主张行使优先购买权的,协商确定各自的购买比例;协商不成的,按照转让时各自的出资比例行使优先购买权。

(注:以上内容亦可由股东另行确定股权转让的办法)

第二十六条 公司的营业期限_____年,自公司营业执照签发之日起计算。

第二十七条 有下列情形之一的,公司清算组应当自公司清算结束之日起30日内向原公司登记机关申请注销登记:

(一)公司被依法宣告破产;

(二)公司章程规定的营业期限届满或者公司章程规定的其他解散事由出现,但公司通过修改公司章程而存续的除外;

(三)股东会决议解散或者一人有限责任公司的股东决议解散;

(四)依法被吊销营业执照、责令关闭或者被撤销;

(五)人民法院依法予以解散;

(六)法律、行政法规规定的其他解散情形。

(注:本章节内容除上述条款外,股东可根据《公司法》的有关规定,将认为需要记载的其他内容一并列明)

第八章 附 则

第二十八条 公司登记事项以公司登记机关核定的为准。

第二十九条 本章程一式_____份,并报公司登记机关一份。

全体股东亲笔签字、盖公章:

年 月 日

步骤三:申请名称预先核准

实验重点:通过实务操作,了解《中华人民共和国公司登记管理条例》中的相关规定。

注意事项：

1. 注意相关文件的填写方法；
2. 注意申请名称预先核准的主要规定。

参考样本：

企业名称预先核准申请书

申请企业名称	
备选企业名称 （请选用不同 的字号）	1. 2. 3.
经营范围	 （只需填写与企业名称行业表述一致的主要业务项目）
注册资本(金)	（万元）
企业类型	
住所地	

投　资　人

姓名或名称	证照号码	投资额(万元)	投资比例

（投资人写不下的,可另备页面载明并签名盖章）

指定代表或者共同委托代理人的证明

指定代表或者委托代理人：

指定代表或委托代理人更正有关材料的权限：

1. 同意□不同意□修改有关表格的填写错误；
2. 其他有权更正的事项：

指定或者委托的有效期限：自　　年　月　日至　　年　月　日

| 指定代表或委托代理人联系电话 | 固定电话： |
| | 移动电话： |

（指定代表或委托代理人
身份证明复印件粘贴处）

投资人盖章或签字：

　　　　　　　　　　　　　　　　　　　　　年　月　日

注：1. 投资人是拟设立企业的全体出资人。投资人是法人和经济组织的由其盖章；投资人是自然人的由其签字。
　　2. 指定代表或者委托代理人更正有关材料的权限，选择"同意"或"不同意"并在□中打√；第2项按授权内容自行填写。

步骤四：设立审批

实验重点：通过实验，理解我国新《公司法》第6条第2款对于法律、行政法规规定必须经批准的，应当在公司登记前依法办理批准手续的规定。

注意事项：

1. 案例所涉及的公司经营范围是需要进行设立审批的。
2. 该步骤并不是所有有限责任公司设立过程中的必经步骤。

参考样本：

申领烟草专卖许可证审批表

企业名称		主管部门	
法定代表人（负责人）		企业组织形式	
企业地址		经营范围	
邮　编		地域范围	
电　话		经营方式	
营业执照编号		注册资金	
申报单位	负责人（签字）_____ 　　　　　　年　月　日	审查机关	（盖章） 　　　年　月　日
主管部门	（盖章） 　　　年　月　日	发证机关	（盖章） 　　　年　月　日
许可证编号		发证日期	

步骤五：缴纳出资

实验重点：通过实验，理解股东缴纳出资的法律意义。

法律意义：股东出资是形成公司资本的基础，股东出资是股东承担有限责任的前提，股东出资是股东取得股权的依据。

步骤六：验资

注意事项：股东出资必须经过经依法设立的验资机构进行检验，并由验资机构出具具有法律效力的验资证明。

参考样本：

验资业务约定书

索引号_____页次

甲方：_____（筹）

乙方：_____会计师事务所

兹有甲方委托乙方对甲方截至_____年____月____日止注册资本及实收资本[或实收资本]的变更情况进行审验。经双方协商，达成以下约定：

一、业务范围与委托目的

1. 乙方接受甲方委托，对甲方自_____年____月____日至_____年____月____日止的注册资本及实收资本[或实收资本]增加（减少）情况进行审验。审验范围包括与增资相关的出资者、出资币种、出资金额、出资时间、出资方式、出资比例和相关会计处理，以及增资后的出资者、出资金额和出资比例等。（减少注册资本的，审验范围包括与减资相关的减资者、减资币种、减资金额、减资时间、减资方式、债务清偿或担保情况、相关会计处理以及减资后的出资者、出资金额和出资比例等）

2. 甲方委托乙方验资的目的是为申请注册资本和实收资本[或实收资本]的变更登记及向出资者签发（或换发）出资证明。

二、甲方的责任与义务

（一）甲方的责任

1. 确保出资者按照法律法规以及协议、章程的要求增（减）资；

2. 确保真实、合法、完整的验资资料；

3. 确保资产的安全、完整。

（二）甲方的义务

1. 及时为乙方的验资工作提供其所要求的全部资料和其他有关资料(在_____年____月____日之前提供验资所需的全部资料)，并保证所提供资料的真实性、合法性和完整性，并将所有对审验结论产生影响的事项如实告知乙方。

2. 确保乙方不受限制地接触任何与验资有关的记录、文件和所需的其他信息。

3. 甲方对其作出的与验资有关的声明予以书面确认。

4. 为乙方派出的有关工作人员提供必要的工作条件和协助，主要事项将由乙方于验资工作开始前提供清单。

5. 按本约定书的约定及时足额支付验资费用以及乙方人员在验资期间的交通、食宿和其他相关费用。

三、乙方的责任和义务

（一）乙方的责任

1. 乙方的责任是在实施审验程序的基础上出具验资报告。

2. 乙方的验资不能减轻甲方的责任。

（二）乙方的义务

1. 按照约定时间完成验资工作，出具验资报告。乙方应于_____年____月____日前出具验资报告。

2. 除下列情况外，乙方应当对执行业务过程中知悉的甲方信息予以保密：(1) 取得甲方的授权；(2) 根据法律法规的规定，为法律诉讼准备文件或提供证据，以及向监管机构报告发现的违反法规行为；(3) 接受行业协会和监管机构依法进行的质量检查；(4) 监管机构对乙方进行行政处罚（包括监管机构处罚前的调查、听证）以及乙方对此提起行政复议。

四、验资收费

1. 乙方执行本次验资业务收取人民币_____元。在本验资业务约定书签订后_____个工作日内,甲方向乙方预付验资费用_____%,计人民币_____元;其余_____%,计人民币_____元于乙方向甲方出具验资报告时支付。

2. 如果由于无法预见的原因,致使乙方人员抵达甲方的工作现场后,本约定书所涉及的验资服务不再进行,甲方不得要求退还预付的验资费用;如上述情况发生于乙方人员完成现场验资工作,甲方应另行向乙方支付人民币_____元的补偿费,并于甲方收到乙方的收款通知之日起_____日内支付。

3. 甲方承担乙方在执行验资业务时发生的必要支出,包括交通费、食宿费等。

五、验资报告和验资报告的使用

1. 乙方按照《〈中国注册会计师审计准则第1602号—验资〉指南》规定的格式出具验资报告.

2. 乙方向甲方致送验资报告一式_____份,供甲方向公司登记机关申请变更登记及向出资者换发出资证明时使用。

3. 甲方在提交或对外公布验资报告时,不得修改乙方出具的验资报告正文及附件。

4. 验资报告不应被视为是对甲方验资报告日后资本保全、偿债能力和持续经营能力等的保证。甲方及其他第三方因使用验资报告不当所造成的后果,乙方不承担任何责任。

六、本约定书的有效期间

本业务约定书自签署之日起生效,并在双方履行完毕本约定书约定的所有义务后终止。但其中第三(二)2、四、五、八、九、十项并不因本约定书终止而失效。

七、约定事项的变更

如果出现不可预见的情况影响验资工作如期完成,或需要提前出具验资报告时,甲、乙双方均可要求变更约定事项,但应及时通知对方,并由双方协商解决。

八、终止条款

1. 如果根据乙方的职业道德及其他有关专业职责、适用的法律法规或其他任何法定的要求,乙方认为已不适宜继续为甲方提供本约定书约定的验资服务时,乙方可以采取向甲方提出合理通知的方式终止履行本约定书。

2. 在终止业务约定的情况下,乙方有权就其于本约定书终止之日前对约定的验资服务项目所做的工作收取合理的验资费用。

九、违约责任

甲、乙双方按照《中华人民共和国合同法》的规定承担违约责任。

十、适用的法律和争议解决

本约定书的所有方面均适用中华人民共和国法律进行解释并受其约束。本约定书履行地为乙方出具验资报告所在地,因本约定书所引起的或与本约定书有关的任何纠纷或争议(包括关于本约定书条款的存在、效力或终止,或无效之后果),双方选择第_____种解决方式:

(1)向有管辖权的人民法院提起诉讼;

(2)提交_____仲裁委员会仲裁。

十一、双方对其他有关事项的约定

本约定书一式两份,甲、乙双方各执一份,具有同等法律效力。

甲方:_____公司(盖章)　　乙方:_____会计师事务所(盖章)

　　　年　月　日　　　　　　　　　年　月　日

验 资 报 告

××公司(筹)全体股东:

我们接受委托,审验了贵公司(筹)截至××年××月××日止申请设立登记的注册资本实收情况。按照国家相关法律、法规的规定和协议、章程的要求出资提供真实、合法、完整的验资资料,保护资产的安全、完整是全体股东及其贵公司(筹)的责任。我们的责任是对贵公司(筹)注册资本的实收情况发表审验意见。我们的审验是依据《独立审计实务公告第1号—验资》进行的。在审验过程中,我们结合贵公司(筹)的实际情况,实施了检查等必要的审验程序。

根据有关协议、章程规定,贵公司(筹)申请登记的注册资本为人民币××元,由××(以下简称甲方)、××(以下简称乙方)于××年××月××日之前缴足。经我们审验,截至××年月日止,贵公司(筹)已收到全体股东缴纳的注册资本合计人民币××元(大写)。各股东以货币出资××元,实物出资××元,知识产权出资××元。知识产权出资额占注册资本的比例为×%。

截至××年××月××日止,以房屋和专利出资的甲方尚未与贵公司办妥房屋所有权过户手续及专利权转让登记手续,但甲方与贵公司(筹)已承诺按照有关规定在公司成立××月内办妥房屋所有权过户手续及专利转让登记手续,并报公司登记机关备案。

本验资报告贵公司(筹)申请设立登记及据以向全体股东签发出资证明时使用不应将其视为是对贵公司(筹)验资报告日后资产保全、偿债能力和持续经营能力等的保证。因使不当造成的后果,与执行本验资业务的注册会计师及会计师事务所无关。

> 附件:1. 注册资本实收情况明细表；
> 2. 验资事项说明；
> 3. 执业注册会计师资格证明(复印件)
> 4. ××会计师事务所营业执照(复印件)
>
> ××会计师事务所(公章)   主任会计师(签名并盖章)
>   (或副主任会计师)
>   中国注册会计师(签名并盖章)
> 地址：   报告日期： 年 月 日

附件1：

注册资本实收情况明细表
截至 年 月 日

拟设立公司名称：   货币单位：

股东名称	认缴注册资本		实际注册资本情况								占注册资本总额比例
	金额	出资比例	货币	实物	工业产权	非专利技术	土地使用权	其他	合计		
合计											

会计师事务所(公章)   中国注册会计师：(签章)

附件2：

验资事项说明

一、组建及审批情况

贵公司(筹)经××(审批部门)以××字××号文件批准,由甲方、乙方共同出资组建,于××年××月××日取得××(企业登记机关)核发的××号《企业名称预先核准通知书》,正在申请办理设立登记。

二、申请的注册资本及出资规定

根据经批准的协议、章程的规定,贵公司(筹)申请登记的注册资本为人民币××元,由全体股东于××年××月××日之前缴足。其中:甲方应出资人民币××元,占注册资本的×%,出资方式为货币资金××元,实物××元,知识产权××元;乙方应出资人民币××元,占注册资本的×%,出资方式为货币。

三、审验结果

截至××年××月××日止,贵公司(筹)已收到甲方、乙方缴纳的注册资本合计人民币××元。

(一)甲方缴纳人民币××元。其中:××年××月××日缴存××银行××(币种)账户××账号××元;××年××月××日投入房屋××(名称、数量等),评估价值为××元,全体股东确认的价值为××元;××年××月××日投入专利权××(具体名称、有效状况),评估价值为××元,全体股东确认的价值为××万元。

××资产评估有限公司已对甲方出资的房屋、专利权进行了评估,并出具了(文号)资产评估报告。

(二)乙方缴纳人民币××元。其中:××年××月××日缴存××银行××(币种)账户××账号××元;××年××月××日投入实物××(名称、数量等),作价人民币××元。

四、其他事项

步骤七:确立公司的组织机构

实验重点:通过实验,理解新《公司法》关于公司组织机构的相关规定。

注意事项:实验分组实施,注意公司股东会与董事会的职能区别。

参考样本:

公司董事、监事任职书

根据《公司法》和本公司章程的有关规定,经本公司股东会表决通过:

选举_____、_____、_____为本公司董事,任期_____年。

选举_____为本公司监事,任期_____年。

_____,现住所:

身份证号码:

_____,现住所:

身份证号码:

_____,现住所:

身份证号码:

_____,现住所:

身份证号码:

股东签名:

年　月　日

公司法定代表人任职书

　　根据《中华人民共和国公司法》和本公司章程的有关规定,经本公司董事会表决通过:

　　选举_____担任本公司法定代表人,任期_____年。

　　_____,现住所:

　　身份证号码:

　　　　　　　　　　　　　　　　　董事签名:

　　　　　　　　　　　　　　　　　　　年　月　日

公司经理任职书

　　根据本公司章程规定的程序,经董事会(股东会)表决通过,聘请_____为公司经理,任期_____年。

　　_____,现住所:

　　身份证号码:

　　　　　　　　　　　　　　　　　董事(股东)签名:

　　　　　　　　　　　　　　　　　　　年　月　日

步骤八:申请公司设立登记

实验重点:结合已完成的操作步骤,最终完成公司设立登记,基本掌握公司设立法律实务。

注意事项:注意公司设立需要提交的文件材料,《公司设立登记申请书》的填写方法。

公司设立需提交的文件材料:

1. 公司法定代表人签署的《公司设立登记申请书》;
2. 全体股东签署的公司章程;
3. 股东的主体资格证明或自然人身份证明复印件;
4. 依法设立的验资机构出具的验资证明;
5. 董事、监事和经理的任职文件及身份证明复印件;

6. 法定代表人任职文件及身份证明复印件；

7. 住所使用证明；

8. 《企业名称预先核准通知书》；

9. 公司申请登记的经营范围中有法律、行政法规和国务院规定必须在登记前报经批准的项目，提交有关的批准文件或者许可证复印件或许可证明。

参考样本：(引用北京市工商行政管理局制作的《公司设立登记申请表》范本)。

企业设立登记申请书

企业名称：＿＿＿＿＿＿＿＿＿＿＿＿＿＿

敬　告

1. 申请人在填表前，应认真阅读本表内容和有关注解事项。
2. 在申办登记过程中，申请人应认真阅读《一次性告知单》和本申请书后附的《一次性告知记录》。如有疑问，请登录 www.BAIC.gov.cn 网站，查询相关内容。
3. 申请人应了解相关的法律、法规，并确知其享有的权利和应承担的义务。
4. 申请人应如实向企业登记机关提交有关材料和反映真实情况，并对申请材料实质内容的真实性负责。
5. 提交的申请文件、证件应当是原件，确有特殊情况只能提交复印件的，应当在复印件注明与原件一致，并由申请人或被委托人签字。
6. 提交的申请文件、证件应当使用 A4 纸。
7. 填写申请书应字迹工整，不得涂改，应使用蓝黑或黑色墨水。

企业设立登记申请表

(1) 企业名称			
(2) 住所 (经营场所)	北京市　　　　区(县)　　　　　　(门牌号) □中关村科技园区　　□北京商务中心区　　□奥林匹克中心区 □金融街　　　　　　□北京经济技术开发区□顺义临空经济区		
(3) 联系方式	固定电话		邮政编码
	传真电话		企业秘书(联系人)移动电话
	电子邮件地址		
(4) 法定代表人姓名(负责人、投资人)		(5) 注册资本(注册资金、出资数额、资金数额)	万元
		(6) 实收资本(金)、实际缴付的出资数额	万元
(7) 经营范围			
(8) 营业期限(合伙期限)	年	(9) 副本数	份
(10) 从业人员	其中,本市人数:　　　外地人数:　　　安置下岗失业人数:		
(11) 隶属企业名称			

注:一、本表第(1)—(7)、(9)—(10)项各类企业均应填写,设立分公司、个人独资企业分支机构和合伙企业分支机构不填第(5)、(6)项。其他项目根据不同企业类型选择填写,具体项目如下:

1. 申请设立有限公司、股份有限公司、合伙企业约定合伙期限的还须填写第(8)项;
2. 申请设立各类企业的分支机构还须填写(11)项。

二、本表第(2)项的填写说明:

填写住所(经营场所)时要具体表述所在位置,明确到门牌号或房间号。如无门牌号或房间号的,要明确参照物。请根据实际地址参照《北京市六大重点产业功能区四至范围参考目录》选择填写所列区域。

三、本表第(3)项的填写说明:

请据实填写联系方式所列内容,其中"固定电话"和"企业秘书(联系人)移动电话"、"邮政编码"为必填项。

四、本表第(4)项的填写说明:

1. "法定代表人"指代表企业法人行使职权的主要负责人,公司为依据章程确定的董事长(执行董事或经理);全民、集体企业的厂长(经理);集体所有制(股份合作)企业的董(理)事长(执行董事)。
2. "负责人"指各类企业分支机构的负责人。
3. "投资人"指个人独资企业的投资人。

五、本表第(5)项的填写说明:

1. "注册资本"有限责任公司为在公司登记机关登记的全体股东认缴的出资额;发起设立的股份有限公司为在公司登记机关登记的全体发起人认购的股本总额;募集设立的股份有限公司为在公司登记机关登记的实收股本总额。
2. "注册资金"指集体所有制(股份合作)企业的股东实际缴付的出资数额;全民所有制、集体所有制企业法人经营管理的财产或者全部财产的货币表现。
3. "出资数额"指合伙企业的合伙人认缴的出资或个人独资企业申报的出资。

4. "资金数额"指全民所有制、集体所有制、集体所有制(股份合作)企业为所设立的营业登记单位拨付的资金数量。

六、本表第(6)项"实收资本(金)、实际缴付的出资数额"的填写说明：

全民所有制、集体所有制、集体所有制(股份合作)、公司制企业法人、合伙企业应按照章程、合伙协议规定的内容填写设立时实际缴付的出资额。

七、本表第(9)项的填写说明：

按照规定，企业根据业务需要可以向登记机关申请核发若干执照副本，请将申领份数填写清楚。

法定代表人(分支机构负责人、个人独资企业投资人、执行事务合伙人)登记表

企业名称				一寸免冠近照粘贴处
姓 名		性别		
证件名称及号码		国籍		
户籍登记住址				
个 人 简 历					
注：应自具有完全民事行为能力之日填起至今，并不得间断	起止年月	单位		职务
身份证复印件粘贴处	兹证明该任职人具有完全民事行为能力，产生程序符合有关法律、法规和章程的规定，经任命(委派)出任企业的法定代表人(负责人)。盖章(签字)　　　　　　　　年　月　日			

注：1. 全民所有制、集体所有制企业及其分支机构、集体所有制(股份合作)企业的分支机构应在"盖章(签字)"处加盖任命单位公章；个人独资企业分支机构应在"盖章(签字)"处由投资人签字；分公司应在"盖章(签字)"处加盖公司公章，其他类型企业无需盖章、签字。

2. 合伙企业委托执行事务合伙人或委派执行分支机构事务负责人的，应由全体合伙人在"盖章(签字)"处签字；但全体合伙人均为执行事务合伙人的，无需全体合伙人签字。合伙企业执行事务合伙人是法人或其他组织的，本表填写其委派代表的情况。

3. 本表不够填的，可复印续填。

企业法定代表人(主要负责人)承诺

法定代表人(主要负责人)声明：

本人出任该企业的法定代表人(主要负责人)，现向工商行政管理机关郑重声明，本人具有完全民事行为能力，并且不存在以下情况：

(一)无民事行为能力或者限制民事行为能力。

(二)正在被执行刑罚或者正在被执行刑事强制措施。

(三)正在被公安机关或者国家安全机关通缉。

(四)因犯有贪污贿赂罪、侵犯财产罪或者破坏社会主义市场经济秩序罪，被判处刑罚，执行期满未逾五年；因犯有其他罪，被判处刑罚，执行期满未逾三年，或者因犯罪被判处剥夺政治权利，执行期满未逾五年。

(五)担任因经营不善破产清算的企业的法定代表人或者董事、经理，并对该企业的破产负有个人责任，企业破产清算完结后未逾三年。

(六)担任因违法被吊销营业执照的企业的法定代表人，并对该企业违法行为负有个人责任，企业被吊销营业执照后未逾三年。

(七)个人负债数额较大，到期未清偿。

(八)法律和国务院规定不得担任法定代表人的其他情形。

谨此承诺，本表所填内容不含虚假成分，现亲笔签字确认。

签字：

年　月　日

注：

主要负责人包括：分支机构的负责人，合伙企业的执行事务合伙人(委派代表)，个人独资企业的投资人。

企业住所(经营场所)证明

拟设立 企业名称	
住所 (经营场所)	北京市　　区(县)　　　　　　(门牌号)
产权人证明	同意将位于上述地址＿＿＿＿＿＿m²(建筑面积)的房屋提供给该企业使用。 　　　　　　　　　　　　产权单位盖章： 　　　　　　　　　　产权为个人的,由本人签字： 　　　　　　　　　　　　　　　　　　年　月　日
需要证明情况	 　　　　　　　　　　　　　证明单位公章： 　　　　　　　　　　　　　　　　年　月　日

注:1."住所(经营场所)"栏应填写详细地址,如"北京市××区××路(街)××号××房间"。

2. 产权人应在"产权人证明"栏内签字、盖章。产权人为单位的加盖单位公章,产权人为自然人的由本人签字,同时提交由产权单位盖章或产权人签字的《房屋所有权证》复印件。

3. 对使用下列未取得房屋主管部门颁发的合法有效产权证明房屋从事经营活动的,除填写本表外,还应提交经区县政府批准或授权的乡、镇政府、其他部门或街道办事处、村民委员出具的《临时住所(经营场所)使用证明》,以及由生产经营场所的使用人与场所提供人签署的不索取拆迁补偿费用的承诺书。

(1) 属于使用城镇地区未取得规划、建设等政府部门批准建设的建筑物；

(2) 已被区县政府或有关部门列入拆迁范围但并未实施拆迁的建筑物；

(3) 农村地区的建筑物；

(4) 房屋所有权证明文件上用途一栏空项或商住用途位置无法识别且规划未明确用途的建筑物；

(5) 临时建设的商亭、摊点(不含邮政报刊亭、社区便民菜站)。

4. 除上述情形外,使用下列房屋作为住所的,应当提交相应的住所证明。

(1) 自建房作为住所但尚未取得《房屋所有权证》的,可提交建设单位出具的施工许可证、建设许可证复印件作为住所使用证明。

(2) 原属区县房屋管理局直管公房作为住所,但因房屋管理局机构调整无法再由其出具权属证明的,可由区县政府明确的部门出具产权证明。

（3）使用国有企业尚未取得《房屋所有权证》的房产作为住所，可由主管该单位的国有资产管理部门或其上级单位出具产权证明。

（4）使用科技园区（开发区）内尚未取得《房屋所有权证》的房产作为住所，由所在区县政府或其授权的部门出具房屋权属证明文件。

（5）房屋提供者系经工商行政管理机关核准的具有出租房屋经营项目的，即经营范围含有"出租商业用房"、"出租办公用房"、"出租商业设施"等项目的，由该企业提交加盖公章的营业执照复印件及房屋产权证明复印件作为住所使用证明。

（6）使用宾馆、饭店（酒店）作为住所的，提交加盖公章的宾馆、饭店（酒店）的营业执照复印件作为住所（经营场所）使用证明。

（7）使用人防工程作为住所的，提交人防行政主管部门审查同意的《使用人防工程申报表》以及消防部门同意使用的证明文件的复印件。

（8）使用中央各直属机构的房屋作为住所的，由中央各直属机构的房屋管理部门出具房屋使用证明。

（9）使用国务院各部委的房屋作为住所的，由国务院机关事务管理局的房屋管理部门出具房屋使用证明。

（10）使用中央所属企业的房屋作为住所的，由该企业的房屋管理部门出具房屋使用证明。

（11）使用铁路系统的房屋作为住所的，由北京铁路局的房屋管理部门出具房屋权属证明。

（12）使用军队房产作为住所的，提交加盖中国人民解放军房地产管理局专用章的"军队房地产租赁许可证"复印件。

（13）使用中、小学校的非教学用房作为住所的，由所在区县教委出具同意经营的意见。

（14）经市商务局确认申请登记为社区便民菜店的，由所在街道办事处或社区综合服务中心出具同意使用该场所作为住所从事经营的证明。

（15）申请从事报刊零售亭经营的，按照北京市《关于加强全市报刊零售亭建设的意见》的规定，由市政管委出具住所证明。

（16）在已经登记注册的商品交易市场内设立企业或个体工商户，住所证明由市场服务管理机构出具，并提交加盖该市场服务管理机构公章的营业执照复印件。

5. 将住宅楼内的房屋改变为经营性用房作为住所（经营场所）的，应当符合国家法律、法规、管理规约的规定，并按以下要求提交有关文件：

（1）已经取得《房屋所有权证》的，提交由产权人签字的房屋所有权证复印件；

（2）购买的商品房未取得《房屋所有权证》的，提交由购房人签字或购房单位盖章的购房合同复印件及加盖房地产开发商公章的商品房预售许可证复印件；

（3）租赁商品房或开发商以所开发的商品房自用作为住所，尚未取得《房屋所有权证》的，可提交开发商的房屋预售许可证及营业执照的复印件；

（4）取得《再就业优惠证》的下岗失业人员以其租赁的公有住房作为住所的，应当提交公有住房租赁合同复印件，并由本人在"产权人签字"处签字，但该签字不具有证明产权归签字人所有的效力；以其购买单位房改房作为经营住所的，应提交购买单位房改房合同及购房发票的复印件。

除提交上述文件外，还应填写下页《住所（经营场所）登记表》及《关于同意将住宅改变为经营性用房的证明》。

住宅楼及住宅楼底层规划为商业用途的房屋不得从事餐饮服务、歌舞娱乐、提供互联网上网服务场所、生产加工和制造、经营危险化学品等涉及国家安全、存在严重安全生产隐患、影响人民身体健康、污染环境、影响人民生命财产安全的生产经营活动。

6. 根据建设部等部门制定的《关于规范房地产市场外资准入和管理的意见》的有关规定,不得使用境外机构和境外个人购买的房屋作为住所(经营场所)从事经营活动。

第九章 关于有限公司股权转让的法律实务

第一节 实验概况

实验目的：通过对有限责任公司股东股权转让的模拟操作，理解新公司法关于有限责任公司股权转让相关规定的含义及在实务中的运用。

实验要求：熟悉新公司法关于有限责任公司股权转让相关法律规定及最高院相关司法解释，认真研读案例。

实验原理：运用《中华人民共和国公司法》及相关司法解释的规定正确分析案例，从实际操作中理解法律规定。

实验素材：主要法律文件素材为新《中华人民共和国公司法》及相关司法解释，相关文件的样本。

案例：

某公司现有股东三人，公司注册资本为人民币100万元，甲持有该公司40%的股份，乙持有公司35%的股权，丙持有公司25%的股权。现甲拟转让其出资，你是经甲委托办理此事的律师。

在股权转让中出现以下情形：

1. 乙同意甲转让其股权，但最终未行使其优先购买权；
2. 丙未对甲转让其股权作出表态。
3. 公司章程与法律规定相同。

实验步骤：

1. 签订法律事务的委托代理合同，取得委托人的授权委托书。

2. 向其他股东发出股权转让通知。
3. 向同意其股权转让的股东发出是否行使优先购买权的函。
4. 草拟股权转让协议。

第二节 实验过程

步骤一:签订法律事务的委托代理合同,取得委托人的授权委托书

实验重点:基本掌握律师代理非诉讼事务的办理程序,理解签订委托代理合同及取得授权委托书的意义,学习委托代理合同的主要条款约定方法。

注意事项:

1. 委托代理合同是律师与当事人之间建立委托关系的法律依据,其作用是确立律师与当事人之间在委托合同履行过程中的权利义务。

2. 律师从事委托事项以前,应当与当事人之间签订委托代理合同,明确双方的权利义务,委托代理合同和当事人签署的授权委托书是律师有资格从事委托事项处理的必要证明文件。

3. 律师与当事人之间签订委托代理合同时,应当对委托事项、委托权限、期限,报酬等主要条款作出明确的约定。尽可能地避免和减少可能出现的法律风险。

参考样本:

非诉讼委托代理合同

( )字第 号

委托人(客户):
受托人(代理人):_____律师事务所
鉴于:
1. 客户愿意根据本合同的规定委托代理人代理第 1 条约定的

代理事项;及_____。

2. 代理人愿意根据本合同的规定接受客户的委托。

为此,双方经友好协商,协议如下:

第1条 代理事项

1.1 由客户委托,代理人代理的事项是:

1.1.1 为客户转让所持某公司股权的转让事宜提供法律咨询;

1.1.2 代为向其他股东发出股权转让的书面通知以及征询其他股东是否行使优先购买权的函;

1.1.3 草拟股权转让协议;

1.1.4 整理股权转让的相关文件并交付客户。

1.2 除非双方另有约定,代理人应成为客户在上述代理事项中唯一的代理人。

第2条 委托权限

代理人接受客户委托处理第1条事项的权限为:详见授权委托书。

第3条 事务执行

3.1 代理人将指派_____律师具体执行第1条约定的代理事项,代理人并将在必要时自行或根据客户要求另行指派其他律师或律师助理协助工作。

3.2 代理人应根据客户的合理指示,依法尽职尽责执行事务,维护客户的利益。

3.3 代理人在客户的授权权限内进行代理行为,其法律效果由客户承受。

第4条 费用

4.1 客户应按规定向代理人支付代理费,计人民币_____元。

4.2 除非双方另有约定,前款中的费用仅指律师费用,不包括下列应由客户承担的费用：

4.2.1 办事费用，将包括代理人在本合同履行过程中所额外支出的差旅费、住宿费、交通费及其他与前述费用在性质上相同或相似的所有费用或支出；

4.2.2 第三方费用，将包括在本合同履行过程中由行政机关，其他专业机构或任何第三方收取的行政规费、专业费用及其他与前述费用在性质上相同或相似的所有费用或支出。

4.3 除双方另有约定，代理人根据本条收取的律师费用和其他费用不予退还。

第5条 费用支付

5.1 第4.1款约定的律师费用，除非双方有第5.3款之约定的，客户应在签订本合同之日以金钱方式支付，或在签订本合同之日起的三日内将以上费用汇至代理人指定的银行账号。

5.2 第4.2款约定的办事费用将由客户在签订本合同之日先行预付人民币_____元，第三方费用将直接由客户支付。但代理人有权视具体情况决定垫付或由客户直接支付，对于代理人的垫付费用，客户应在代理人发出账单之日起3日内支付。

5.3 双方对费用支付的另行约定：

第6条 相互报告

6.1 客户应尽其所能，向代理人提供与委托事项有关的所有证据或相关资料，并尽力确保其真实、准确、完整。

6.2 代理人应不迟延地向客户报告委托事项的最新进展，并提供专业意见供客户参考。

第7条 保密

7.1 任何一方因本合同的履行而知悉或取得的另一方的资料和信息，应视作另一方的商业秘密，除非法律要求事先取得另一方的书面许可，不得将其披露给任何第三方，或用于本合同以外的用途。

7.2 本合同终止时,如任何一方要求,另一方应将因履行本合同而取得的另一方的资料不迟延地返还。

第 8 条 终止及违约

8.1 任何一方违约,且未在收到另一方的纠正通知之日起10日内予以纠正,则另一方有权终止本合同的全部或部分。

8.2 如客户认为必要,有权在下列条件均满足时终止本合同:

8.2.1 提前30日书面通知;

8.2.2 已支付第4条项下的费用;

8.2.3 在双方按结果收费的情形下,取得代理人的书面同意;及

8.2.4 代理人因本合同的终止,或客户的违约行为所遭受的损害已得到令人满意的赔偿或赔偿承诺。

8.3 任何一方的违约行为造成另一方的损害,均应予以赔偿。另一方对本合同终止权的行使,不影响其赔偿请求权。

第 9 条 弃权

任何一方("权利方")未能或迟延要求另一方履行本合同项下的义务,不影响权利方要求另一方履行该对等义务的权利,除非权利方以书面方式明确放弃该对等权利。

第 10 条 争议的解决

10.1 双方因本合同或本合同的履行发生的任何争议,应尽先以协商方式解决,如协商不成,任何一方有权将争议提交杭州仲裁委员会,根据其仲裁规则进行仲裁。

10.2 仲裁裁决是终局性的,对双方均有法律约束力。

第 11 条 期限

合同经双方签署后生效,除非双方另有约定,于代理事项处理完毕时终止。

第 12 条 完整性

本合同构成双方迄今为止唯一的全部的协议,并替代双方此前

达成的任何书面的或口头的约定。

第 13 条 独立性

13.1 本合同的各条款应视作相互独立,任何条款的无效不影响其余条款的有效性,除非该种结果将根本性地破坏本合同的目的,或造成完全不合理的结果。

13.2 对于任何无效的条款,双方应不迟延地修改本合同,使之符合双方的原本意图。

第 14 条 修改

对本合同的任何修改或补充,均应以书面形式为之。

第 15 条 标题

本合同各条款的标题仅为便于检索而设,不影响各款内容的解释或理解。

第 16 条 其他

本合同一式二份,双方各执一份,具有同等的法律效力。

委托人(客户):

法定代表人(负责人):

电话:

地址:

受托人(代理人):_____律师事务所

代表人:

电话:

地址:

签约时间： 年 月 日

专项法律事务授权委托书

委托人:_____

受托人:_____

委托事项:

参与委托人转让所持某公司股权的谈判,代表委托人以自己的名义向其他股东发出与股权转让事宜有关的函件。

委托期限:

从签订此委托书之日起至委托人签订股权转让协议之日至。

委托人(签章):

年　月　日

步骤二:向公司其他股东发出股权转让的通知

实验重点:根据《公司法》的相关规定,通过实验,理解该步骤的法律意义及必要性,掌握拟定文件的技巧。

注意事项:注意该文件应当具备的法律要素,以及出具该文件的目的。

1. 该文件的法律基础是公司章程以及《公司法》第72条的规定。需要注意对该文件内容的法律要求,保证文件的合法性。

2. 根据章程和法律规定行文,保证文件法律后果的确定性。

参考样本:

股权转让通知书

股东:

本出资人拟将拥有_____公司40%的股权以1:____的价格转让。

请各股东自收到本通知书之日起三十日内给予书面答复,确定是否需要购买本出资人出让的股权;逾期未予答复的视为同意转让。

股东签字:

日期:　年　月　日

步骤三:向同意其股权转让的股东发出是否行使优先购买权的函

实验重点:通过实验,理解法律规定的其他股东优先购买权、同等条件下等法律概念。

注意事项:着重加强对"同等条件下"的理解。

参考样本:

询问是否行使股东优先购买权的函

股东:

本出资人拟将拥有_____公司 40% 的股权转让_____。

转让的主要条件:

1. 转让价格为_____万元。

2. 付款方式为现金,付款期限为股权转让协议签订后_____日内一次性付款。

3. 股权转让协议签订后_____日内办理工商变更手续。

请各股东自收到本通知书之日起_____日内给予书面答复,确定在以上条件下是否行使优先购买权;逾期未予答复的视为对优先购买权的放弃。

股东签字:
日期: 年 月 日

步骤四:草拟股权转让协议

实验重点:掌握股权转让协议的主要内容,学习对法律风险的防范。

参考样本:

股权转让协议书

(参考格式,适用于有限责任公司)

转让方: (以下简称甲方)

地址:

身份证号:

受让方: (公司)(以下简称乙方)

地址:

法定代表人: 职务:

委托代理人: 职务:

　　　　　　　公司(以下简称合营公司)于_____年___月___日_____市设立,由甲方与_____合资经营,注册资金为人民币100万元,其中,甲方占40%股权。甲方愿意将其占合营公司40%的股权转让给乙方,乙方愿意受让。现甲乙双方根据《中华人民共和国公司法》和《中华人民共和国合同法》的规定,经协商一致,就转让股权事宜,达成如下协议：

　　一、股权转让的价格及转让款的支付期限和方式：

　　1. 甲方占有合营公司40%的股权,根据原合营公司合同书规定,甲方应出资人民币40万元,实际出资人民币40万元。现甲方将其占合营公司40%的股权以人民币_____万元转让给乙方。

　　2. 乙方应于本协议书生效之日起_____天内按前款规定的币种和金额将股权转让款以银行转账方式分_____次(或一次)支付给甲方。

　　二、甲方保证对其拟转让给乙方的股权拥有完全处分权,保证该股权没有设定质押,保证股权未被查封,并免遭第三人追索,否则甲方应当承担由此引起一切经济和法律责任。

　　三、有关合营公司盈亏(含债权债务)的分担：

　　1. 本协议书生效后,乙方按受让股权的比例分享合营公司的利润,分担相应的风险及亏损。

　　2. 如因甲方在签订本协议书时,未如实告知乙方有关合营公司在股权转让前所负债务,致使乙方在成为合营公司的股东后遭受损失的,乙方有权向甲方追偿。

　　四、违约责任：

　　1. 本协议书一经生效,双方必须自觉履行,任何一方未按协议书的规定全面履行义务,应当依照法律和本协议书的规定承担责任。

　　2. 如乙方不能按期支付股权转让款,每逾期一天,应向甲方支付逾期部分转让款的万分之_____的违约金。如因乙方违约给甲方造成损失，乙方支付的违约金金额低于实际损失的，乙方必须另予以补偿。

3. 如由于甲方的原因，致使乙方不能如期办理变更登记，或者严重影响乙方实现订立本协议书的目的，甲方应按照乙方已经支付的转让款的万分之_____向乙方支付违约金。如因甲方违约给乙方造成损失，甲方支付的违约金金额低于实际损失的，甲方必须另予以补偿。

五、协议书的变更或解除：

甲乙双方经协商一致，可以变更或解除本协议书。经协商变更或解除本协议书的，双方应另签订变更或解除协议书。

六、有关费用的负担：

在本次股权转让过程中发生的有关费用（如公证、评估或审计、工商变更登记等费用），由_____承担。

七、争议解决方式：

因本合同引起的或与本合同有关的任何争议，甲乙双方应友好协商解决，如协商不成，按照下列方式解决（任选一项，且只能选择一项，在选定的一项前的方框内打"√"）：□向_____仲裁委员会申请仲裁；□向有管辖权的人民法院起诉。

八、生效条件：

本协议书经甲乙双方签字、盖章后生效。双方应于协议书生效后三十日内到工商行政管理机关办理变更登记手续。

九、本协议书一式____份，甲乙双方各执一份，其余报有关部门。

转让方：   受让方：

                                          年   月   日

第十章 关于公司协商解散及清算的法律实务

第一节 实验概况

实验目的：通过对公司解散和清算的模拟操作，理解新《公司法》关于有限责任公司解散和清算相关规定的含义及在实务中的运用。

实验要求：熟悉新公司法关于有限责任公司解散和清算相关法律规定及最高人民法院相关司法解释，认真研读案例。

实验原理：运用《中华人民共和国公司法》及相关司法解释的规定正确分析案例，从实际操作中理解法律规定。

实验素材：主要法律文件素材为新《中华人民共和国公司法》及相关司法解释，相关文件的样本。

案例：

甲、乙、丙三人于2000年共同出资100万元成立某公司，甲出资40万元，占公司注册资本的40%，乙、丙各出资30万元，各占公司注册资本的30%。公司章程约定公司存续30年，2008年三股东均有意解散公司并进行清算，你作为该公司法律顾问，股东委托你参加公司解散清算工作。

步骤：

1. 股东会作出解散公司的决议，成立清算组。
2. 发出公司解散公告。
3. 制订清算方案。

4. 分配公司财产。
5. 制作清算报告。
6. 申请注销公司。

第二节 实验过程

步骤一：股东会作出解散公司的决议，成立清算组
实验重点：通过实验，理解股东协商解散公司的法定程序。掌握公司解散的股东会决议的主要内容和必须具备的法律要素。
参考样本：

××××有限公司股东会决议

会议时间：200×年××月××日
会议地点：在××市××区××路××号(××会议室)
会议性质：临时(或定期)股东会会议
参加会议人员：股东(或者股东代表)×××、×××、×××，全体股东均已到会。(或者补充说明：会议通知情况及到会股东情况)
会议议题：协商表决本公司解散事宜。
根据《中华人民共和国公司法》及本公司章程的有关规定，本次股东会会议由董事会召集，董事长×××主持，一致通过并决议如下：
一、本公司股东经协商，全体股东同意公司解散，决定公司停止营业，进行清算。
二、公司成立清算组，清算组由全体股东组成。其成员由×××、×××和××××组成，其中由×××担任组长，由×××担任副组长。
三、清算组在清算期间依照《中华人民共和国公司法》规定行使职权，开展工作。

四、公司自作出解散决定之日起停止营业(或生产、经营活动)。

五、其他有关内容：_____。(决议内容未涉及的,应当删除)

全体股东签字、盖章：

(自然人股东签字,非自然人股东盖章)

××××有限公司

200×年××月××日

注意事项：

1. 有限公司不设董事会的,股东会会议由执行董事召集和主持。董事长(或者执行董事)不能履行职务或者不履行职务的,按照《公司法》第41条规定的人员召集和主持。

2. 会议通知情况及到会股东情况是指：会议通知时间、方式；到会股东情况,股东弃权情况。也可同时注明,召开会议前依法通知了全体股东,会议通知的时间及方式符合公司章程的规定(召开股东会会议,应当于会议召开15日前通知全体股东)。

3. 股东会由股东按出资比例行使表决权(公司章程另有规定的除外)；股东会对修改公司章程、公司增加或者减少注册资本、分立、合并、解散或者变更公司形式作出决议,必须经代表2/3以上表决权的股东通过。

4. 股东会决议中也可体现具体的表决结果,如持赞同意见股东所代表的股份数,占全体股东所持股份总数的比例,持反对或弃权意见的股东情况。

5. 凡有下划线的,应当进行填写；要求作选择性填写的,应按规定作选择填写,正式行文时应将下划线、粉红色提示内容、本注意事项及其他无关内容删除。

6. 要求用A4纸、四号(或小四号)的宋体(或仿宋体)打印,可双面打印；多页的,应打上页码,加盖骑缝章；内容涂改无效,复印件无效。

步骤二：发出公司解散公告

实验重点：掌握公司解散公告的主要内容、公告形式。理解《公司法》第186条的规定。

注意事项:注意发出公司解散公告的法律后果和时限规定。

参考样本:

公司解散公告

＿＿＿＿有限责任公司股东会已于＿＿＿年＿＿＿月＿＿＿日依法作出公司解散的决议,本公司已于＿＿＿年＿＿＿月＿＿＿日解散,进入清算程序。

本清算组已于＿＿＿＿年＿＿＿＿月＿＿＿＿日成立,并开始工作。

先发布公告,敬希望该公司债权人自公告发布日起＿＿＿＿日内向清算组申报债权。逾期不申报者,视为放弃债权。申报债权时请写明债权人姓名或名称、联系地址、债权形成原因、债权标的、债权金额、债权期限、孳息、有无担保、担保标的或保证人、债权证据等事项。

申报债权后,希望注意本清算组编制的＿＿＿＿有限责任公司债务表。对表内事项有异议的,请于制表日后＿＿＿＿日向清算组声明,以协商解决。逾期不声明的,为同意债务表记载。

特此公告

清　算　组

地址:

邮编:

电话:

传真:

联系人:

＿＿＿＿有限责任公司清算组

清算组代表(签名)

年　月　日

步骤三:制订清算方案

假象情形:

经清算,公司财产情况如下:

1. 公司库存现金20万元,银行存款45万元。
2. 固定资产变价30万元,流动资产变价10万元。
3. 收取金钱债权15万元,收取非金钱债权变价6万元。
4. 清算费用2万元。
5. 职工工资、劳保费用12万元。
6. 未缴税款3万元。
7. 其他债务25万元。

实验重点:根据假象情形制订清算方案,掌握公司清算中公司财产的组成、债务的种类和形式。学习制作清算方案的方法。

注意事项:《公司法》关于公司对制作清算方案的相关规定。

步骤四:分配公司财产

实验重点:根据前一步骤中制订的清算方案,对公司财产进行分配。

注意事项:注意《公司法》对清算中公司财产分配的顺序。

步骤五:制作清算报告

实验重点:通过实验,掌握清算报告的制作方法和主要内容。理解法律对清算报告的相关规定。

注意事项:

1. 清算报告中应当对清算的整个过程进行详细描述,包括公司解散的原因、解散的程序、清算组的组成、清算工作的开展、公司财产和负债情况、公司财产的分配结果、清算结束的时间等。

2. 注意清算报告中对公司解散、清算组的组成、清算工作、公司财产分配等的法律描述。

步骤六:申请注销公司

实验重点:熟悉注销公司所须提交的文件和程序。公司注销文件包括：

1. 公司清算组负责人签署的《公司注销登记申请书》；
2. 公司签署的《指定代表或者共同委托代理人的证明》及指定代表或委托代理人的身份证复印件；
3. 清算组成员《备案确认通知书》；
4. 依照《公司法》作出的决议或者决定；
5. 经确认的清算报告；
6. 刊登注销公告的报纸报样；
7. 公司的《企业法人营业执照》正、副本；
8. 法律、行政法规规定应当提交的其他文件。

注意事项：注意注销公司的文件制作填写方法。

参考样本：

企业注销登记申请书

名称			
出资人			
公司类型		注册号	
申请注销登记的原因			
债权债务清理情况	对外投资是否清理完结		
	分公司是否注销完结		
	其他		
企业盖章：		被委托人签字：	
清算组负责人签字：		联系电话：	
年　月　日		年　月　日	

注：1. 提交的文件、证件应当使用 A4 纸。
　　2. 应当使用钢笔、毛笔或签字笔工整地填写表格或签字。

公司备案申请表

公司名称				注册号	
备案事项	董事				
	监事				
	经理				
	章程			章程修正案	
	清算组成员				
	清算组负责人			通信地址	
				电话	
	分公司备案	增设备案	名称		注册号	
			登记机关		登记日期	
		注销备案	名称		注册号	
			登记机关		登记日期	
		变更备案	原名称			
			现名称			

本公司依照《中华人民共和国公司法》、《中华人民共和国公司登记管理条例》申请备案,提交材料真实有效。谨此对真实性承担责任。

法定代表人签字: 　　指定代表或委托代理人签字: 　　公司盖章:

　　年　月　日　　　　　年　月　日　　　　　年　月　日

注:1. 章程或章程修正案后打√。
　2. 如同时申报多个分公司备案,可另行附表。

第十一章 企业资产重组的非诉讼法律实务

第一节 实验概况

实验目的:通过实验了解企业资产重组中的法律事务,熟悉各种相关文件的制作方法,提高综合运用法律解决法律事务的能力。

实验要求:熟悉新公司法及相关法律、行政法规的规定。认真研读案例。

实验原理:运用《中华人民共和国公司法》及相关法规规定正确分析案例,从实际操作中理解法律规定。

实验素材:主要法律文件素材为新《中华人民共和国公司法》及相关法规,相关文件的样本。

(一)企业资产重组概述

企业资产重组在学术界并无统一的定义。从实务角度看,企业资产重组广义上主要是指针对企业产权关系和其他债权债务、资产、管理结构所展开的对企业经济结构和产业结构进行重新整合的过程。

企业重组的方式是多种多样的,主要有:

1. 合并:指两个或两个以上的企业组合在一起,原有所有企业的法律主体资格消失,而建立一个新的法律主体。

2. 兼并:指两个或两个以上的企业组合在一起,其中一个企业保持其原有的独立法律主体资格,而其他企业法律主体资格消失。

3. 收购:指以购买全部或部分股权(股份)的方式,取得目标企业的控制权,目标企业的法人地位并不消失。

4. 剥离：是指企业将其部分闲置的不良资产、债权、无利可图的资产、子公司等出售给其他企业以获得现金或有价证券。

5. 分立：原具有独立法律主体资格的企业，分为两个或两个以上的具有独立主体资格的实体，原企业主体资格消失。

企业重组的直接目的主要有两个：一是最大化现有股东持有股权的市场价值，二是最大化现有管理者的财富。这二者可能是一致的，也可能发生冲突。无论如何，增加企业价值是实现这两个目的的根本。

国有企业改制的主要途径：

1. 企业实现公司化改制

（1）国有企业依公司法整体改造为国有独资有限责任公司

[债务处理]：原企业的债务，由改造后的有限责任公司承担。

（2）企业通过增资扩股或者转让部分产权，实现他人对企业的参股，将企业整体改造为有限责任公司或者股份有限公司。

[债务处理]：原企业债务由改造后的新设公司承担。

（3）企业以其部分财产和相应债务与他人组建新公司。

[债务处理]：对所转移的债务债权人认可的，由新组建的公司承担民事责任；对所转移的债务未通知债权人或虽通知债权人，而债权人不予认可的，由原企业承担民事责任。原企业无力偿还债务，债权人就此向新设公司主张债权的，新设公司在所接收的财产范围内与原企业承担连带民事责任。

企业以其优质财产与他人组建新公司，将债务留在原企业的，债权人可向新设公司和原企业主张债权，新设公司应当在所接收的财产范围内与原企业共同承担连带责任。

（二）实验案例

某国有企业欲引进外资进行企业资产重组，其目的是为了引进先进的管理模式，实现国有资产的保值增值。你作为一外商独资企业委托的律师全程参与该项目的运作。

1. 该国有企业的基本信息

该国有企业名称为××港口经营有限责任公司。该公司的前身为××港务管理局,原主体具有部分行政管理功能,根据2001年《国务院办公厅转发交通部等部门关于深化中央直属和双重领导港口管理体制改革意见的通知》,××港务管理局下放××市管理,其行政职能被分离出去,只保留企业经营功能。

2002年,××市政府办公室向市交通局发出《市政府办公室关于组建××港口经营有限责任公司的批复》,同意组建该公司;2002年,××市交通局向××港务管理局发出《关于组建××港口经营有限责任公司的通知》,要求以××港务管理局为基础,建立该公司。

2003年,×××港务管理局向××港务管理局发出《×××港务管理局关于同意作为××港口经营有限责任公司发起人的复函》,表示同意参股1000万元人民币,作为××港口经营有限责任公司的发起人。

2003年,××港务管理局向市交通局发出《关于组建××港口经营有限责任公司的请示》,申请将××港务管理局改制组建为××港口经营有限责任公司,注册资本金为人民币1亿元,××××国有资产经营有限公司投资9000万元,×××港务管理局投资1000万元。

随后,××××国有资产经营有限公司和××港务管理局制定《××港口经营有限责任公司章程》,规定公司名称为××港口经营有限责任公司,公司经营范围为港口装卸、水陆客货运输、水陆客运服务、仓储服务、港口服务、港口船舶代理及货物运输代理,公司注册资本为人民币1亿元整,××××国有资产经营有限公司以实物出资9000万元,×××港务管理局以货币出资1000万元,双方均在章程上盖章。

2003年,市交通局发出《关于组建××港口经营有限责任公司有关事项的批复》，表示同意关于组建××港口经营有限责任公司的请示。

2004年，市工商行政管理局向××港口经营有限责任公司颁发《企业法人营业执照》，载明了公司住所地、法定代表人，注册资本为人民币1亿元，经营范围为"交通运输投资；房地产投资；以下限于有经营许可证的分支机构经营：港口装卸服务、水陆客货运输、仓储服务、港口船舶代理及货物运输代理"，营业期限自2004年1月1日至2023年12月31日。××××国有资产经营有限公司以实物出资9000万元，占公司注册资本的90%，×××港务管理局以货币出资1000万元，占公司注册资本的10%。

2005年，该公司召开股东会议，根据《市人民政府关于××国有资产监督管理委员会投资××港口经营有限责任公司的批复》，一致同意××市国有资产监督管理委员会作为公司新的出资人，以其持有的经评估的××港务局净资产5000万元投资参股该公司。

2005年7月28日，××××国有资产经营有限公司、××港务管理局和××国有资产监督管理委员会的代表，召开股东会议，一致同意该公司注册资本由1亿元增加到1.5亿元，其中宜××××国有资产经营有限公司出资9000万元，占注册资本的60%；××国有资产监督管理委员会出资5000万元，占注册资本的33.33%；×××港务管理局出资1000万元，占注册资本的16.67%。

随后，该公司在工商行政管理部门办理了工商变更登记。

2. 资产重组的基本方向

外商独资企业提出的基本条件是取得该公司的控股权和公司经营控制权，该公司现有股东的出资额不减少。外商独资企业的总投资额与该公司的现有资产总额相同，其中一部分转为公司注册资本。外商独资企业不承担该公司在合资以前的债务。

实验步骤：

1. 接受委托人的委托，对重组的合法性进行论证；

2. 前期法律尽职调查；

3. 进行清产核资中的法律事务的处理；

4. 草拟合作协议。

第二节 实验过程

步骤一：接受委托人的委托，对重组的合法性进行认证

实验重点：了解文件审查的主要方法，学习法律意见书的制作方法。

注意事项：

1. 在审查文件时，注意对文件的发文机关和权限是否符合法律规定进行审查。

2. 注意制作法律意见书时的行文方式。

参考样本：

法律意见书

致：＿＿＿＿＿＿＿＿＿＿＿

＿＿＿＿＿＿＿律师事务所（以下简称"本所"）是具有中华人民共和国（以下简称"中国"）执业资格的律师事务所。本所受中国贵公司的委托，现就贵公司咨询投资××港口经营有限责任公司（以下简称"目标公司"）并取得其控股权的合法性事宜，出具本法律意见书。

为出具本法律意见书之目的，本所依据中国有关法律、行政法规以及规范性文件，对相关主体的法定资格及条件进行了调查，查阅了本所认为出具本法律意见书所需查阅的文件，并就有关事项向政府有关主管部门及目标公司的高级管理人员进行了必要的询问和讨论。

在前述调查过程中，本所得到贵公司如下保证，即其已经提供了本所认为出具本法律意见书所必需的、真实完整的原始书面材料、副本材料或口头证言，有关材料上的签字和/或印章均是真实

的,有关副本材料或者复印件均与正本材料或者原件一致。

对于出具本法律意见书至关重要而又无法得到独立的证据支持的事实,本所依赖于政府有关主管部门、发行人或者其他有关机构出具的证明文件或说明而出具相应的意见。

本所依据本法律意见书出具日以前已经发生或存在的事实和中国现行有效的有关法律、行政法规的规定发表法律意见。本所认定某些事项是否合法有效是以该等事项发生之时所应适用的法律、行政法规为依据,同时也充分考虑了政府有关主管部门给予的有关批准和确认。

本所仅就贵公司咨询的问题发表法律意见,并不对有关会计审计、资产评估、盈利预测等专业事项发表评论。在本法律意见书中涉及会计审计、资产评估、盈利预测等内容时,均为严格按照有关中介机构出具的报告引述,并不意味着本所对这些内容的真实性和准确性作出任何明示或默示的保证。

基于上述,本所出具法律意见如下:

一、关于保证本次投资合法性须要取得的相关批准和授权

……

二、关于投资的主体资格和条件

……

三、本次投资可以采取的方式

……

四、结论意见

……

附件清单:

……

_____律师事务所(章)

承办律师:

年 月 日

步骤二:前期法律尽职调查

实验重点:了解法律尽职调查的工作方法及报告的制作方法。

注意事项:注意在实验过程中体会法律尽职调查的作用,注意在资产重组中法律尽职调查所涉及的内容。

参考样本:

法律尽职调查报告

根据××××有限公司(以下简称"贵公司")的委托,_____律师事务所(以下简称"本所")就贵公司与××港口经营有限责任公司(以下简称"被调查公司")进行合资及并购事宜,对××港口经营有限责任公司的资产、经营及相关情况进行法律尽职调查,并出具本法律尽职调查报告(以下简称"本报告")。

一、调查范围

……

二、简称与定义

在本报告中,除非特别说明或根据上下文须另作解释,下列简称和术语具有以下定义和内涵:

本报告	指_____律师事务所于 年 月 日出具的关于××港口经营有限责任公司的法律尽职调查报告。
本所	指_____律师事务所。
贵公司	指××××有限公司。
被调查公司	指××港口经营有限责任公司
元	除非注明,指人民币"元"
中国	为本报告的目的,指中华人民共和国大陆,不包括香港特别行政区、澳门特别行政区和台湾地区。
中国法律	指中国的宪法、法律、行政法规、地方性法规以及国务院部门规章、地方政府规章(包括有权解释机关对前述各项所作的解释和说明)。

本报告所使用的简称、定义、目录以及各部分的标题仅供查阅方便之用;除非根据上下文应另作解释,所有关于参见某部分的提示均指本报告中的某一部分。

三、律师声明

本报告的出具基于以下假设前提：

1. 被调查公司所有提交给本所的文件原件均是真实的，所有提交文件的复印件与其原件均是一致的；

2. 被调查公司所有提交给本所的文件均由相关当事方合法授权、签署和递交；

3. 被调查公司所有提交给本所的文件上的签字、印章均是真实的；

4. 被调查公司所有对本所作出的有关事实的阐述、声明、保证（无论是书面的还是口头作出的）均为真实、准确和可靠的；

5. 被调查公司所有提交给本所的文件的中外文文本之间均是一致的；

6. 出具本报告所描述或引用的事实、信息和数据系来自被调查公司提供给本所的受限于前述规定的有效的事实和数据，具体范围见本报告附件。

对于本报告至关重要而又无法得到独立的证据支持的事实，本所律师依赖于有关政府部门、上述公司或其他有关单位出具的证明文件。

为本报告之目的，本报告涉及的中华人民共和国的法律仅限于中国大陆的法律，不包括中国香港、中国澳门与中国台湾的法律。

除非某一行为实施或某一事件发生之后颁布的中国法律明确规定其具有溯及既往的效力，否则对行为之合法性、事件之法律效果的判断均以并仅以实施该等行为、发生该等事件之时有效的中国法律为依据。

本报告所给出的法律意见，是以截止到报告出具日所应适用的中国法律为依据的，本所律师不就非中国法律的问题提供任何意见，无论是明示或是暗示。

本所律师按照律师行业公认的业务标准、道德规范和勤勉尽责精神,对于被调查公司提供有关文件、信息和事实进行了核查和验证,并在此基础上出具本报告。

四、本报告结构

本报告分为引言、正文、结论和附件四部分。

本报告的引言部分主要为出具本报告的依据、调查范围、简称与定义、律师声明以及对关键问题的摘要;在本报告的正文部分,本所律师将就被调查公司的基本情况、土地和房产情况、船舶资产情况、港口工程项目情况以及人力资源情况等方面问题进行调查和分析,就各主要问题项下的具体内容,给出相应的法律意见;在本报告的结论部分,本所律师在法律尽职调查后将对被调查公司作出基本法律判断;本报告的附件部分,为本所律师为出具本报告所审查的主要文件清单。

五、关键问题摘要

根据本次调查,本所律师认为以下关键问题可能影响贵公司与被调查公司的本次合作,特进行摘要叙述,有关详细情况及分析见本报告正文相应部分。

(一) 公司注册资本缴付

被调查公司设立时,较多涉及以实物或净资产作为出资。但从本次调查所取得的资料来看,其中有相当部分出资在组建后未办理有关资产的过户手续,属于出资不到位,或者未提交相关资产过户的证明文件,无法就出资到位与否进行判断。成立有限责任公司的目的是将股东责任与公司责任进行分离,而出资不到位情况使股东责任与公司责任无法达到分离,股东将因此承担相应民事责任以及行政责任。

(二) 公司经营资质

被调查公司主营业务为港口经营、水上运输。按照我国《港口法》及有关行政法规的规定,从事港口经营应当具备相应许可证书。不具有相应许可证书,即意味着该企业不能从事该领域业务,否则将接受行政制裁。这可能导致贵公司与被调查公司合资的目的无法实现。

（三）土地与房产

根据调查，土地和房产绝大多数都在××港务局名下，其所拥有的土地中划拨性质土地占较大比例，大块土地基本均为划拨地。而在出让土地中，设立抵押的土地面积占总出让地面积90%以上。房产数量众多，但绝大部分仍登记在宜昌港务局名下，如过户至被调查公司将涉及费用问题。

（四）船舶资产

船舶的所有和使用关系较为混乱。大量存在所有人和使用人不是同一人的现象，这种使用关系也没有相应的协议规范，没有办理相应的登记手续。存在权益流失、产生所有权纠纷和承担额外民事法律责任的风险。此外存在船舶应变更而未变更登记、有关证书过期或提交不完整或未提交、提交保险证明文件不齐全情况等，这可能导致船舶无法投入营运、承担较大风险等后果。

（五）港口建设项目

在被调查公司披露的11个项目中，除1个外，其余均有立项审批文件，具有合法性。在9个已建港口项目中，有7个未进行竣工验收。按照法律规定的程序，项目竣工验收方能正式投入使用，并转为公司固定资产。未进行竣工验收的项目大多存在提交审批文件不齐全情况，如果不具备相应审批许可的情况真实存在，则可能导致该项目无法办理竣工验收，进而导致无法为未来合资公司使用或使用价值大幅降低的情况。

（六）人力资源情况

现有劳动关系均从2003年改制起算，但目前资料无法确定员工身份转变工作是否全部完成，身份转变应当给予员工的补偿是否全部到位，在贵公司合资中存在风险。

六、被调查公司基本情况

(一) 公司的设立与存续

根据工商行政管理机关的登记信息显示,被调查公司是一家2003年_____月_____日在中华人民共和国××市登记成立的有限责任公司,《企业法人营业执照》载明注册号为_____,住所地_____,法定代表人为_____,注册资本和实收资本均为人民币_____,营业期限自2003年_____月_____日至2023年_____月_____日。

至本报告出具时止,被调查公司的股本构成为:

……

1. 公司设立情况

……

2. 公司存续情况

(1) 经营范围变更

……

(2) 注册资本增加

……

(3) 住所变更

……

《企业法人营业执照》副本显示,被调查公司最近年检记录为2006年。

3. 公司资本缴付情况

……

4. 本所律师审查意见:

(1) 设立问题

被调查公司的前身——××港务管理局,作为一家由××市管理的国有企业,在改制组建为现代有限责任公司的过程中,得到了其主管机关××市政府的批准。

根据当时有效的《中华人民共和国公司法》(1999年修订)第19条的规定,设立有限责任公司,应当具备下列条件:

A. 股东符合法定人数;

B. 股东出资达到法定资本最低限额;

C. 股东共同制定公司章程;

D. 有公司名称,建立符合有限责任公司要求的组织机构;

E. 有固定的生产经营场所和必要的生产经营条件。

被调查公司设立时股东两人,股东出资超过法律所要求的最低限额,股东订有合作协议,共同制定公司章程,组织机构健全,有固定的经营场所和必要的经营条件,完全符合公司法的规定,并获得工商行政管理机关颁发的《企业法人营业执照》,其设立具有合法性。

(2) 存续问题

在被调查公司成立后发生的股东和出资增加情况,得到了新股东主管机关××市政府的批准,出资得到合法验资机构的检验确认,原股东和新增股东在股东会决议上盖章,在公司章程修正案上盖章。

在被调查公司章程第____条中,明确约定了公司解散的情况:

A. 因不可抗力因素,使公司无法继续经营的;

B. 交通运输格局发生重大变化,使公司无法继续经营的;

C. 因经营管理不善,使公司无法继续经营的;

D. 股东大会决定解散的。

被调查公司目前不存在以上约定解散事由。

根据《公司法》第181条,公司因下列原因解散:

A. 公司章程规定的营业期限届满或者公司章程规定的其他解散事由出现;

B. 股东会或者股东大会决议解散;

C. 因公司合并或者分立需要解散;

D. 依法被吊销营业执照、责令关闭或者被撤销；

E. 人民法院依照本法第183条的规定（公司经营管理发生严重困难，继续存续会使股东利益受到重大损失，通过其他途径不能解决的，持有公司全部股东表决权10%以上的股东，可以请求人民法院解散公司）予以解散。

根据现有的资料和信息显示，被调查公司目前也不存在以上法定解散事由。

综上，本所律师认为，被调查公司是合法设立并有效存续的。

（二）公司组织结构

1. 公司内部基本架构

（1）股东会。根据公司章程第12条，股东会由全体股东组成，是公司的权力机构，股东会定期会议每年召开一次，临时会议由1/4以上表决权股东、1/3以上董事或监事提议召开。股东按照出资比例行使表决权，决议由代表1/2以上表决权的股东表决通过，但公司增减资本、分立、合并、解散或变更公司形式、修改章程的决议应由2/3以上表决权通过。

（2）董事会。成员_____人，原章程规定×××国有资产经营有限公司委派_____名，×××港务管理局委派_____名，在增资修改章程的修正案中没有对此条的修正，因此目前股东如何分配董事名额不明。董事会决议由1/2以上董事表决通过。董事长为公司法定代表人，任期3年，由董事会选举产生，可连选连任。

（3）总经理和副总经理。……

（4）监事会。……

2. 公司内部机构设置情况

……

3. 公司高级管理人员

……

4. 公司控股、参股公司情况

……

5. 本所律师审查意见

经审查,被调查公司内部组织结构及运作符合《公司法》及其他相关法律法规的规定,符合公司章程的约定,也未在股东会或董事会引发有关争议。

(三) 公司经营范围与资质

1. 公司经营范围

根据被调查公司章程、《企业法人营业执照》记载,以及工商行政管理机关查询信息显示,其经营范围为"……"。

2. 公司经营资质

……

3. 本所律师审查意见:

《公司法》第12条规定:"公司的经营范围由公司章程规定,并依法登记。公司可以修改公司章程,改变经营范围,但是应当办理变更登记。公司的经营范围中属于法律、行政法规规定须经批准的项目,应当依法经过批准。"被调查公司经营范围的设定及其变更均依据股东会决议、公司章程,并依法经过工商登记,从而具有合法性。

(四) 公司资产情况

1. 资产范围

……

2. 土地使用权

……

3. 房屋所有权

……

4. 保险情况

……

(五) 重大合同

……
（六）抵押与担保
……
（七）重大债权债务情况
……
1. 重大债权
……
2. 重大债务
……
（八）行政处罚、调解、诉讼、仲裁与债务强制执行情况
……
（九）税务情况
……
（十）人力资源情况
……

七、结论

本次尽职调查的被调查公司，是依《中华人民共和国公司法》经批准成立并合法存续的有限责任公司，内部组织机构符合法律规定，不存在章程约定或法律规定解散情形。根据调查情况和本报告上述部分分析，本所律师认为，在本次贵公司与被调查公司的合作中，保华集团应格外注意下列方面问题：

（一）出资问题

由于被调查的公司股东出资尚未全部到位，或不能确定是否全部到位，在此情况下进行合资，贵公司将可能承担该公司股东出资不到位的连带法律责任。

（二）经营资质或许可问题

虽然被调查公司经营范围符合法律规定，但在港口经营、内河运输及代理等须取得经营资质或许可的经营项目上，被调查公司尚

未取得或未提供相应的资质和许可证明文件。本所律师认为,这将使有关公司可能受到主管机关的行政处罚,并在民事纠纷中因无资质或许可经营而承担额外民事法律责任。

(三)土地问题

1. 被调查公司现使用的绝大部分出让土地使用权上存在抵押权利限制,抵押担保金额为人民币_____万元,若进行合资,未来合资公司将继续承担抵押责任,建议确认被调查公司的还款能力,以保证土地使用权的权利限制不致影响本次合资;

2. 被调查公司未提供土地出让金缴纳的相关材料,律师尚不能确定是否存在欠缴土地出让金的事实。建议在资产核算中,注意对土地出让金缴纳情况的审核。

3. 根据《国有企业改革中划拨土地使用权管理暂行规定》(1998),国有企业改造或改组为有限责任公司,涉及的划拨土地使用权,应当采取出让或租赁方式处置。继续作为城市基础设施用地、公益事业用地和国家重点扶持的能源、交通、水利等项目用地,原土地用途不发生改变的,经批准可以采取保留划拨方式处置,但改造或改组为公司制企业的除外。2001年国土资源部令第9号《划拨用地目录》规定,对国家重点扶持的能源、交通、水利等基础设施用地项目,可以划拨方式提供土地使用权。对以营利为目的,非国家重点扶持的能源、交通、水利等基础设施用地项目,应当以有偿方式提供土地使用权。以划拨方式取得的土地使用权,因企业改制、土地使用权转让或者改变土地用途等不再符合本目录的,应实行有偿使用。

根据以上两文件的精神,被调查公司在改制之后应当将划拨土地转变为出让土地,或者,对于其中属于国家重点扶持的交通基础设施用地项目,经主管机关批准可以继续以划拨方式使用土地。

(四)房产问题

1. 存在房屋所有权人未过户到被调查公司的现象,应当及时处理,否则将给未来的合资公司带来过户费用等财务负担,并有可能妨碍未来的合资公司对上述房屋主张权利(譬如当上述房屋受到损坏、侵占等侵害时,若要向侵权人主张赔偿责任,则应先证明其为上述房屋的合法所有人,但由于尚未办理过户手续,被调查公司或未来的合资公司必须额外承担证明其为上述房屋的实际所有权人的举证责任,且承担不被法律认可的风险)。

2. 从现有材料看,有些已不存在的房产尚未办理注销手续,应及时办理注销手续,以避免影响资产核算。

3. 部分房产存在未办理《房屋所有权证》的现象,依据我国现行法律,其所有权并未得到法律的认可,风险较大,应及时办理权属登记手续,否则不能计入资产核算范围。

(五) 船舶问题

1. 某些证书上的船舶所有人仍登记为×××港务局,应予以变更登记。在资产核算中应考虑进变更登记费用。

2. 部分船舶的证书已经过期,这将导致船舶处于不适航或其他不合法状态,无法从事营运作业,应及时重新申请颁发证书,否则将影响资产核算。

3. 部分船舶的证书不齐全。对于未提交所有权证书的船舶,本所律师无法确认其权属。对于未提交全部检验证书、营运证书的船舶,如其的确欠缺部分检验证书、营运证书,本所律师认为该种船舶不能从事有关营运作业并将接受行政处罚。

4. 根据交通部《老旧船舶运输管理规定》,现有部分船舶将于2008年强制报废,退出运输市场。对于以上船舶在资产评估中应予以注意。

5. 从被调查公司提交的船舶保险单复印件来看,只有9艘船投保,其他船舶保险情况不明。已提交的9份保单均合法有效。水上运输及其他经营方式所面对的风险远比陆上大,因此对船舶保险十分必要,否则将承担较大风险。建议资产核算中考虑保险费用问题。

(六) 港口工程项目问题

1. 在被调查公司披露的项目中,除_____个外,其余均有立项审批文件,具有合法性。

2. 绝大部分港口工程建设项目未进行竣工验收,未完成工程程序,不能正式投入使用。在这些项目中,部分项目缺少航道、防汛、土地、消防、规划、环保、水域使用等主管部门的审批意见,因此无法确定未来能否办理竣工验收手续。

3. 被调查公司提交的施工合同,从形式和内容来看,符合《合同法》要求,无对被调查公司重大不利条款。但这些合同是否已经得到完全履行,被调查公司有无结清所有工程款项,被调查公司未进行说明。

4. 从被调查公司提交的资料来看,未发现以工程项目资产为抵押进行借款的情况。

(七) 债权债务问题

……

(八) 行政处罚、调解、诉讼、仲裁与债务强制执行问题

本所律师认为,在调查中被调查公司披露的实际发生或潜在的诉讼案件,可能影响公司资产状况,本次合资中将对资产转让具有负面影响。

(九) 人力资源问题

根据被调查公司所提供的资料,员工劳动关系均从2003年改制后起算,被调查公司已经为员工办理社会保险,但目前资料无法确定其是否已经为所有应办理社保的员工办理社保以及是否足额交纳保险费用。目前资料也无法确定现有员工身份转变工作是否全部完成,身份转变应当给予员工的补偿是否全部到位,存在合资中在员工分流工作上产生不必要的纠纷和费用的风险。此外在人员负担、劳动关系建立和延续方式等方面也存在法律风险。由于该领

域具有很强的专业性特点,建议贵公司对被调查公司的人力资源情况进行独立的尽职调查。

本报告于＿＿＿＿年＿＿＿＿月＿＿＿＿日由＿＿＿＿律师事务所出具。

本报告仅供贵公司及经其授权的相关单位或人士审阅。未经本所律师书面同意,任何其他机构或个人均不得使用本报告的全部或部分,或将其用作其他任何用途。本所亦未授权任何机构或个人对本报告作任何解释或说明。

附件:
《调查材料清单》

＿＿＿＿律师事务所

承办律师:

年 月 日

步骤三:进行清产核资

实验重点:体会在清产核资中的律师所起的作用,学习清产核资法律事务的处理方法。

注意事项:在清产核资中,律师应对被调查公司的资产权属状况、范围、形式、数量、数额、债权债务等问题作出详细的法律分析,配合会计师事务所等机构对被调查公司的资产情况作出明确的结论。在此步骤中,律师主要通过合同审查、律师调查、询问笔录等工作方法对清产核资中的法律事务进行处理。

步骤四:草拟合作协议

实验重点:根据前几步的实验成果,学习如何起草协议。

注意事项:

1. 注意在草拟协议中,结合前几步的实验成果,认真分析协议起草的目的,注意对法律风险的防范。

2. 在注意防范法律风险的同时,保证协议的合法性和可行性。

第十二章　公司商事活动中常见合同的审查

实验目的：通过实验了解合同审查的方法，提高综合运用法律解决法律事务的能力。

实验要求：熟悉合同法及相关法律、行政法规的规定。认真研读合同样本。

实验原理：运用《中华人民共和国合同法》及相关法规规定正确分析案例，从实际操作中理解法律规定。

实验素材：主要法律文件素材为《中华人民共和国合同法》及相关法规，相关文件的样本。

实验合同样本一

产品特约经销合同

本合同于_____年_____月_____日在_____，由合同双方在平等互利基础上达成，按双方同意的下列条件发展_____产品经销业务，维护_____产品经销网络：

1. 合同双方：

1.1 （甲方）：　　　　　　　　公司

住所地：

负责人：

电话：

传真：

1.2 （乙方）：　　　　　　　　公司

住所地：

法定代表人：

电话：

传真：

2. 指定与接受

2.1 甲方指定乙方为本合同第 3 条约定的"经销产品"在_____的特约经销商，从第 4 条所列区域的顾客中从事"经销产品"销售业务，乙方接受上述指定并依本合同承担义务。上述指定并非地区独家经销商。

2.2 本条指定的期限为_____年_____月_____日至_____年_____月_____日。期限届满前双方可协商续展本合同。

2.3 公司须按实际情况详细填写"特约经销商登记表"，并提交营业执照复印件，发生变更时须书面通知甲方备案。

2.4 双方的任何一方对另一方的经营风险不承担责任。

2.5 乙方应遵守有关产品销售的法律规定，依法办理有关许可和手续，并承担相关税费。

3. 经销产品

3.1 本合同约定的经销产品包括下列产品：

(1) _____；

(2) _____；

(3) _____；

3.2 甲方有权更改产品类别、技术指标且无需提前通知。

4. 经销区域：仅限于_____。

5. 进货：

5.1 乙方提前三日提出订货要求，经甲方确定托运时间，当次买卖合同成立。

5.2 甲方应按照约定的价格、数量、时间、方式交付产品，乙方应及时支付价款，提取产品，货款应在提货前或提货时全部付清。

6. 质量保证：甲方保证质量，如出现质量问题影响销售的，甲方在接到乙方告知(告知时间应在一个月内)予以查实后，可以退货、重发,造成乙方损失的予以赔偿。

7. 经销价格:

8. 运输:

8.1 甲方代办托运。

8.2 运输费用由乙方承担,数量在_____以上的双方共担。

9. 调换:合同有效期内,提货一个月内乙方有权要求甲方为其提供产品品种、包装调换服务,但运输由乙方负责。

10. 返利:

10.1 乙方销售额达到相应数量,甲方进行返利。

10.2 返利比例及支付时间按照《返利鼓励表》规定执行。

10.3 乙方具有违反本合同第12、13、14条情形的,不予返利。

11. 销售定额:乙方本年销售定额为_____升,销售定额完成且无严重违约行为,其特约经销权应在下一年持续保证。

12. 经销网络:乙方应规范经营,不向非经销区域窜货。

13. 销售价格:乙方按照《产品销售价格表》执行销售价格,不低价倾销。

14. 产品标识与商标:

14.1 乙方不得自行改换产品标识。

14.2 非经甲方同意,不得以甲方或甲方办事处名义开展业务和对外承诺。

14.3 乙方不得在任何非甲方产品和资料、包装上使用"AA"商标或标识。

15. 宣传:乙方宣传应与甲方保持一致,乙方广告宣传应留甲方备案。

16. 市场监督与管理:

16.1 甲方有权对乙方市场经营运作进行检查和监督,并根据实际情况作出相应市场指导和处理。

16.2 甲方有权对销售价格、区域经销等经销政策进行更新与调整,但应维护乙方利润空间。

17. 不称职处理:乙方出现以下情况,甲方有权酌情予以警告,暂时停货或撤回指定(解除合同)。

(1) 年终未完成销售定额且相距甚远。

(2) 市场开拓消极松懈,销售定额自授权之日起三个月未完成10%,五个月未完成20%。

(3) 向其他区域窜货、低价倾销或有其他危害甲方企业或产品形象,严重影响市场网络发展的行为。

18. 合同生效:本合同自甲方出具"特约经销商授权书"后生效,有效期_____年,合同有效期内,双方应严格遵守。

19. 合同终止:

19.1 乙方有权提前一个月通知甲方解除本合同。

19.2 双方协议终止本合同或一方依本合同解除合同的,乙方应同时返还"特约经销授权书"并停止一切有关销售活动。

19.3 合同终止时乙方存货仍可销售,但受本合同第12、13、14条约束。

19.4 合同终止不影响双方关于返利支付等结算条款的效力。

20. 其他事宜:

20.1 未尽事宜,双方协商解决。本合同一式两份,双方各执一份。

20.2 本合同附件需盖章有效,本合同附件与本合同具有同等效力。

20.3 本合同不得转让。

21. 附加条款:

甲方:(盖章)

签署人: 职务:

乙方:

签署人: 职务:

签订时间:

实验重点:通过对样本合同的审查,初步了解合同审查的基本方法及基本技巧。体会法律和其他领域知识在实际商务活动中的综合运用。

注意事项:

1. 合同审查前,应先对实际商务活动的特点有所了解,在审查合同过程中,应当结合实际商务活动的特点对合同条款进行审查。

产品特约经销是商务活动中一种常见的销售模式,是上游商家通过净化甚至独占下游商家的进货渠道,从而改变下游商家的产品销售结构,进而占领某一区域产品销售市场,扩大产品的市场份额。

2. 此类合同涉及买卖、运输、仓储等多种法律关系,注意《合同法》对相关法律关系的规定。

3. 特别注意,此类合同签订的主要目的之一是合法排除其他同类产品在同一区域的竞争,应注意《反不正当竞争法》的相关规定,防范相关的法律风险。

实验合同样本二

房屋租赁合同

出租方(以下简称甲方):
承租方(以下简称乙方):

根据《中华人民共和国合同法》及相关法律法规的规定,甲、乙双方在平等、自愿的基础上,就甲方将房屋出租给乙方使用,乙方承租甲方房屋事宜,为明确双方权利和义务,经协商一致,订立本合同。

第一条 甲方保证所出租的房屋符合国家对租赁房屋的有关规定。

第二条 房屋的坐落、面积、装修、设施情况

1. 甲方出租给乙方的房屋位于_____;房号为_____。
2. 出租房屋面积共_____平方米(建筑面积)。

3. 该房屋现有装修及设施、设备情况详见合同附件。该附件作为甲方按照本合同约定交付乙方使用和乙方在本合同租赁期满交换该房屋时的验收依据。

第三条 甲方应提供房产证(或具有商品房屋买卖合同)、身份证明(营业执照)等文件。双方验证后,以上文件的复印件作为合同附件。

第四条 租赁期限、用途

1. 该房屋租赁期为_____年,双方书面确定租赁期的开始时间,起租时间不晚于甲方将租赁房屋的钥匙交付乙方后_____月内。

2. 甲方承诺不限制乙方对房屋的使用方式,并保证乙方在租赁期内对房屋有完全的使用权。

3. 租赁期满,甲方有权收回出租房屋,乙方应如期交换。

乙方如要求续租,则必须在租赁期限届满前_____个月以书面通知甲方,经甲方同意后重新签订书面合同。

第五条 租金支付方式及甲方使用权

1. 租赁期第一年至第三年,该房屋租金每年为_____元(大写_____仟_____佰_____拾_____元整);租赁期第四年至第六年,该房屋租金每年为_____元(大写_____仟_____佰_____拾_____元整)(注:租金随购房总价款上下浮动在3%以内)。

2. 房屋租金支付方式为:年租金分为十二次支付,每月首支付一次。

3. 租赁期内甲方每年享有十二天的免费居住权,但必须满足下列条件:

(1) 居住时间仅限于星期六、星期日及国家法定节假日。

(2) 甲方应提前两天向乙方提出居住申请,乙方按照购买什么房型、安排什么房型的原则在不影响经营的情况下予以安排。

（3）甲方不得将免费居住权用作经营出租或变相经营出租。

（4）甲方每居住一天应缴纳 50 元的成本费。

（5）甲方所享有的免费居住权当年有效，不能累计、不能跨年度使用。

第六条 租赁期间相关费用及税金

租赁期间乙方承担物业费、水电费及乙方经营所发生的税金。

第七条 房屋修缮及使用

1. 在租赁期间，该房屋及所属设施的维修责任由乙方负责。

2. 乙方应合理使用其所承租的房屋及其附属设施，如因使用不当造成房屋及设施损坏的，乙方应予以修复。乙方如改变房屋的内部结构、进行装修等均应在租赁期届满后恢复原状。

第八条 房屋的转让与租赁

1. 租赁期间，甲方有权依照法定程序在租赁期内转让该出租的房屋产权，转让后新的房屋所有人在租赁期内应继续履行与乙方签订的本合同，转让时甲方有义务向新的房屋所有人声明本合同，否则转让无效。

2. 甲方出售房屋，须在_____个月前书面通知乙方，在同等条件下，乙方有优先购买权。

第九条 房屋的交付及回收时的验收

1. 甲方应保证租赁房屋本身及附属设施、设备符合开发商交付的设计标准并处于正常使用状态。

2. 房屋回收时，双方共同参与验收，如甲方对装修、器物等硬件设施、设备有异议的应当场提出，并记录在案，乙方负责修复；当场难以检测判断的，应于_____日内向对方主张。

3. 乙方应于房屋租赁期满后，将承租房屋及附属设施、设备交还甲方。乙方交换甲方的房屋应当保持房屋及设施、设备的完好状态，不得留存物品或影响房屋的正常使用，但甲方应允许乙方对房屋使用时的正常折旧。

第十条 甲方违约责任

合同签订后,甲方若违反本合同约定,致使乙方无法实现承租的,甲方承担违约金_____元,即由此对乙方造成的超出违约金以外的经营损失。

第十一条 乙方违约责任

1. 乙方如逾期支付租金,每逾期一日,则乙方须按日租金_____%支付滞纳金。

2. 在租赁期内,乙方未经甲方同意,中途退租的,乙方应承担违约金_____元。

第十二条 免责条件

1. 因不可抗力原因致使本合同不能继续履行或造成的损失,甲、乙双方互不承担责任。

2. 因国家政策需要拆除或改造已租赁的房屋,使甲、乙双方造成损失的,互不承担责任。

3. 因上述原因而终止合同的,租金按照实际使用时间计算,不足整月的按天数计算,多退少补。

4. 不可抗力系指"不能预见、不能避免并不可克服的客观情况"。

第十三条 争议解决

本合同项下发生的争议,由双方当事人协商或申请调解;协商或调解解决不成的,按下列第_____种方式解决(以下两种方式只能选择一种):

(1) 提请仲裁委员会仲裁。

(2) 依法享有管辖权的人民法院提出诉讼。

第十四条 本合同双方签(章)字后生效。

第十五条 本合同及附件一式_____份,由甲、乙双方各执_____份,具有同等法律效力。

甲方: 乙方:
日期: 日期:

实验重点:通过对样本合同的审查,熟悉相关法律规定,学习防范法律风险的方法。

注意事项:

1. 合同审查前,应先熟悉《合同法》及相关法律法规对租赁合同的相关规定。

2. 审查此类合同,首先须审查出租方的出租资格,即出租方是否有权出租此房屋。一般情况下,出租方出租房屋应当是房屋的合法所有权人或依法取得出租权利的人,因此在审查此类合同时,应当同时审查出租人取得房屋出租权利的相关法律证明文件并将文件列为合同附件。

3. 注意对房屋承租用途、转租、分租的法律规定,根据当事人的合同签订目的,作出合同的约定,防范相关法律风险。

4. 注意租赁合同双方的主要权利义务的约定,采取最适当的约定方法,降低合同履行中发生纠纷的可能性。

5. 注意违约责任的约定,根据当事人的意愿,在合法的前提下,保障当事人利益。约定违约责任主要目的是督促当事人依照合同约定履行合同。

6. 注意此类合同税收相关规定。

7. 注意法律对此类合同纠纷管辖法院的特别规定。

实验合同样本三

运输服务合同

甲方:

乙方:

根据《中华人民共和国合同法》及其他有关法律、法规,甲方与乙方本着平等互利和等价有偿的原则,经充分协商,就甲方委托乙方进行公路货物运输事宜,订立本合同。

委托业务:

甲方委托乙方按甲方要求进行公路货物运输及相关装卸车业

务。其服务内容包括甲方交给乙方签字确认的甲方订单的全部，如货物、空包货物、礼品、广告品、临时促销品以及甲方指定的其他物品的运输、收取、交付等一切手续与过程。

运输范围：

负责承运范围是：××办事处所辖区域、××营业所所辖区域、××办事处所辖区域、××市内及×××地区。

运输服务要求：

乙方应按甲方要求提供运输服务，乙方提供的运输服务必须符合国家及相关部门的规定；乙方提供的车辆应保证整洁、无污物异味（未装载过水泥、化工品或其他有毒、有害、污染物质）、无破漏、车况完好、雨雪防潮，保证不得将甲方货物与其他物品混装，并保证整个运输过程符合甲方关于产品质量和运输环保方面的要求。

甲方提前将需车计划通知乙方，乙方必须按甲方要求及时提供运力。乙方在接到甲方需车通知后4小时内，须提供车辆到甲方指定地点，否则视乙方为厌恶供车，甲方有权在市场上租车以弥补空缺，其租车费用超出合同价格部分全部由乙方承担。若在合同期内出现3次以上情况，甲方将视作乙方缺乏运输能力，有权解除合同。

甲方在下午5时以前开出的订单，乙方必须当日完成订单所载货物的装车发货工作，否则甲方有权对乙方计收违约金100元，如乙方违约超过3次，甲方有权解除合同。

乙方应有能力对货物运输情况进行跟踪，当甲方有要求时，能及时查询货物在途情况。对甲方书面提出的问题或投诉，乙方应在24小时内书面回复。

运到期限：以货物离开甲方仓库的时间为起始时间，以货物到达甲方指定收货地点的时间为终止时间。乙方保证按期将货物运抵目的地，遇到各种原因可能导致货物延期的，乙方应立即向甲方预报影响，说明原因，并采取其他办法将甲方货物按时送达。超过合同规定的运到期限的，乙方按每超过24小时200元支付违约金给甲方(不可抗力除外)。

乙方须保证甲方货物完好送达,如因乙方原因发生货损、货差,乙方应以甲方送货单上的产品价格予以赔偿,并承担由此给甲方造成的一切经济损失。

甲方订单上的所有产品和所要求携带的礼品、广告等物品以及所有空包装物的回收,必须由客户签收,赊账客户必须签字盖章。如乙方司机手续不清或客户没有收到,则甲方有权要求乙方承担全部责任。

甲方将空瓶箱回收后必须在第二天及时送抵乙方仓库,并与乙方仓库办理入库、验收手续。

送货过程中,如无甲方人员跟车收款,则由乙方负责代收货款交甲方,乙方在承运甲方货物后的24小时内(往返超过400公里且当天不能赶回的最长不得超过48小时,如遇特殊情况,必须及时通知甲方物流部备案,经甲方物流部和财务部同意后适当延长)当天须将所收的货款及送货单客户签收回执交至甲方,乙方对货款缺失及错收须承担全部赔偿责任。如乙方未在规定时间内将所收货款及送货单客户签收回执全数送达到甲方,乙方须按当笔货款或送货单金额的1%每天向甲方支付"延迟送达"违约金;如乙方在规定时间之后10日内未向甲方缴纳所收全部货款或送货单客户签收回执,则乙方除必须全部返还甲方的货款和送货单客户签收回执及需向甲方交付的"延迟送达"违约金外,甲方还有权不予结付本结付期内的所有运费,不予退还保证金及提前解除合同。

乙方必须严格按甲方订单指定的客户送货,有变化时须接甲方物流部调度室书面通知方可更改送货客户或地点,否则甲方有权不计该笔运费并按该笔订单运费的10%向乙方计收违约金。

乙方应按时完成甲方送货单上注明的相关送货要求及甲方临时增加的相关送货要求,对未按要求完成造成的经济的损失由乙方承担。

甲乙双方互相保守对方商业秘密,对因泄漏商业秘密造成的对方损失承担赔偿责任。

运费及结算方式:

乙方交纳保证金伍万元整,甲方开具收据并加盖公章,合同终止后若乙方未发生赔款事实,则甲方全额退还,否则甲方有权从此保证金中扣除乙方相应的赔款,并且,乙方在保证金扣除赔款后需在七日内补足被扣款金额,否则,甲方有权从运费中扣除。

××市内:送甲方汉口销售中心、××销售中心所指定的客户及近郊部所辖×××地区运费2—3.9吨车以110元/车支付,4—5.9吨车以150元/车支付,6—10吨车以220元/车支付,空瓶箱回收以0.10元/箱结付,乙方提供装货及运输人力,上下货力资费由乙方负责。(运到期限为当日)

承运路线运费(单位:元/吨公里)

里程标准按国家颁布的最新公路里程计算,如有变化,双方协商后以书面形式约定变更。

乙方提供装货及运输人力,目的地下货则由收获人负责(重点客户下货力资双方根据实际情况另行约定)

货物重量按甲方提供的如下品种重量计算:

乙方凭税务局统一印制的运输发票及相关资料及时与甲方核对账目,甲方核对无异议,于收到发票后30日内付清运输款项。如乙方保证金不足以担保乙方承运货物的价值时甲方可以将运费延迟至以后的结算期结付。

如遇国家调整运输价格时,双方应将国家最新文件提供给对方,以供双方决定是否将运费作相应调整时参考。

乙方按照合同应支付给甲方的赔偿金或违约金,应在甲方书面确认后的一周内支付,否则,甲方有权直接从运费中扣减。

未尽事宜:

本合同中任何未尽事宜,双方另行协商解决,但必须以书面方式作出相应的合同补充条款及附件,以便以后共同遵守。经双方确认后,合同补充条款及附件具有与本合同同等法律效力。

合同有效期:

本合同经双方签字盖章后正式生效,合同有效期_____年。在合同期内,如任何一方欲终止合同,须提前30天以书面形式通知对方。

解决争议:

对任何由本合同引起或与合同有关的争端、索赔或分歧,双方应尽最大努力通过共同协议或友好协商加以解决,否则,任何一方均可向甲方所在地人民法院起诉。

附则

本合同一式三份,甲方执贰份,乙执壹份。

甲方:　　　　　　　　　　乙方:

法定代表人:(签字盖章)　　法定代表人:(签字盖章)

日期:　　　　　　　　　　日期:

实验重点:通过对样本合同的审查,熟悉相关法律规定,学习防范法律风险的方法。

注意事项:

1. 此类合同是货物运输合同的一种,是对某一时段内,在相同的当事人之间的多次运输关系中,双方当事人权利义务的总的约定。因此,在履行此类合同时,双方不仅因签订合同而建立法律关系,每次运输行为也会建立一个相对独立的法律关系。在合同审查时,注意这些法律关系的联系。

2. 审查此类合同,首先须审查承运方的经营资格,根据我国相关法律、行政法规的规定,从事公路运输的企业应当取得相应的行政许可。注意对未取得相应许可的法律风险的防范。

3. 一般的运输合同,当事人大多不会对运输物品的情况作出明确说明,但在此类运输合同中,由于运输物品的情况与结算运费、货损赔偿等方面都有直接的关系,因此应当注意对运输物品情况以及如何确定每次运输物品的数量、规格、价值等的相关约定。

4. 注意对运输物品在运输中发生毁损、丢失等风险的防范。

5. 由于此类合同大都会涉及到货物接收方对货物的验收问题,因此应注意对验收如何操作以及双方在验收过程中的权利义务的约定方法。

6. 注意双方主要权利义务的约定方法。

7. 由于每次运输都会建立一个相对独立的法律关系,因此应当注意对这类法律关系建立的有效证明文件的决定。

实验合同样本四

项目策划销售代理合同

甲方:

乙方:

甲乙双方本着真诚合作、互惠互利原则,在平等、自愿的基础上依据《中华人民共和国合同法》及其他相关法律法规,就"阳光新天地"项目策划及销售代理事宜友好协商并达成一致,特签订本合同,以资共同遵守。

一、项目情况

项目名称:＿＿＿＿＿＿＿＿＿＿＿＿＿＿＿＿＿＿＿＿＿＿

项目地址:＿＿＿＿＿＿＿＿＿＿＿＿＿＿＿＿＿＿＿＿＿＿

项目规模:建筑总面积约 57869 m^2,29 层。其中裙楼 5 层,约 12445 m^2,为商业用途;主楼 25 层,约 47424 m^2,为商品房。

项目文件:见合同附件一

二、代理形式及内容

1. 代理形式:甲方同意将该项目委托乙方独家策划和销售代理,乙方接受委托并成为该项目策划、销售的唯一代理商。

2. 代理内容(详见附件二):

市场调研与策划(《策划报告》主要内容见附件三);

营销代理(主要工作内容见附件四)。

3. 销售任务:亦指销售范围,主楼 25 层商品房。

三、代理期限

自本合同签订之日起,至开盘后 8 个月(日历天)止。

开盘日暂定于_____,实际开盘日期双方另以书面形式予以确定。

四、销售价格与代理底价

(一)销售价格,指乙方受甲方委托,根据市场行情,以甲方名义与购房者签订的《商品房买卖合同》中约定的每平方米价格,即商品房成交价。

销售价格 = 代理底价 + 溢价 + [装修价(装修价约为 1200 元/m^2)]

(二)代理底价,亦称底价,指甲方委托乙方销售商品房时限定的每平方米最低单价,本合同底价指毛坯房每平方米最低平均单价。

双方约定:酒店公寓部分(5 至 17 层,约 15236 m^2)底价为 4200 元/m^2;商务公寓部分(18 至 29 层,约 14604 m^2)底价为 4800 元/m^2。

(三)底价为甲乙双方结算代理佣金的基价。

五、销售进度考核与代理佣金

(一)甲乙双方约定:总销售期为 8 个月,其中主销售为正式开盘后 7 个月,7 个月内完成销售总任务的 90%,尾盘销售期为主销售期后 1 个月,该月内完成尾盘销售及清盘结算。

(二)甲方分三个阶段考核乙方销售进度

考核依据:以甲方与购房者签订《武汉市商品房买卖合同》,首期应付款到账,且购房者具备按揭贷款条件为依据,计算乙方销售业绩。

各阶段计划销售任务为:

第一阶段:开盘后第 1—90 天,完成酒店公寓销售总面积的 90%(约 13712 m^2);

第二阶段:开盘后第 91—210 天,完成商务公寓销售总面积的 90%(约 13143 m²),首期开盘后 120 天内,商务公寓必须开盘销售;

第三阶段:开盘后第 211—240 天,完成全部销售代理任务。

(三)乙方接受委托期间,按销售业绩浮动计取代理佣金,代理佣金按月结算(按当月销售面积在该考核阶段中面积比例及浮动计取办法结算,考核阶段期满后按总额及比例结算);

佣金浮动计取办法为:

1. 乙方完成当期销售任务的,佣金按 1.6% 计取;

2. 乙方完成当期销售任务的 90%—99% 的,佣金按 1.5% 计取;

3. 乙方完成当期销售任务的 80%—89% 的,佣金按 1.4% 计取;

4. 乙方完成当期销售任务的 70%—79% 的,佣金按 1.3% 计取;

5. 乙方完成当期销售任务的 60%—69% 的,佣金按 1.2% 计取;

6. 乙方完成当期销售任务的 60% 以上的,佣金按 1% 计取;

(四)乙方第一考核阶段内,酒店公寓销售总量达不到酒店公寓总面积的 50%,或者第二考核阶段内商务公寓总量达不到商务公寓总面积的 50% 的,自动退场,并向甲方缴纳 150 万元人民币,甲方有权终止本合同;乙方第二考核阶段及完成全部销售代理任务的,甲方除向乙方支付约定佣金之外,另行向乙方支付特别佣金 150 万元人民币。

(五)佣金计算公式为:已销面积×销售底价×佣金计取比例 = 佣金

(六)乙方在代理销售期间,若实际销售的平均价格超过双方认可的底价,则超过部分甲方得 7 成,乙方得 3 成,乙方溢价所得的税费由乙方自行承担(含营业税和所得税,请财务核实)

（七）溢价计算公式为:(销售单价－销售底价－装修价格)×溢价销售面＝溢价

（八）在乙方代理期限内,若购房者签订认购书或《商品房买卖合同》后违约退房,该客户所付违约金甲方得7成,乙方得3成,甲方不再支付销售代理佣金。

六、结算方式

（一）结算依据:甲方与购房者签订《商品房买卖合同》,一次性付款到账或者首期款到账,按揭贷款足额放款到账即为成功销售,甲方以此作为乙方结算销售代理佣金的依据。

（二）结算日:每月一日为结算日,每次结算后一周内,甲方向乙方按比例支付上月销售代理佣金。

（三）在乙方代理销售期间,甲方自行销售(以甲方出具的委托单为准,且于该客户在乙方登记之日前送达乙方)委托给乙方代销的部分计入乙方销售业绩,销售代理佣金按1%计取;若甲方自行销售的商品房价格低于乙方代理底价,甲方按代理底价结算代理佣金。

（四）乙方认可甲方可以控制部分机动房源,但数量不得超过总房源的10%,甲方自行销售的该房源,不纳入乙方销售业绩的计算,也不计取代理佣金(第26层)。

（五）如发生客户退房时间,贸易结算的代理佣金甲方在下期支付款中扣除。

七、营销推广费用

甲方同意按销售底价和总销售面积乘积的1.5%承担营销推广费用,乙方本着经济实用的原则制定营销推广计划,经甲方审查认可后实施。

八、双方的基本权利义务

（一）甲方的基本权利义务

1. 审议并确定乙方提出的整体策划方案和销售实施方案。
2. 对乙方的销售工作进行监督,提出改进意见或建议。

3. 审查乙方各阶段销售价方案,并有权根据市场动态适时进行调整。

4. 在乙方进场正式开盘前提供全套合法的售楼文件以及项目开发进度表,保证售楼的合法性,同时应向乙方提供银行同意向此项目提供按揭贷款的法律文件,保证按季的可行性。

5. 提供所有可公开出售的房源。

6. 负责在销售过程中协调同城管等政府部门的关系。

7. 保证项目的工程质量、工程期限等甲方认可的对客户的一切承诺。

8. 负责与购房者签订一切与该项目销售有关的合同文件,其他任何个人或单位与购房者签订的该项目销售合同均属无效。

9. 审核乙方销售业绩并承担甲方书面认可的该项目销售代理佣金、广告宣传发布费用、售楼现场和示范单位的布置费用,及办理有关手续证件须由甲方支付费用等。

10. 指派专人收款,指派专门人员审查合同,并负责合同管理,甲方派出人员的工作时间应服从现场工作时间安排。

11. 做好有关该项目的保密工作。

(二) 乙方的基本权利义务

1. 为保证本合同的顺利执行,一方必须为该项目成立专门的项目小组,组长由不低于副总经理的人员担任,项目小组的领导成员不得少于4人,其中策划总监一人,营销总监一个,售楼经理一人。

2. 本合同执行期间,项目小组领导成员不得随意更换,也不得另外承接其他任何代理业务。如因特殊情况需调整领导成员,事先须经甲方同意。

3. 全程负责该项目的策划和销售代理工作,整个策划、宣传和营销过程必须遵守国家的有关法律法规和甲方同意,保证宣传推广资料的真实性,并在甲方委托范围内开展工作,不得越权代理。

4. 负责建议和协调制作该项目的销售书、宣传单、模型、展板、认购书等销售资料和物品,制作和发布费用由甲方承担。

5. 根据甲方提供的资料,负责该项目的广告文案及软文写作。

6. 合同签订后一周内组建项目小组,一个月内向甲方提供项目策划报告、营销方案、销售国内工作流程及时间安排表。

7. 负责制定广告投放计划,编制广告费用预算,并按月向甲方书面通报广告效应测评与监控强框,随时调整广告策略。

8. 负责销售人员的招聘、培训、管理以及报酬的支付,所有销售人员由乙方直接管理。

9. 全权负责销售中的总销控,避免重复销售单位。

10. 通知并协助客户办理银行按揭、公证、保险等手续,协助甲方财务催缴到期房款。

11. 接受甲方的工作检查、监督,每月定期向甲方提交书面销售报告,及有关销售的各种统计分析资料。

12. 维护甲方的品牌形象,保守甲方的商业秘密。

13. 正确使用、管理和保护甲方提供的销售现场的设施设备,承担销售现场的通信、水电等运行费用。

九、特别约定

(一)乙方向甲方提出销售计划,在书面送到甲方之日起10个工作日内,甲方未提出书面异议的,即视为甲方已经实际认可了乙方提出的销售计划。

(二)乙方向甲方提出的各期结算销售代理佣金,在书面送达甲方之日起10个工作日内,甲方未提出书面异议的,即视为甲方认可乙方提出的结算销售代理佣金。

(三)代理风险保证金:100万元人民币。

合同签订后3日内,乙方向甲方交纳代理风险保证金50万元人民币;合同签订后1个月内再交纳50万元人民币;乙方首期销售率达到60%的,甲方一次性退还乙方的代理风险保证金100万元。

十、违约责任

(一)甲方

1. 有关工期与房屋质量等问题造成客户与甲方纠纷的,其后果由甲方承担。

2. 甲方认可的销售设施不能按时到位而造成销售工作的延误的,乙方的销售代理期限顺延,后果由甲方承担。

3. 甲方不按合同规定的期限向乙方支付代理佣金的,每超过一天,按照应付款总额的3‰作为违约金支付乙方,甲方支付销售代理佣金或违约金的期限超过合同约定的期限60天,乙方有权停止销售工作,并有权通过法律程序追究甲方的违约责任,收回销售代理佣金和违约金。

(二) 乙方

1. 乙方只能在符合法律规范和甲方认可的书面宣传材料范围内对客户进行承诺,如乙方提供不实、虚假材料或误导客户,所造成的后果由乙方承担。

2. 售房款全部由甲方指派财务人员收取,乙方在特殊情况下经甲方书面同意可代收购房定金,但最迟于次日交甲方财务人员,否则视为违约,甲方有权追究乙方及相关人员的法律责任。

3. 本合同规定的乙方应向甲方报告的所有计划、经费预算表以及与本合同相关的所有应送甲方审核认可的资料文件均应及时送报,未经甲方书面认可不得实施。因乙方过错原因给甲方造成的直接和间接的经济损失或名誉损失由乙方承担其全部赔偿责任。

十一、合同的变更、撤销、解除

(一) 合同的变更

经甲、乙双方协商一致,可以变更本合同,另签订补充协议。

(二) 合同的撤销

自本合同正式生效之日起,任何一方实施的行为具有我国《合同法》所规定的情形时,另一方在法定期限内有权申请撤销本合同。

(三) 合同的解除

本合同履行期限内,乙方未按合同规定的销售进度完成任务的,甲方有权解除合同;如果出现我国《合同法》所规定的合同解除情形之一,甲、乙双方任何一方均有权解除合同,并有权提出赔偿损失。

十二、不可抗力条款

(一)如果任何一方因不可抗力(如地震、风暴、洪水等自然灾害)、社会异常事件(如战争、暴乱)等,导致无法履行本合同时,应在不可抗力发生起十日内书面通知另一方,并应该在二十日内提供事件的详细情况和有关部门签署的证明,及一份解释不能履行本合同全部或部分义务的说明书。

(二)不可抗力事件发生后,双方根据本合同影响程度,决定是否修改或终止本合同,因不可抗力不能履行本合同的,根据其影响程度,部分或者全部免除责任,但法律另有规定的除外。

十三、法律责任

本合同生效之日起,任何一方不得无故终止合同,否则视为违约,违约方应向守约方赔偿损失,其赔偿金额为 <u>50</u> 万元人民币。

十四、未尽事宜

本合同未尽事宜,双方应协商解决,并形成补充合同,补充合同为本合同的组成部分。

十五、纠纷处理

甲、乙双方因履行本合同发生争议的,应协商解决,协商不成时任何一方均有权申请当地人民法院判决。

十六、合同及其效力

(一)本合同自双方代表签章之日起生效。

(二)合同所有附件均为合同的有效组成部分。

(三)本合同一式<u>肆份</u>,具有同等效力,甲乙双方各持<u>两份</u>。

甲方(盖章)　　　　　　　　乙方(盖章)

授权代表人(签字)　　　　　　授权代表人(签字)

签订日期:_____年_____月_____日

实验重点:通过对样本合同的审查,熟悉相关法律规定,学习防范法律风险的方法。

注意事项:

1. 此类合同主要是使用在房地产销售环节,在我国现行的房地产开发模式中,一些中小型房地产开发公司因受自身实力的限制,往往没有配备专业的房地产销售人才,特别是在为某一房地产项目而设立的开发公司,这一现象比较普遍,因此,这些房地产开发公司往往会将房地产销售环节委托给有经验的销售公司进行代理销售。

2. 审查此类合同,首先须审查房地产开发公司是否取得了房地产销售的资格,根据我国法律、行政法规的相关规定,房地产开发公司进行房地产销售时应当取得《商品房预售许可证》等证件。所以这些证件的取得成为其销售行为合法的必要条件。因此,在此类合同中,应当对相关行政许可的情况及取得行政许可的义务进行约定。

3. 此类合同具有委托合同的法律性质,应当注意《合同法》对委托合同的相关规定。对委托行为的法律后果作出正确的判断,防范其中的法律风险。

4. 因合同双方都是经营实体,所涉及的税种不同,因此,应当注意对税收责任进行约定,明确双方的纳税义务。

5. 注意双方主要权利义务的约定方法。

第十三章　证券上市法律意见书的制作实务

第一节　实验概况

实验目的:通过实验了解证券上市的法律实务,加深对《公司法》、《证券法》相关规定的理解,学习证券上市法律意见书的制作方法,提高综合运用法律解决法律事务的能力。

实验要求:熟悉《公司法》、《证券法》及相关法律、行政法规的规定。认真研读案例。

实验原理:运用相关法律法规规定正确分析案例,从实际操作中理解法律规定。

实验素材:主要法律文件素材为《公司法》、《证券法》及相关法规,相关文件的样本。

实验步骤:

1. 审查相关文件。
2. 制作法律意见书。

第二节　实验过程

步骤一:审查相关文件

实验重点:通过实验,了解证券上市的基本程序和条件,加深对相关法律法规的理解。

注意事项:

1. 注意出具此法律意见书所必须审查的文件。这些文件主要包括:相关行政主管部门的批示、发行人的相关决议文件、《企业法人营业执照》、《首次公开发行股票招股意向书》、《首次公开发行股票初步询价和推介公告》、《首次公开发行股票网上路演公告》、《首次公开发行股票网下向询价对象配售和网上向社会公众投资者定价发行公告》、《首次公开发行股票初步询价结果及定价公告》、《首次公开发行股票网下配售结果公告》、《首次公开发行 A 股网上定价发行摇号中签结果公告》、会计师事务所出具的《验资报告》、证明发行人近三年经营情况的政府相关部门出具的证明、发行人的承诺以及会计师事务所《审计报告》等。

2. 审查文件主要依据《证券法》、《证券发行和承销管理办法》等法律法规进行,注意文件内容、形式的合法性,同时注意发行人在发行过程中程序的合法性。

3. 审查文件的同时,应当对发现的问题通过合法手段进行调查核实,取得合法的证明文件。

步骤二:制作法律意见书

实验重点:学习法律意见书的制作方法,熟悉相关法律的运用。

注意事项:

1. 在此类法律实务中,法律意见书是律师事务所受发行人的委托向发行人出具发行行为是否符合法律规定意见的法律文件,是发行人向证券交易所申请证券上市的必要文件。

2. 制作此法律意见书的主要法律依据是《证券法》、《证券发行和承销管理办法》以及证券交易所《上市规则》等法律法规。注意不同的证券交易所《上市规则》的区别。

3. 此类法律意见书将作为发行人的发行文件进行信息披露,应当注意由于信息披露不实而引发的法律后果,注意对律师事务所在参与此类业务时的风险防范。注意律师声明的写作内容和方法。

4. 此类法律意见书是对发行人的发行行为是否符合法律规定的法律评价文件,因此结论应当是确定的。

文书样本

××××律师事务所
关于××××股份有限公司
首次公开发行股票（A）股在深圳证券交易所上市的
法律意见书

致：××××股份有限公司

××××律师事务所（以下简称"本所"）接受××××股份有限公司（以下简称"发行人"）的委托，作为发行人首次公开发行股票（A）股（以下简称"本次发行"）并将在深圳证券交易所上市（以下简称"本次上市"）的特聘专项法律顾问，已经为发行人本次发行出具了法律意见书（含补充法律意见书）及其他意见。现本所律师根据《中华人民共和国公司法》（以下简称"《公司法》"）、《中华人民共和国证券法》（以下简称"《证券法》"）及中国证券监督管理委员会（以下简称"中国证监会"）发布的《首次公开发行股票并上市管理办法》（以下简称"《管理办法》"）、深圳证券交易发布的《深圳证券交易所股票上市规则》（以下简称"《上市规则》"）等法律、法规的有关规定，对发行人是否具备在深圳证券交易所上市的主体资格及实质条件进行核查，并出具本法律意见书。

发行人已向本所作出承诺，承诺其已向本所律师提供了出具本法律意见书所必需的、真实的、有效的原始书面材料、副本材料或口头证言；保证其所提供的文件材料和所作的陈述是真实的、完整的；文件原件上的签字和印章均是真实的，副本及复印件与正本和原件一致，并无任何隐瞒、虚假和重大遗漏。

本所律师仅根据本法律意见书出具日之前已经发生或存在的事实和中国现行法律、法规和规范性文件发表法律意见。对于与出具本法律意见书有关而又无法得到独立证据支持的事实，本所律师依赖有关政府部门、发行人或有关具有证明性质的材料发表法律意见。

本所同意本法律意见书作为发行人本次上市的必备文件之一，随其他申报材料一起报送深圳证券交易所审核，并依法对此承担相应的法律责任。

本法律意见书仅供发行人本次上市申请之目的使用，不得用于任何其他目的。

基于上述前提，本所律师根据《证券法》第二十条的要求，按照律师行业公认的业务标准、道德规范和勤勉尽责精神出具法律意见如下：

一、发行人本次上市的批准和授权

（一）发行人股东大会已经依法定程序作出批准本次上市的决议

经核查，发行人＿＿＿＿年＿＿＿＿月＿＿＿＿日召开董事会、＿＿＿＿年＿＿＿＿月＿＿＿＿日召开股东大会，审议并通过了《关于申请公开发行(A)股并上市的议案》和《关于授权董事会办理本次(A)股发行相关事宜的议案》，对发行人本次上市作出了批准和授权。

综上，本所律师认为，发行人＿＿＿＿年度股东大会作出批准本次上市的决议之内容合法、有效，发行人＿＿＿＿年度股东大会授权董事会办理本次上市相关事宜，其授权范围、程序合法、有效。

（二）发行人申请公开发行＿＿＿＿万股新股已经获得中国证监会的核准

经核查，发行人经中国证监会《关于核准××××股份有限公司首次公开发行股票的通知》(编号：＿＿＿＿)核准，首次公开发行不超过＿＿＿＿万股人民币普通股(A)股；发行人本次发行的股票种类为：境内上市人民币普通股(A)股，每股面值人民币＿＿＿＿元。

发行人本次申请公开发行股票已经获得国家相关证券监管部门的审核同意。

（三）根据《上市规则》第五章第一节的相关规定，发行人本次上市尚需获得深圳证券交易所的核准。

二、发行人本次上市的主体资格

（一）发行人具备本次上市的主体资格

发行人是采取定向募集方式设立的股份有限公司。_____年，发行人在×××工商行政管理局注册登记，领取了《企业法人营业执照》。发行人现时持有通过_____年度年检的《企业法人营业执照》，注册号：_____，住所：_____，法定代表人：_____，注册资本：人民币_____万元，企业类型：股份有限公司，核定的经营范围为：……。

（二）经核查，发行人为依法设立并有效存续的股份有限公司，不存在根据《公司法》等法律、法规、规范性文件及发行人《公司章程》规定的终止情形。

综上，本所律师认为，发行人依法设立并有效存续，不存在根据法律、法规及发行人《公司章程》规定的终止情形，发行人具备本次上市的主体资格。

三、发行人本次上市的实质条件

（一）经核查，中国证监会已作出《关于核准××××股份有限公司首次公开发行股票的通知》（编号：_____），发行人首次公开发行股票已经获得中国证监会的核准；根据《××××股份有限公司首次公开发行股票招股意向书》、《××××股份有限公司首次公开发行股票初步询价和推介公告》、《××××股份有限公司首次公开发行股票网上路演公告》、《××××股份有限公司首次公开发行股票网下向询价对象配售和网上向社会公众投资者定价发行公告》、《××××股份有限公司首次公开发行股票初步询价结果及定价公告》、《××××股份有限公司首次公开发行股票网下配售结果公告》、《××××股份有限公司首次公开发行A股网上定价发行摇号中签结果公告》、××××会计师事务所有限公司出具的《验资报告》[编号：_____]等相关文件,发行人的股票已经公开发行,符合《证券法》第五十条第(一)项以及《上市规则》5.1.1(一)的规定。

(二)经核查,发行人目前总股本为_____万股,发行人向社会公众发行的股份为_____万股,在本次公开发行股票完成以后,发行人总股本为_____万股,每股面值_____元,股本总额为_____万元,符合《证券法》第五十二条第(二)项以及《上市规则》第5.1.1(二)的规定。

(三)根据发行人_____年度股东大会决议以及中国证监会《关于核准×××股份有限公司首次公开发行股票的通知》(编号:_____),发行人向社会公众发行的股份为2000万股,本次公开发行股票后该部分公开发行的股份占发行人股份总数的_____%,符合《证券法》第五十条第(三)项以及《上市规则》第5.1.1(三)的规定。

(四)根据政府相关部门出具的证明、发行人的承诺、×××会计师事务所有限公司出具的《审计报告》(编号:_____)并经本所律师合理查验,发行人最近三年没有重大违法行为,最近三年内财务报告无虚假记载,符合《证券法》第五十条第(四)项及《上市规则》第5.1.1(四)的规定。

(五)经核查,发行人控股股东×××有限责任公司已经承诺:自发行人股票上市之日起三十六个月内,不转让或者委托他人管理其已直接和间接持有的发行人股份,也不由发行人回购该部分股份;发行人实际控制人××××已经承诺:自发行人股票上市之日起三十六个月内,不转让或者委托他人管理其已直接和间接持有的发行人股份,也不由发行人回购该部分股份;上述股份锁定承诺符合《上市规则》第5.1.5的规定;发行人其他股东亦承诺将按照《公司法》第一百四十二条之规定,在证券交易所上市交易之日起一年内不转让其持有的发行人股份。

(六)经核查,发行人在股票首次公开发行前十二个月内(以刊登招股说明书为基准日），未进行过增资扩股。

综上，本所律师认为，发行人符合《公司法》、《证券法》、《上市规则》等法律、法规及规范性文件规定的股票上市的实质条件。

四、发行人本次上市的保荐人

经本所律师合理查验，发行人本次上市由×××股份有限公司（以下简称"×××"）保荐。×××股份有限公司是经中国证监会注册登记并列入保荐名单，具有深圳证券交易所会员资格的证券经营机构。

五、结论意见

综上所述，本所律师认为，发行人本次上市的主体资格合法，本次上市的批准和授权有效；发行人本次发行已经获得国家相关证券监管部门的审核同意，其本次上市的实质条件符合《证券法》、《公司法》、《上市规则》等法律、法规及规范性文件的规定。发行人本次上市尚需取得深圳证券交易所的核准。

本法律意见书正本五份，副本五份。

（本页无正文，为_____律师事务所出具《关于××××股份有限公司首次公开发行股票（A）股在深圳证券交易所上市的法律意见书》之签署专用页）

律师事务所

负责人：

经办律师：

年　月　日

第四编

商事法律文书制作法学实验

第十四章 商事诉状类法律文书的制作

第一节 民事起诉状的制作

一、实验目的

民事起诉状,是公民、法人或者其他组织,因自身的民事权益受到侵害或者与他人发生争议时,为维护自身的民事权益,依据事实和法律向人们法院提起民事诉讼,要求依法裁判时所提出的书面请求。[①]

由于商事案件主要发生在平等主体的法人之间、自然人之间,以及自然人与法人之间,因此,当法人、自然人因商事纠纷而导致自身的合法权益受到侵害时,向法院提起民事诉讼是一种最常见且有效的救济手段。根据"不告不理"的原则,民事起诉状的制作和提交是商事诉讼开始的一个重要途径。在一定程度上,诉状的制作既关系到诉讼程序能否发生的问题,又关系到法官能否正确认定事实并及时作出合法裁判,当事人的合法权益能否实现的问题。

二、实验原理

《民事诉讼法》[②]第 108 条规定:"起诉必须符合下列条件:(一)原告是与本案有直接利害关系的公民、法人和其他组织;

---

① 参见卓昭君、邓晓静编著:《法律文书学》,北京大学出版社 2004 年版,第 261 页。
② 本书所称《民事诉讼法》,均指 1991 年 4 月 9 日第七届全国人民代表大会第四次会议通过,并于公布当日施行的《中华人民共和国民事诉讼法》;鉴于 2007 年 10 月 28 日第十届全国人大常委会第三十次对该法进行了修正,且修正案于 2008 年 4 月 1 日起施行,特在此进行说明。

(二)有明确的被告;(三)有具体的诉讼请求和事实、理由;(四)属于人民法院受理民事诉讼的范围和受诉人民法院管辖。"

《民事诉讼法》第 109 条规定:"起诉应当向人民法院递交起诉状,并按照被告人数提出副本。书写起诉状确有困难的,可以口头起诉,由人民法院记入笔录,并告知对方当事人。"

《民事诉讼法》第 110 条规定:"起诉状应当记明下列事项:(一)当事人的姓名、性别、年龄、民族、职业、工作单位和住所,法人或者其他组织的名称、住所和法定代表人或者主要负责人的姓名、职务;(二)诉讼请求和所根据的事实与理由;(三)证据和证据来源,证人姓名和住所。"

三、实验要求

当事人制作民事起诉状,目的在于人民法院能够受理并进行立案,从而启动整个诉讼程序。因此,制作并递交民事诉讼状之前,应审查起诉是否符合法律规定的立案条件:

1. 起诉人是否具备原告资格,即原告起诉时是否明确指明侵犯其权益或与其发生争执的被告或者法律法规授权的组织;

2. 是否有具体的诉讼请求和事实与理由,即起诉人是否提出并要求法院保护其合法权益的内容和主张。

3. 是否属于法院受案范围和受诉法院管辖,即起诉的案件是否属于法院主管的范围。

四、实验环节

对于律师提交的民事起诉状,法院并没有要求固定的格式,这就给律师展示在诉状方面的技巧提供了广阔的空间。一般来说,起诉状由首部、诉讼请求、事实与理由、尾部四项内容构成。

(一)环节一:首部

步骤一:标题

首先写标题,即诉讼文书的特定名称,写明"民事起诉状"。

步骤二:案件参与人

写明当事人及其诉讼代理人的基本情况,书写的顺序为先原告、后被告、再第三人,有几个列几个,有代理人的也可在当事人概况下另起一行列明。

1. 当事人:(1) 当事人是公民的,应依次写明姓名、性别、出生年月日、工作单位和职务、住址等基本信息;(2) 当事人是法人或其他组织的,应写明其名称、地址、法定代表人(或主要负责人)的姓名等企业信息。

需要注意的是,对原、被告姓名、名称要以身份证、营业执照上登记的为准,不能使用谐音或非正式称呼,力求准确无误。原告律师若对被告方企业的具体地址或法定代表人不清楚,可以在各地工商行政部门的网站上进行查询,以保证当事人信息的正确性。

2. 有诉讼代理人的,如果是律师,只写明姓名和所在律师事务所即可;如果是法定代理人或当事人的近亲属或其他一般公民,应写明其性别、年龄、工作单位与职务、与当事人的关系。

在法律实务中,律师在一审案件的起诉书中常常并不写明自己作为诉讼代理人的信息,使法院及对方当事人看不出是哪个律师事务所和哪位律师代理,起到暂时不暴露律师身份的作用,这在目前是比较流行的做法。① 实际上,这种做法不是很规范,但在实践中也有它的好处。虽然以后这种做法会有所改变,但在目前情况下,律师可以利用这种做法,暂时不披露自己身份也不是一件坏事。

3. 共同诉讼中多名当事人应依次写清;诉讼代理人应分别写明是法定代理人或委托代理人,不能笼统地称为诉讼代理人;诉讼代理人的身份事项应该写在各被代理的当事人的下方。

很多情况下,由于时间因素或调查取证的困难,原告在起诉时

---

① 参见张勇著:《远见》,机械工业出版社2004年版,第118页。

并不能完全确定案件中涉及的几方当事人何者为适格的被告,另一方面,由于我国法律法规的疏漏,在司法实践中不同法院立案时对被告与第三人的要求也各不相同。例如,在股东起诉解散公司的案件中,公司与其他股东何者应当作为适格的被告,法律并没有明确的规定,这就造成有的股东起诉公司被法院驳回,要求将其他股东作为被告,原因在于原股东的权益正是因为其他股东对公司的操纵而受到侵害,公司的僵局主要是股东之间的僵局;而有的股东起诉其他股东被驳回,要求将公司列为被告,原因是公司司法解散的主体是公司,承担法律后果的仍然是公司,裁判结果将直接决定公司的存续。[①] 在这种情况下,一般可将案件涉及的几方当事人列为共同被告,由法院来作裁决,这种做法可以防止遗漏被告,避免因此而造成当事人的损失。在审理中,如果发现漏列了被告和第三人,原告方还可以通过补充起诉的形式追加诉讼参与人,以最大限度地维护自己的合法权益。

由于被告的确定直接关系到诉讼的管辖,因此制作人应当学会通过合理地选择被告来选择最佳管辖法院。很多情况下,商事纠纷中涉及的当事人虽然和原告没有直接的利益冲突,应当被列为第三人,却也常常在起诉时被列为被告,目的就在于通过合理扩大被告的范围来选择最佳管辖法院。

(二) 环节二:诉讼请求

步骤一:诉讼请求的确定

诉讼请求指原告向法院提出的要求解决民事争议或保护民事权益的具体主张,是原告起诉所要达到的目的,它构成了法院审判的对象范围。由于诉讼请求决定案件的性质(案由),尤其在民商事诉讼中,原告请求什么法院就审理什么,诉讼请求直接决定案件适用的法律和原告实体权利的实现。因此,原告在制作起诉状时应当

[①] 参见刘宗根、蔡江英:《对公司司法解散清算制度的法律思考》,载《法律适用》2007年2月刊,第73页。

写明请求人民法院解决什么争执,满足什么具体要求。诉讼请求的制作应当明确具体,豁达精炼,而不能闪烁其词,拖泥带水。内容必须合情、合理、合法,写法上应当明确、具体,如果原告有多项诉讼请求,应单独列明,不能以一项请求代替其他几项请求,让人摸不着边际。

1. 诉讼请求的制作要明确、具体

诉讼请求的表达不可含糊,例如离婚案件应写明"请求法院判决与被告离婚",而不能写"请求法院解决婚姻问题";也不可笼统,例如财产纠纷案件应写明"请求法院判决被告赔偿损失十七万元",而不能笼统地写"请求法院判决赔偿损失"。对诉讼请求表述要明确、具体,当事人之间争议点暴露得越充分,就越有利于人民法院迅速、及时地开庭审理和作出正确的判决。

2. 诉讼请求应当合理、合法

合理,即合乎情理,是量的问题;合法,即合乎法律规定,是质的问题。不可抱有侥幸心理而在起诉状中提出无理或不合法的要求,否则不但不能获得相关利益,还可能支付额外的诉讼费用,因为诉讼费用的承担原则就是"败诉方承担"。

在商事合同纠纷中,双方当事人一般都约定有一定的数额较高的违约金,但是根据我国《合同法》第114条的规定,约定的违约金过分高于造成的损失的,当事人可以请求人民法院或者仲裁机构予以适当减少。因此原告不仅应当在诉讼请求中说明此违约金,且在事实和理由的陈述中应当重点说明因对方违约对自己造成的损失,使得法官能够支持自身的诉讼请求。

另一方面,诉讼请求的提出应当符合法律的规定。例如,合同法中规定:"当事人既约定违约金,又约定定金的,一方违约时,对方可以选择适用违约金或者定金条款",因此原告在诉讼请求中就不能既主张双倍返还定金,又要求被告支付违约金,而应当从利益最大化的角度来选择其一。

3. 诉讼请求应当分清层次

诉讼请求要有层次性,如果有多项诉讼请求的,应当逐项列出,避免遗漏。例如,A公司拖欠B公司400万元货款未还,B公司起诉A公司,诉讼请求就可以列为两条:(1)责令被告偿还原告400万元货款及利息××万元;(2)本案诉讼费用全部由被告承担。

在对诉讼请求中利息的计算过程中,由于不同银行在不同业务中的利率不同,例如活期存款利率、定期存款利率、贷款利率等,造成在计算时结果差距很大。一般情况下,原告在起草起诉状时可按照银行同期贷款利率进行计算,从而使得诉讼请求数额较大。但是,诉讼请求中请求金额的确定直接关系到诉讼费的缴纳,因此原告在制作起诉状时也应当考虑到因败诉而需要承担的风险。

步骤二:诉讼请求的变更

原告方起诉以后,通过审查分析被告在答辩期内提交的答辩状和举证期限内提交的证据,或者原告在举证期限内发现自己的诉讼请求与实体权利内容不相适应,就需要通过变更诉讼请求的形式,请求法律保护自己的民事实体权利。当然,如果原告主张的法律关系的性质或民事行为的效力与法院根据案件事实作出的认定不一致的,原告可以随时变更诉讼请求,受诉法院亦有"应当告知当事人可以变更诉讼请求"的义务。如果原告方实际受侵害的程度超出起诉状请求的数额,就可以增加诉讼请求的标的数额,使自己的合法权益得到充分保护;如果原告方起诉后,被告已自动履行了部分诉讼请求内容,原告方实际受侵害的程度已小于诉讼请求的数额,就可以减少诉讼请求的数额,以减少不必要的诉讼费用支出。

例如,汤某的父母23年前在台湾去世,其在祖国大陆的10间房屋由汤某之弟长期占有并出租,汤某遂提起诉讼,提出"继承父母10间房产的一半"的诉讼请求。法院根据继承法关于"自继承之日起超过20年的,不得再提起诉讼"的规定,裁定驳回了汤某的起诉。汤某认为明明父母的遗产被霸占,有理却输了官司,于是便请律师上诉。律师分析案情后指出:一审裁判适用法律正确,判决并无不当,遂建议汤某不要上诉,让一审判决生效。随后,律师以同样的事实和理由重新提起诉讼,所不同的只是将诉讼请求改为"分割10间房产",法院据此判决5间房屋归汤某所有。在本案中,汤某之所以再次起诉胜诉,就是因为根据继承法的有关规定,继承开始后当事人没有表示放弃继承的,应视为接受继承,而遗产至今未分割,应视为共同共有,汤某要求分割10间房屋(共同财产)的诉讼请求完全符合这一法律规定。[1]

(三) 环节三:事实与理由

事实与理由是民事起诉状的核心部分,主要说明提出诉讼请求的事实根据和法律依据,以及相关的证据材料。

步骤一:事实部分的制作

事实部分是原被告双方发生民事权益争议或者被告实施侵害原告民事权益行为的具体实施,是法院判决是否支持原告诉讼请求的事实根据。在事实部分,制作人应当写清原告与被告发生纠纷的起因、经过、所造成的结果、争执点或主要分歧。并注意两点:(1)叙述事实要客观;(2)要抓住关键和主要情节,突出双方的争议焦点。一般来说,制作人应当用精炼的语言表达清楚下列内容:原被告之间的法律关系;争议的产生、发展经过;争议的焦点及具体内容;原告受到的经济损失或精神损失的状况;被告应当承担的责任;等等。

事实部分的叙述,要注意"六要六不可"[2]:一要和诉讼请求一致,不可互相矛盾;二要内容具体,不可抽象空洞;三要实事求是,不可夸大缩小;四要关键情节详细叙述,不可含糊其辞;五要有理有据,不可捕风捉影;六要有理有节,不可搞人身攻击。

一份好的起诉状,应当做到"以事动人"、"以情感人"。语言上

---

[1] 朱德锴著:《律师谋略》,法律出版社2006年版,第99页。
[2] 刘国涛、范海玉主编:《法律文书学》,重庆大学出版社2005年版,第254页。

应该实事求是、逻辑严谨,写法上应该寓情于理,寓理于事,这样才能使事实具有感染力和雄辩的证明力。实践经验表明,对于不同的事实和案件应采用不同的表述方法:(1)一般简单的案件,在交代清楚当事人的关系之后,可先写争执标的的情况,再写争执的原因和焦点。(2)对于在一个较长时间跨度内发生和演进的民事争议案件,可以以争议发生、发展的时间为序展开叙述,围绕争议焦点进行选材和剪裁,突出中心论点。例如离婚案件。(3)有的民事争议事实比较复杂,这时就需要围绕争议发生的原因和焦点,采用综合归纳的方法叙写。例如同一案件中存在多次损害赔偿的事实,但损害发生的时间、地点各不相同,就可以选择其中主要的或者最典型的一起事实,以时间为序将纠纷的起因、经过和结局叙写清楚,对于其他基本相似的事实,以时间为序采用综合归纳的方法叙写即可。如"被告从××年×月×日到××年×月×日,在×地、×地、×地,采用……的手段,造成××××(后果)"。

步骤二:理由部分的制作

在讲清楚事实之后,起诉状正文应概括分析纠纷的性质、危害、结果以及法律责任问题,同时指明诉讼请求所依据的法律条款,以论证诉讼请求的合法性。理由的阐述可分为三个层次:(1)对被告侵权事实进行概括、归纳;(2)依据有关法律、法规、政策等,联系上述事实,指明被告行为的违法侵权性质,说明原告的正当权益应该受到保护;(3)援引民事诉讼法条款,作为提起诉讼的依据。

概括来说,理由部分包括两个方面的内容:一是认定原告主张的事实成立的事实理由;二是原告主张的权利成立的法律理由。在实践中,理由按如下格式书写:"综上所述,……(分析说明纠纷的性质、对方的过错、危害行为及危害结果),根据××法第×条的规定,……(分析被告的法律责任),请求人民法院依法判决,维护原告的合法权益。"

一般来说,起诉状叙述事实和理由应详略得当,该详尽具体的一定要详尽具体,该模糊的一定要模糊,至于其他有关的事实,原告可在庭审调查中补充、质证。起诉状是公开的诉讼法律文书,虽然只是原告初步说明或证明有利于自己的主张,但仍有可能承认不利于自己的事实和证据,且原告的这种"事实自认",已为诉讼证据规则所认可,法院可直接作为案件认定事实的依据。而且,法院立案后必须依法将起诉状送达被告,由被告针对起诉的内容进行答辩和进行应诉准备工作。因此,原告拟写起诉状时要三思而后行,切不可感情冲动,对一些事实写得太详尽、太具体,将对自己有利无利的事实都毫无保留地抛出——表面上看,原告是想"实事求是",一旦上法庭,被告可能会完全抛开原告的"坦诚",直至抛开自己的良心和道德,揪住起诉状中不利于原告的疏漏和"把柄",利用一切机会组织"反扑"。在诉讼实践中,因为起诉状过分的"裸露"和"自认",输掉本该胜诉的案例屡见不鲜。① 当然,如果案情比较简单,原告有确切的把握能够胜诉,也可以在起诉状中向法院详细地阐述自己的事实和理由,使得法官首先形成一定的心理定式,但是其风险亦不得不慎重考虑。

步骤三:证据部分的制作

证据是原告主张事实的真实性、可靠性的事实根据,是民事诉讼的基石。原告提起诉讼,应当附有符合起诉条件的证据材料。受诉法院接到起诉状,案件的承办法官一般会进行研读,然后询问起诉人是否有证据。在制作民事起诉状时,列举的证据材料主要有三项内容:一是列举并陈述能够证明事实真相的书证、物证及其他材料;二是用以说明书证、物证等证据来源和可靠性的材料;三是证人证言及证人姓名、职业和住所。

对证据部分的叙写,主要有两种方法:一是"一事一证",即边叙写事实,边列举证据,这样写的好处是层次分明,说服力强;二是"综

---

① 参见朱德错著:《律师谋略》,法律出版社2006年版,第48页。

合列证",即在叙写事实之后,单列一段把所有证据材料集中列举和分析论证,这主要是用于争议事实错综复杂、需要运用各种证据相互印证的案件。

根据民事诉讼法的规定,起诉人向法院递交的各种证据,被起诉人及其律师可以通过阅卷的形式摘抄、复制,也就是说法院的卷宗对于诉讼双方当事人来说完全公开。因此,原告及其律师在递交起诉状时不要轻易提交证据,而应根据具体案情决定是否提交、如何提交,一般仅提交符合起诉条件的"起诉证据"即可。

如果案件事实清楚,有足够的胜诉把握,原告及其律师可以随起诉状一并提交全部证据,给法官营造一种"先入为主"的诉讼情势。如果案情较复杂或者法律关系紊乱,最好不要提交证据尤其是核心证据,防止被告及其诉讼参与人过早获悉己方的诉讼信息和致命弱点,并以此搜集"反证"。即使承办法官要求出示支持起诉的核心证据,原告及其律师也应尽可能说服法官,将在举证期限内或庭前交换证据时一并提交,或者证明举证责任在被告,或者提交一些诸如合同、鉴定、医疗费单据等"技术性"证据材料,以免过早暴露己方的证据,给对手留下任何可乘之机。

(四) 环节四:尾部

步骤一:写明致送法院。① 即"此致××人民法院"。

步骤二:署名和日期,署名时注意具状人(起诉人)与代书人之区别。

步骤三:"附"主要包括两项:

(1) 起诉书副本份数(按被告人数提交);

(2) 证据份数。

---

① 起诉状的致送法院与诉讼的管辖地密切相关,在很大程度上影响着案件的审理,本书将在"管辖权异议申请书的制作"部分予以重点说明。

五、实验实例

民事起诉状

原告:吴××,武汉××营销发展有限公司股东

住址:××省××市湖苑新村××幢××室

身份证号码:××524540124××

被告:武汉××营销发展有限公司

地址:××市××区吴南路15号

法定代表人:陈××

第三人:陈××,武汉××营销发展有限公司股东

住址:××市××区月湖河街43号

身份证号码:××102681004××

诉讼请求:

1. 判令解散武汉××营销发展有限公司并依法清算;

2. 判令本案诉讼费及保全费用由被告武汉××营销发展有限公司承担。

事实和理由:

武汉××营销发展有限公司(以下简称:公司)于2002年4月19日成立,现公司股东两人,原告吴××和第三人陈××分别持有该公司50%的股份。由于武汉××营销发展有限公司经营长期严重亏损,经营管理发生极大困难,公司成立至今股东未得到任何收益。如果公司继续经营不仅会进一步增大公司经营亏损,而且也会继续造成公司股东利益的更大损失。为此,原告曾于2007年6月18日给本案第三人陈××先生送达函告要求对武汉××营销发展有限公司依法进行资产清算并终止合作,但第三人未予以理睬,2007年7月18日原告再次向第三人发出函告,要求召开股东会就解散公司并依法进行清算的事宜作出决议,但遭拒绝。

鉴于武汉××营销发展有限公司无法对公司事项作出决议,公

司经营陷入僵局,通过其他途径不能解决,公司继续存续势必会给原告造成新的损失,为此,原告根据《公司法》第 183 条和《民事诉讼法》等相关规定,特依法向人民法院提起民事诉讼,请求法院判决该公司解散并依法清算。

此致
××市中级人民法院

具状人:武汉××营销发展有限公司股东
吴××
××××年××月××日

六、常见错误与分析

1. 当事人基本情况错误,有三处比较典型:

(1) 不能笼统写诉讼代理人,应区分法定代理人和委托代理人;

(2) 有法定代理人的,不要漏写与原告或被告之关系;

(3) 有第三人的,其写法与原告、被告一样。

2. 诉讼请求方面亦有三处常见错误:

(1) 未写请求解决什么争议;

(2) 未写赔偿的具体数额;

(3) 混淆赔偿范围,如有些情形下精神损害法律不支持但写入了请求范围。

3. 在事实与理由部分,比较典型的错误有:

(1) 未写明要求赔偿的事实和理由;

(2) 未指明被告违法行为的性质及未引用民事诉讼法具体条款作为起诉依据。

4. 证据部分则注意把握证据所要证明的事实须简明概括。

5. 尾部附项中的诉状副本一定要有,并且份数要视被告人人数而定。

课后讨论:

分析实验实例中的《民事起诉状》,分组讨论其可能存在哪些疏漏,是制作人制作失误还是有意所为。若认为是制作失误,试提出你的修正方案;若认为是有意所为,试分析制作人的目的所在。

第二节 民事上诉状的制作

一、实验目的

民事上诉状是诉讼当事人不服第一审人民法院作出的尚未生效的民事判决、裁定,在法定期限内向该法院的上一级法院提起上诉,要求上一级人民法院对案件重新进行审理时制作的法律文书。

由于我国实行两审终审制度,第二审人民法院的判决即是终审的判决。上诉作为法律赋予当事人的一项诉讼权利,对于当事人维护自己的权益具有重要意义。依照法律规定,一审中的原告、被告、有独立诉讼请求权的第三人及其法定代理人,对第一审人民法院作出的判决和裁定不服,可以要求上级人民法院对原审裁判重新进行审判,以保障人民法院正确行使审判权,使自己的合法权益不因错判而受到损害。

二、实验原理

《民事诉讼法》第 147 条规定:"当事人不服地方人民法院第一审判决的,有权在判决书送达之日起 15 日内向上一级人民法院提起上诉。当事人不服地方人民法院第一审裁定的,有权在裁定书送达之日起 10 日内向上一级人民法院提起上诉。"

《民事诉讼法》第 148 条规定:"上诉应当递交上诉状。上诉状的内容,应当包括当事人的姓名、法人的名称及其法定代表人的姓名或者其他组织的名称及其主要负责人的姓名;原审人民法院名称、案件的编号和案由;上诉的请求和理由。"

《民事诉讼法》第 149 条规定:"上诉状应当通过原审人民法院提出,并按照对方当事人或者代表人的人数提出副本。当事人直接向第二审人民法院上诉的,第二审人民法院应当在 5 日内将上诉状移交原审人民法院。"

三、实验要求

(一)应当仔细研究一审裁判

为了让上诉状更客观、更全面、更具有针对性,当事人及其律师在动手拟写上诉状提纲之前,应仔细研究裁判文书,并结合案件事实和有关法律,将一审裁判的不公和错误挑出来,然后按论题和时序编成索引,作为上诉状提纲的论点。在论点的排列上,也应匠心独运——每一个论点都是一枚"炸弹",让一审裁判不能自圆其说。

(二)制作前应当先列提纲

如同先搭架子后建房一样,拟写上诉状应先列写作提纲。与小说、散文、诗歌等文学创作不同,与新闻报道建立在客观事实上的写作方法也不同,上诉状除立足于案件的事实外,应重点寻找一审裁判在认定事实、确认证据、适用法律尤其是程序违法上的"错误",而且要牢牢抓住这些"错误"不放——让二审法官一看上诉状,便从心理上感到一审裁判确实错了。

不过,这仅仅只是上诉的一个基本提纲,还包括管辖权、诉讼时效、证据等诸多内容,而且在每一具体的上诉状中,对论点还可再进一步细化、深化,力求写实、写深、写透,观点鲜明,一针见血。也许一审裁判的不公和错误杂乱无章,也许只有一两处细小的"矛盾"和"漏洞",但上诉人及其律师在拟写上诉提纲时,都应一一梳理、提炼,尤其应将一审裁判的致命弱点,也即最容易让二审法官改变对一审裁判看法的"错误",列入己方最有力的论点之中。一言以蔽之,"打蛇要打七寸",将一审判决中所有的"错误"集中起来,运用大量的、无可辩驳的事实,构建推翻一审判决最有力、最致命、最易得手的论据。

（三）上诉状应当详细、具体

与起诉状半遮半掩的写作方法不同，上诉状应"一语中的"——越能揭示一审裁判的错误、越有分量越好，尤其在二审法院对上诉案不开庭审理而径行裁判时，上诉状的质量如何，直接影响甚至决定二审的裁判结果。

四、实验环节

按照法律教科书及诉讼实践，上诉状应写明上诉人、被上诉人（未对一审其他当事人提起上诉的按原审地位列明）、一审法院名称、案号案由、上诉请求、事实与理由以及上诉法院名称等内容，具体而言，仍然分为首部、上诉请求、事实与理由、尾部四个部分。

（一）环节一：首部

步骤一：标题

标题，即在正中标明"民事上诉状"，不要写成"上诉状"或"一审判决（裁定）上诉状"。

步骤二：诉讼参与人

诉讼参与人，即写明上诉案件当事人的情况。提起上诉的当事人（包括原审原告、原审被告、原审第三人），称为"上诉人"，对方当事人称"被上诉人"。双方当事人甚至第三人都提出上诉的，应并列为"上诉人"，没有"被上诉人"[①]。在上诉人和被上诉人之后，要注明其在原审中的诉讼地位，即"原审原告"、"原审被告"、"原审第三人"。上诉案件当事人有诉讼代理人的，应分别在该当事人项下另起一行列项书写。上诉人、被上诉人、诉讼代理人的具体写法，与第一审民事判决书相同。

掌握一段程式化语言，写法如下："上诉人因××××一案，不

[①] 对此，目前在理论上有分歧，但在操作时应按最高人民法院的司法解释执行。

服××人民法院××年×月×日(年度)×民初字第×号民事判决(或裁定),现提出上诉"。

(二) 环节二:上诉请求

上诉请求是上诉人请求二审法院撤销或变更原裁判的具体要求,这反映了上诉人提起上诉的主要目的。上诉请求应当合法、简明、具体。应针对一审判决的错误内容及其错因,提请上一级人民法院撤销原判、发回重审或者予以改判(全部改判或部分改判)。说明上诉请求,可以采取条项式写法,且不宜同时夹杂上诉理由。在制作时应着重注意以下问题:

1. 上诉请求不同于起诉请求。上诉请求指向的对象主要是第一审判决或裁定,而不是争议的实体法律关系本身。因此,上诉请求要有针对性地指明一审判决或裁定有何错误,并提出撤销或变更原裁判的具体要求。

2. 上诉请求中提出的第一审裁判中认定的事实或适用的法律的错误,应当具有概括性、准确性、针对性。因为第二审法院审判与第一审法院的审判不同,它并不对案件进行全面审判,而仅仅审查与上诉请求有关的事实问题和法律问题。①

3. 上诉请求应当写得明确、具体。例如:"原判决认定原被告婚姻关系已经破裂错误,请求撤销原判。"而不能含糊其辞,模棱两可。

在司法实践中,二审法院对上诉审查的重点是上诉请求(民事诉讼中仅限于当事人的上诉请求),对于上诉状中没有提及的上诉请求则不予审查。上诉人应根据案件的具体情况和法律规定,确立恰当的上诉请求。在暂时无法准确确定而又不能拖延上诉的情况下,对上诉请求确立的范围应宜宽不宜窄、宜大不宜小,以免在二审审理中陷入被动尴尬的境地。

---

① 《民事诉讼法》第151条规定:"第二审人民法院应当对上诉请求的有关事实和适用法律进行审查。"

（三）环节三：上诉理由

上诉理由是民事上诉状的核心或关键部分。写上诉理由，应当就原审裁判的主要错误及其"错因"进行分析论证。一般写法是，概括原判错误而后批驳。如果认为原判有两个以上的错误，可以分别采用"先总括后分驳"或者"先分驳后总括"两种方法。上诉理由应当鲜明、准确。具体理由，因案而异，但一般不外乎四种情况：

（1）认为原审裁判认定事实不清（包括与案情实际有出入、证据不实或不足）；

（2）认为原审裁判适用法律不当（包括误解或曲解法律）；

（3）认为原审裁判违反法定诉讼程序（包括未按规定交给上诉人起诉状副本，未进行调解或未进行法庭辩论、质证等）；

（4）认为原审法院裁判不公（这是上诉的根本理由）。

论证上诉理由，需要根据上述不同情况，提出明确论点，然后从事实、证据、法律、政策等方面予以批驳，而且力求论述要有新内容，不可完全重复一审诉状中所说的话。在司法实践中，绝大多数上诉论点的排列都遵循下列顺序，当然也有其特别的意义——对一审裁判更具有针对性、挑战性，让二审法官更易形成对上诉论点的良好印象：

（1）一审剥夺当事人的诉讼权利，审理程序违法——只要一审存在诸如未按法律规定送达诉讼文书、合议庭组成人员不符合规定以及证据未经质证便予以认证等程序问题，可能影响案件的正确裁判，二审法院就会裁定撤销原判，发回一审法院重审。

（2）一审裁判混淆了法律关系，适用法律错误——什么样的法律关系适用什么样的法律，一审法律适用错误的结果是二审直接予以改判。

（3）一审裁判认定事实不清、错误，导致裁判结果错误——根据诉讼法律规定，二审法院会依法裁定撤销原判，发回一审法院重审，或者查清事实后予以改判。

为了使二审法官获得一个良好印象,原告及其律师在对上诉论点的写作时应自然、清晰、透彻,无懈可击:

自然——围绕论点客观阐述一审裁判的"错误"和己方上诉理由的正当,采用"以毒攻毒"的方法,即利用裁判本身的"错误"和"漏洞",驳斥一审裁判前后矛盾、漏洞百出。

清晰——在对论点进行论证前,尽量引述一审裁判业已查明的事实和证据,保持论证的精确简洁。如果论证内容繁多,可以分成若干不同层次,一个层次一个内容,最好每一内容适用一个小标题,以此吸引二审法官的重视和注意。要善于运用散文的写作手法对事实进行分析评述,段落层次分明,尽量使用小段落,避免段落不分和冗长的陈述,让人摸不着边际。

透彻——所有论据都应入木三分,论据和论据之间相互印证,形成一个完整的证据锁链,所有的问题都应富有启发性和挑战性——把关键性的事实"填充"进去,让对手始终不能自圆其说。

与一审诉讼重在驳倒对手截然相反,二审诉讼的首要任务就是说服法官——一审已对案件争议的事实进行了审理裁判,二审的责任就是对一审裁判的"错误"和"不当"进行审查评断,是否维持原判、发回重审抑或直接改判,全凭二审法官说了算。因此,原告及其律师在论述己方的论点时,还应分析对方当事人的主导论点,在对方还未来得及通过答辩状或其他手段反扑过来之前,首先把这些棘手问题抖出来,并予以有力的批驳,这样就实现了上诉状最基本的写作目的:通过论证己方的论点和驳斥对方的论点,来动摇、影响、打动二审法官,让二审法官读罢上诉状中列举的事实后,首先在心理上打下有利于己方的心理倾向。

在对论点论证之前或者在每一论点论证完毕之后,上诉人及其律师还应对上诉内容进行提纲挈领式的概括和总结,尤其当上诉状和专项辩论的篇幅较长时,将上诉的论点简要地重述一遍,更能强化二审法官对上诉肯定的心理定式。

（四）环节四：尾部

1. 结尾部分与起诉状基本相同，也由"此致"、"××中（高）级人民法院"（一般是中级，视一审法院审级而定）、"上诉人"、"年、月、日"构成，如系律师代书也应具体写明。

2. 附项中应注明"本状副本×份"（份数依被上诉人人数而定）。

五、实验实例

民事上诉状

上诉人（原审被告）：××省××材料总公司

地址：××市××区民生路20号

法定代表人：朱××

被上诉人（原审原告）：××集团××轧钢厂

地址：××市××区古田路36号

法定代表人：韩××

上诉人因合同纠纷一案，不服××市××区人民法院于（20××）×经初字第0285号民事判决，现依法提出上诉。

上诉请求：

1. 依法撤销一审判决，改判上诉人不承担连带偿还被上诉人债务之责任；

2. 判令被上诉人承担本上诉案诉讼费。

上诉理由：

一、一审判决认定事实错误

1. 被上诉人首先单方违约，造成买卖合同解除。上诉人与被上诉人于1990年3月16日签订的买卖合同，合同规定：交货期限为1990年3—4月，但被上诉人在交货期限到期时不能按期履行供货义务，上诉人在被上诉人违约后，曾多次要求被上诉人在合理的期限内尽快履行供货义务，否则合同将自行终止。然而，被上诉人终究未能按上诉人要求按期供货致使供货合同自行解除。

2. 被上诉人在违约造成与上诉人合同自行终止的数月后,未事先征得上诉人的同意,单方改变和决定新的供货日期并向××石化工业供销总公司发货,其由此产生的法律后果应自行承担。

3. 被上诉人称自1990年以来的10年间,多次向上诉人主张所谓债权,但就上诉人自己所知,被上诉人仅于1994年6月2日向上诉人发出清理债权债务征询通知书,要求上诉人偿还被上诉人违约后单方自行改变供货日期的货款,但上诉人当日提出异议。除此之外,上诉人至今尚未掌握被上诉人在法定诉讼时效内主张权利之证据。

4. 上诉人有关人员收下了被上诉人送来的有关发票、材质和运单等复印件,其目的是从这些材料中查清此供货的来龙去脉,弄清供货原因,调查供货事实。并不能由此推断上诉人承认了负有还款的义务。

一审法院在对上述事实认定有误的情况下,作出上诉人为××石化工业供销总公司发货不能偿还货款,承担连带偿还责任的判决显然错误。

二、一审判决适用法律错误

一审判决书中已经认定"被上诉人未按合同约定期间交货并款到排产发货属于违约行为,应当承担违约责任"。上诉人如果对他人债务不存在应当清偿的情况下,简单套用《民法通则》第108条债务清偿原则之条款、第113条双方违约之条款,显然适用法律有误。

一审法院一方面认定被上诉人对合同违约,应当承担违约责任,但又支持被上诉人对合同的违约行为而导致的无理要求,实在令人费解。上诉人认为:因被上诉人首先违约,造成的守约方(上诉人)订立合同所产生的经济利益受到严重影响,使原供货合同因被上诉人一再违约而自行解除,以及上诉人依法行使抗辩权而拒绝被上诉人的无理要求的合法行为应予支持,故不存在应当偿还所欠债务之责任,也不存在上诉人依法拒绝被上诉人无理要求而本不应支付货款的违约之责任。因而在上诉人对他人债务不存在应当清偿的情况下,简单套用《民法通则》第 108 条债务清偿原则之条款、第 113 条双方违约之条款,缺少该条款适用的前提条件,显然一审判决适用上述法律条款错误。

综上所述,一审判决不能保护上诉人的合法权益,请求二审法院以事实为依据,以法律为准绳,予以公正改判。

此致

××市中级人民法院

上诉人:××省××材料总公司
××××年×月×日

六、常见错误与分析

民事上诉状,作为当事人向法院提交的诉状之一,与民事起诉状可能发生的错误有诸多相同之处。就"纠错"而言,除民事起诉状中的错误应警醒之外,上诉状之特点和它与起诉状的相异点就应该特别注意了:

1. 首部当事人的称谓和在原审中的地位一定要标识准确;

2. 承接首部与上诉请求、理由之间的程序化语言要熟练,不得出错;

3. 上诉请求和理由部分因案情不同错误设计也就会不同,但整体掌握应避免的错误就是上诉请求不清,上诉理由与上诉请求分离、不配套;

4. 注意上诉状中署名人应是上诉人,署明日期应不超过法定上诉期限。

第十五章　商事诉讼申请类法律文书的制作

第一节　管辖异议申请书的制作

管辖异议申请书是指当事人在人民法院受理案件后,对案件管辖权提出异议时依法制作的文书。

一、实验目的

根据法律规定,案件由何法院受理,裁判结果应当一样,似乎不该存在管辖权之争,但由于我国正处于向市场经济转轨的过渡时期,法律规范不到位,再加上地方保护主义和部门保护主义等因素的影响,不同法院受理的裁判结果往往存在差异,甚至出现截然不同的两种裁判结果。

被告提出管辖权异议的前提,是原告选择的受诉法院对案件没有管辖权。如果原告选择的受诉法院对案件有管辖权,那么被告提出管辖权异议便毫无诉讼意义。如果被告提出管辖权异议的理由成立,那么在诉讼程序上原告的主动地位将被削弱,甚至因此丧失整个诉讼。在商事法律实务中,出于诉讼程序上的考虑,或为了拖延诉讼,变被动为主动,被告明知原告选择的受诉法院对案件有管辖权,而故意提出管辖权异议的现象也屡见不鲜。

二、实验原理

《民事诉讼法》第38条规定:"人民法院受理案件后,当事人对管辖权有异议的,应当在提交答辩状期间提出。人民法院对当事人提出的异议,应当审查。异议成立的,裁定将案件移送有管辖权的人民法院;异议不成立的,裁定驳回。"

（一）级别管辖

《民事诉讼法》第 18 条规定:"基层人民法院管辖第一审民事案件,但本法另有规定的除外。"第 19 条规定:"中级人民法院管辖下列第一审民事案件:（一）重大涉外案件;（二）在本辖区有重大影响的案件;（三）最高人民法院确定由中级人民法院管辖的案件。"第 20 条规定:"高级人民法院管辖在本辖区有重大影响的第一审民事案件。"第 21 条规定:"最高人民法院管辖下列第一审民事案件:（一）在全国有重大影响的案件;（二）认为应当由本院审理的案件。"

（二）地域管辖

《民事诉讼法》第 22 条规定:"对公民提起的民事诉讼,由被告住所地人民法院管辖;被告住所地与经常居住地不一致的,由经常居住地人民法院管辖。对法人或者其他组织提起的民事诉讼,由被告住所地人民法院管辖。同一诉讼的几个被告住所地、经常居住地在两个以上人民法院辖区的,各该人民法院都有管辖权。"

《民事诉讼法》第 24—30 条规定:"因合同纠纷提起的诉讼,由被告住所地或者合同履行地人民法院管辖。""合同的双方当事人可以在书面合同中协议选择被告住所地、合同履行地、合同签订地、原告住所地、标的物所在地人民法院管辖,但不得违反本法对级别管辖和专属管辖的规定。""因保险合同纠纷提起的诉讼,由被告住所地或者保险标的物所在地人民法院管辖。""因票据纠纷提起的诉讼,由票据支付地或者被告住所地人民法院管辖。""因铁路、公路、水上、航空运输和联合运输合同纠纷提起的诉讼,由运输始发地、目的地或者被告住所地人民法院管辖。""因铁路、公路、水上和航空事故请求损害赔偿提起的诉讼,由事故发生地或者车辆、船舶最先到达地、航空器最先降落地或者被告住所地人民法院管辖。"

（三）专属管辖

《民事诉讼法》第 34 条规定:"下列案件,由本条规定的人民法院专属管辖:(一)因不动产纠纷提起的诉讼,由不动产所在地人民法院管辖;(二)因港口作业中发生纠纷提起的诉讼,由港口所在地人民法院管辖;(三)因继承遗产纠纷提起的诉讼,由被继承人死亡时住所地或者主要遗产所在地人民法院管辖。"

《民事诉讼法》第35条规定:"两个以上人民法院都有管辖权的诉讼,原告可以向其中一个人民法院起诉;原告向两个以上有管辖权的人民法院起诉的,由最先立案的人民法院管辖。"

三、实验要求

(一)主体要求

有权提出管辖权异议的主体,必须为本案当事人,一般是被告和有独立请求权的第三人,因为原告是提起诉讼的人,其当然认为该受理法院有管辖权且最有利于案件的审判。当然,在发生移送管辖后,原告亦有权向受移送法院提出管辖权异议。无独立请求权的第三人,因其在诉讼中居于辅助一方当事人的地位而不具有异议权。

(二)时间要求

管辖权异议申请必须在法院受理案件以后,并且在提交答辩状期间提出,否则异议无效。超过此期间的,异议也无效。对于在案件审理过程中,法院依法追加的案件当事人或者有独立请求权的第三人,其提出管辖权异议的时间不受答辩状期间的限制。无独立请求权的第三人,在人民法院裁定其承担民事责任的情况下,若对一审管辖权有异议,在二审期间也可以对管辖权提出异议。

(三)形式要求

管辖权异议申请一般应采用书面形式,但法律并未禁止以口头形式提出。另一方面,管辖权异议申请既可以单独书写,也可以和答辩状一并提出。

四、实验环节(写作步骤)

管辖权异议申请书相对于诉状类文书要略为简单,一般可分为首部、正文和尾部三个部分。

(一) 环节一:首部

步骤一:标题

首先应于文章首行正中写标题,即"管辖异议申请书"或"管辖权异议书"。

步骤二:写明当事人及其诉讼代理人的基本情况

当事人是法人或其他组织的,应写明其名称、地址,法定代表人(或主要负责人)的姓名等企业信息;当事人是公民的,应依次写明姓名、性别、出生年月日、工作单位和职务、住址等基本信息。

(二) 环节二:正文

步骤一:案由

如果是由被告或第三人提出管辖权异议的,应当写明何时由何法院受理了何种案件,何时通知异议人提出答辩。异议人在提出答辩的同时,提出对此案管辖权的异议。如果是由原告因不服受理法院移送管辖而提出管辖异议的,应当写明该法院移送管辖的文号。请求事项可依据不同案情需要填写,一般可写成:"贵院对××一案不具有管辖权,应依法移送××法院管辖"。

步骤二:理由

主要阐明受诉人民法院对本案无管辖权,且应当移送管辖的理由,一般可简单写明事情经过、合同约定的管辖内容以及涉及的法律、法规依据等。在法律实务中,被告提出管辖权异议不外乎以下几种情况:

1. 提出职能管辖异议。被告对原告的起诉,首先审查是否属于法院受案的范围。如果原告的起诉涉及犯罪的问题,且又不属于法院管辖的自诉案件,那么被告一般会提出职能管辖异议,要求将案件移送给有管辖权的公安机关或检察机关受理;如果原告的起诉属于行政机关管辖的范围,被告也会提出职能管辖异议,要求将案件移送给行政机关处理;如果起诉须以仲裁为前置(如劳动争议)而原告未经仲裁,或者原告与被告在纠纷发生前或纠纷发生后签订了仲裁协议,被告也将提出职能管辖异议,要求法院不予受理或裁定驳回原告的起诉。

2. 提出级别管辖异议。一般情况下,基层、中级和高级人民法院受案都有一定分工,有的地区规定中级人民法院受理财产标的金额在150万元以上的民事案件或者本辖区重大的疑难复杂案件。显然,案件争议财产标的金额和案件的复杂程序是确定级别管辖的关键。如果案件的标的金额和复杂程度均超出受诉法院的受案范围,被告方一般会提出级别管辖异议,要求将案件移送给有管辖权的上一级法院受理。对于按案件争议标的金额和复杂程度,本应由基层人民法院受理,而原告却选择中级人民法院作为受诉法院的,被告一般也会提出级别管辖异议。

3. 提出地域管辖异议。地域管辖异议绝大多数发生在合同纠纷和侵权纠纷案件中,被告在诉讼中提出地域管辖异议最为常见。合同纠纷案件的地域管辖,为合同约定履行地、合同实际履行地或被告所在地。如果原告提出的是合同纠纷案件,被告一般会首先审查与原告有无协议管辖的书面约定,或者审查合同约定的履行地和实际履行地,然后从地域管辖的法律规定上判明受诉法院是否有管辖权,并以此提出地域管辖异议。侵权案件的地域管辖,为侵权行为发生地、侵权结果发生地,或被告所在地。对于侵权纠纷案件,被告一般会审查原告选择的受诉法院是侵权行为所在地或者侵权结果所在地,还是被告所在地,否则,就会提出地域管辖异议。地域管辖异议在诉讼管辖中最为复杂,被告提出地域管辖异议也最为常见,原告及其律师对此应予以充分重视。

(三) 环节三:尾部

步骤一:写明致送法院。即"此致/××人民法院"。

步骤二:署名和日期,署名时注意具状人(申请人)与代书人之区别。

五、实验范例

管辖权异议申请书

申请人:北京市××科技有限公司。

地址:北京市××区××路××大厦××座××室。

法定代表人:×× 电话:010-8201××××

申请人因武汉市××技术有限公司诉申请人票据纠纷一案,向你院提出管辖权异议。

请求事项:

驳回武汉市××技术有限公司诉讼请求。

事实与理由:

申请人与武汉市××技术有限公司(原告)于2006年8月7日、2006年8月22日、2006年8月28日签订了三份《订货合同》。三份合同均约定了发生争议时解决方法为:"因履行本合同发生的争议,由签约双方友好协商解决,协商不成时,双方均可依法提交乙方所在地人民法院诉讼解决。"合同中乙方为武汉市××技术有限公司,其所在地为湖北省武汉市××区××路××大厦××座××室。

申请人与武汉市××技术有限公司在合同中有关管辖的约定,是当事人双方真实的意思表示,符合《中华人民共和国民事诉讼法》第二十五条的规定,且不违反级别管辖和专属管辖,属于合法、有效的条款。本案应由武汉市××区人民法院管辖。

综上所述,根据当事人双方在合同中的约定及《中华人民共和国民事诉讼法》关于管辖的规定,贵院对本案不具有管辖权,应依法予以驳回。

此致

北京市××区人民法院

申请人:北京市××科技有限公司
2007年11月7日

课后讨论：

分析实验实例中的《管辖权异议申请书》，申请人在"事实与理由"部分已经阐述了本案的正确管辖法院，为何在请求事项中仅仅要求"驳回武汉市××技术有限公司诉讼请求"，这样写是否正确，其目的何在，请提出你的观点。

第二节　财产保全申请书的制作

财产保全申请书是民事诉讼中常用的重要文书之一，是当事人为维护自身利益和保证判决的执行，请求人民法院对诉讼标的物或与本案有关的财物采取某种强制保护措施时制作的一种文书。根据诉讼是否发生，财产保全分为诉前财产保全和诉讼财产保全两种。

一、实验目的

原告上法院打官司是为了实现一定的目的。在起诉前或者起诉后，原告发现被告对自己享有处分权的财产、存款或其他标的物有出卖、转移、藏匿、损毁的可能的，为了保证裁判生效后能够顺利予以执行，就有必要向法院提出财产保全申请，请求对被告或相对人的财产或争议标的物采取查封、扣押、冻结、划扣等强制性保全措施。也只有如此，才能保证胜诉方当事人的合法权益得以实现，从而实现自己的诉讼目的。

二、实验原理

《民事诉讼法》第92条规定："人民法院对于可能因当事人一方的行为或者其他原因，使判决不能执行或者难以执行的案件，可以根据对方当事人的申请，作出财产保全的裁定；当事人没有提出申请的，人民法院在必要时也可以裁定采取财产保全措施。人民法院采取财产保全措施,可以责令申请人提供担保;申请人不提供担保的,驳回申请。人民法院接受申请后,对情况紧急的,必须在48小时内作出裁定;裁定采取财产保全措施的,应当立即开始执行。"

《民事诉讼法》第93条规定:"利害关系人因情况紧急,不立即申请财产保全将会使其合法权益受到难以弥补的损害的,可以在起诉前向人民法院申请采取财产保全措施。申请人应当提供担保,不提供担保的,驳回申请。人民法院接受申请后,必须在48小时内作出裁定;裁定采取财产保全措施的,应当立即开始执行。申请人在人民法院采取保全措施后15日内不起诉的,人民法院应当解除财产保全。"

《民事诉讼法》第94条规定:"财产保全限于请求的范围,或者与本案有关的财物。财产保全采取查封、扣押、冻结或者法律规定的其他方法。人民法院冻结财产后,应当立即通知被冻结财产的人。财产已被查封、冻结的,不得重复查封、冻结。"

三、实验要求

(一) 诉前财产保全

诉前财产保全申请书是指情况紧急,利害关系人不立即申请财产保全将会使自己的合法权益受到难以弥补的损害,在起诉前向人民法院申请采取财产保全时所制作的文书。申请诉前财产保全必须具备下列条件:

1. 将来提起的诉讼必须是给付之诉,即利害关系人之间的争议必须具有给付的内容。这样,采取保全措施,才有可供执行的对象,诉讼保全才有意义。反之,将来提起的诉讼如果是确认之诉或变更之诉,由于没有可供执行的对象,利害关系人不能或者将来难以得到保护。

2. 义务人有恶意行为或者其他原因,不采取保全措施,权利人的合法权益将不能或难以得到保护。

3. 情况紧急,如在起诉后申请财产保全将会因义务人的恶意行为或者其他原因使权利人的合法权益遭受难以弥补的损失。

4. 权利人应当向有管辖权的人民法院提出申请,人民法院不得依职权主动采取诉前财产保全。

5. 申请人应当提供担保,不提供担保的,人民法院将裁定驳回其诉前财产保全申请。

6. 申请人必须在人民法院采取保全措施后15日内向该法院起诉,不起诉的,人民法院应当解除财产保全措施。

以上六个条件必须同时具备,缺一不可。

(二) 诉讼财产保全

诉讼财产保全,指在诉讼过程中,法院为保证将来生效判决的顺利执行,对当事人的财产或者争议标的物依法采取的强制措施。当事人申请诉讼财产保全应当具备四项条件:

1. 案件必须具有给付内容,即属于给付之诉。

2. 必须是由于当事人一方的行为(如出卖、转移、隐匿、毁损争议标的物等行为)或其他行为(主要指与标的物本身性质有关的客观原因),使判决不能执行或难以执行。

3. 必须在诉讼过程中提出申请。法院在必要时也可依职权裁定采取诉讼财产保全措施。

4. 申请人提供担保,但只有在法院责令提供担保时,申请人提供担保才成为必要条件。

四、实验环节

(一) 环节一:首部

步骤一:当事人基本情况

首部一般需要说明申请人与被申请人的基本情况,具体内容写法与其他申请类文书基本相同。对于诉前财产保全申请而言,其申请人为即将提起诉讼的原告方当事人;而在诉讼财产保全中,申请人既可以是提起诉讼的原告方,也可能是提起反诉的被告方当事人。当事人是法人或其他组织的,应写明其名称、地址、法定代表人(或主要负责人)的姓名等企业信息;当事人是公民的,应依次写明姓名、性别、出生年月日、工作单位和职务、住址等基本信息。对于诉讼代理人的信息,在诉前财产保全的过程中为了不暴露自身身份,一般在制作申请书时不予说明。

步骤二:请求事项

一般用来写明需要法院依职权进行保全的财产内容。在教科书中,一般要求写明保全的具体财产状况,但是在法律实务中,尤其是针对具体财产的保全中,一般仅说明一个大的范围,即宜粗不宜细,而不说明具体的财物,例如"请求人民法院对××公司位于××大厦内的全部财产进行财产保全"、"请求人民法院对于××公司××万元的财物进行财产保全"等。

在诉讼财产保全中,还应当说明纠纷的性质和起诉的时间,例如"申请人与被申请人因××经济合同纠纷一案,于××年×月×日向贵院起诉在案,现贵院正在审理。根据民事诉讼法有关规定,为保证判决的执行,特请你院对××采取保全措施"。

(二) 环节二:正文

步骤一:申请保全的原因

财产保全是对被申请人合法财产的一种临时强制措施,其在一定程度上影响着被申请人对其财产的利用,因此法院在财产保全时一般比较谨慎。当事人欲说服法院采取财产保全,必须充分说明其申请的理由。

申请财产保全的原因一般应包括两部分,一是申请人与被申请人的关系,即双方纠纷发生的背景、起因和经过等内容;二则需要说明需要保全的财物遭受或可能发生的侵害情况,即采取财产保全措施的重要性及紧迫性,从而说明法院采取保全措施在判决执行中的意义。

步骤二:申请保全的范围与措施

财产保全限于申请人请求的范围(即保全财产的价值与诉讼请求的数额基本一致),或是与本案有关的财物(即本案的标的物或与标的物有牵连的其他财物)。若该财产为特定物,还应当说明财物的名称、数量、质量、形状、花色、品种、所在地点及现状等基本情况。法院对财产保全一般采取查封、扣押、冻结等措施,有时也采用其他方法。如法院对债务人(被申请人)应得的收益,可以采取冻结、划拨的保全措施,限制其支取,通知有关单位协助执行。债务人(被申请人)的财产不能满足保全请求,但对第三人享有到期债权的,法院可以依债权人的申请裁定该第三人不得对债务人清偿;该第三人要求偿付债务的,由法院提存财物或价款。

(三) 环节三:尾部

步骤一:写明致送法院。即"此致××人民法院"。

步骤二:申请人签名或盖章,并注明具状的日期,署名时注意具状人(申请人)与代书人之区别。

步骤三:"附"主要包括两项:

(1) 起诉书副本份数(按被告人数提交);

(2) 证据份数。

五、实验实例

诉前财产保全申请书

申请人:吴××　　武汉××营销发展有限公司股东

住址:××省××市湖苑新村××幢××室

身份证号码:××05245401245××

被申请人:武汉××营销发展有限公司

地址:××市××区吴南路15号

法定代表人:陈××

请求事项:

请求对武汉××营销发展有限公司的全部资产进行财产保全。

事实和理由：

2003年9月经股东会变更决议，原告和被告陈××分别持有武汉××营销发展有限公司50%出资额和相应股权。由于近年武汉××营销发展有限公司经营严重亏损，对外负债累累，继续经营将会继续造成公司股东的损失。原告曾向被告陈××提出召开解散公司的股东会，但被告陈××作为公司另一股东迟迟未予答复，造成原告要求解散公司难以寻找到其他途径。根据《公司法》183条和《民事诉讼法》相关规定，原告依法提起解散武汉××营销发展有限公司并依法清算之诉讼。

考虑到武汉××营销发展有限公司的全部经营管理由被告单独掌控，为防止可能出现的公司资产的损失，导致法院审理和判决难以顺利进行和执行。根据《民事诉讼法》第93条申请人依法向法院提起诉前财产保全申请并愿意保证如果法院保全给被申请人造成损失，申请人愿意为其损失承担担保赔偿责任。

此致
武汉市中级人民法院

申请人：武汉××营销发展有限公司股东吴××
担保人：江苏××生物科技股份有限公司
××××年××月××日

第三节 执行申请书的制作

执行申请书，是指享有权利的一方当事人在对方拒不履行义务的情况下，根据生效的法律文书向有管辖权的人民法院申请，判令对方履行义务的行为时所制作的法律文书。

一、实验目的

当事人打官司的目的在于确认争议双方当事人的权利义务关系,对于原告来说就是为了尽快使自己的权利得到实现。在判决、裁定、仲裁裁定等法律文书发生效力以后,义务人本应依法履行,但在司法实践中义务人往往以裁判文书不公或无履行能力等为"借口",不主动或拒不履行义务。在义务人不履行生效法律文书所确定的义务时,权利人便可依法申请法院强制执行,被执行人或案外人若认为据以执行的根据错误或执行错误,也可以通过提出执行异议的方式获得救济。

二、实验原理

《民事诉讼法》第212条规定:"发生法律效力的民事判决、裁定,当事人必须履行。一方拒绝履行的,对方当事人可以向人民法院申请执行,也可以由审判员移送执行员执行。调解书和其他应当由人民法院执行的法律文书,当事人必须履行。一方拒绝履行的,对方当事人可以向人民法院申请执行。"

《民事诉讼法》第215条规定:"申请执行的期间为2年。申请执行时效的中止、中断,适用法律有关诉讼时效中止、中断的规定。前款规定的期间,从法律文书规定履行期间的最后一日起计算;法律文书规定分期履行的,从规定的每次履行期间的最后一日起计算;法律文书未规定履行期间的,从法律文书生效之日起计算。"

三、实验要求

权利人申请执行的根据是发生法律效力的判决书、裁定书、调解书或由法院签发的支付令,以及具有强制执行力的公证文书等。权利人申请执行必须符合下列条件:

1. 履行期限届满——必须是法律文书确定的履行期限届满而

义务人未履行的；

2. 具有执行可能——执行对象必须是能够给付的财物和行为；

3. 未超过执行时效——双方或一方当事人是公民的，申请执行的期限为 1 年；双方当事人是法人或其他组织的，申请执行的期限为 6 个月（期限均从法律文书确定的履行期限的最后一日起计算）。

四、实验环节

执行申请书的格式一般比较简单，只需要说明申请人、被申请人、申请执行的事实和理由、申请执行的标的，并附执行的生效法律文书。申请执行的事实和理由包括：依据何种法律文书，被申请人的履行情况和实际履行能力，如被申请人的财产状况、收入情况以及对第三人的到期债权等。如果法院对被申请人的财产已采取划扣、扣押、查封等保全措施的，申请人在申请执行时应提交财产保全裁定书，在申请书中写明被保全财产的品名、数额和可供执行的财产状况。

执行的根据不同，申请执行书递交的法院也不同。如果申请执行的是发生法律效力的判决书、裁定书、法院制作的调解书或签发的支付令，申请执行人应向原审法院提交执行申请书。如果申请执行的是仲裁裁决书、行政裁决书以及具有强制执行力的公证文书等，申请人应向被申请人住所地或被执行财产所在地法院提出。

为了使生效的法律文书得到实际的、全面的执行，申请执行人在申请执行乃至在申请执行前就应周密布置，制订详尽的执行方案和措施。根据司法实践，申请执行人在申请执行时应注意把握以下几点：

1. 自动履行期限届满后及时申请执行。即使被执行人没有可供执行的财产，申请执行人也应及时申请执行或进行执行登记，切勿因超过申请执行时效而丧失执行权利。申请执行人申请执行后虽执行不能，但可根据被执行人的财产状况，依法随时请求法院恢复执行,而不存在申请执行时效过期的问题。

2. 设法摸清被执行人的财产状况。被执行人不自动履行生效的法律文书,除了确实无履行能力外,就是拖延履行或拒不履行。申请执行人可通过到工商部门查询被执行人企业开办情况、注册资金以及银行账号,到供电企业、供水企业查询被执行人缴纳电费、水费的情况,到税务机关查询被执行人缴纳税款的情况,到与被执行人有经营往来的单位查询被执行人的业务经营情况等办法,了解被执行人的资产、经营、信誉以及银行账户等状况。

3. 注意收集被执行人在外的投资、股权、债权等信息。对被执行人在外有投资、股权的,申请执行人可以请求法院划扣其赢利、红利等财产,或者直接将被执行人的投资、股权转到申请人名下。对于被执行人对第三人享有债权的,不论债权是否到期,也不论是否有争议,申请执行人都可请求法院向第三人发出协助执行通知,使该第三人在债务到期时支付给申请执行人。

4. 及时申请财产保全措施。为了避免法院受理执行申请后无法执行,申请执行人向法院提出执行申请时,应将自己掌握、了解的被执行人的财产状况、经营状况、银行存款等信息告知负责执行的法院,并及时申请法院采取查封、扣押、冻结等财产保全措施,防止被执行人转移、隐匿、毁损财产,保证生效法律文书的顺利执行。

5. 被执行人拒绝履行执行和解时应及时恢复申请执行。执行和解意味着执行时效期限的中断,若被执行人拒不履行执行和解,则应从和解协议约定的最后履行日计算执行时效,但应减除法律文书确定的最后履行期与申请执行之间的时间。在被执行人拒不执行和解时,申请执行人应及时请求法院恢复执行,以避免因为没有及时申请执行而延误申请执行期限。

6. 不放弃追偿被执行人迟延履行金。被执行人未按判决、裁定和其他法律文书指定的期间履行给付金钱义务的,申请执行人可以请求法院责令被执行人加倍支付迟延履行期间的债务利息。被执行人未履行其他义务的,申请执行人可以请求被执行人支付迟延履行金。

作为律师,除了在案件的诉讼代理中做到知己知彼,在案件的执行过程中也应当如此。面对突如其来的强制执行,被执行人可能会及时制订各种各样的应对计策,通过提出异议等手段阻止执行或迟延履行。对此,申请执行人应未雨绸缪,提前做好防范措施。

1. 审查执行主体是否适格。申请执行人依法提出执行申请,尤其应具备申请强制执行的正式、完整的法律文件。

2. 审查申请执行的时效是否超期。申请执行人应在法律规定的 6 个月或 1 年内申请执行时效期限内提出执行申请,在规定的申请执行期限之外提出执行申请的,则应提出执行中止等法定执行时效中断的证据,论证执行时效并未超期。

3. 审查执行根据是否正确。赖以执行的判决书、裁定书等法律文书必须发生法律效力,且不存在法定中止执行的情形。被执行人若认为仲裁裁决执行的根据——所依附的合同中没有仲裁条款,事后也未达成仲裁协议,或者仲裁事项不属于仲裁的范围,或者仲裁认定的事实、适用法律错误以及仲裁程序违法等,受理法院一般会裁定不予执行仲裁裁决。申请执行人对此则应提出相反的主张和证据,论证执行根据合法有效。

4. 审查执行范围与被执行人应履行的义务是否一致。强制执行的数额不可超过被执行人应当履行义务的范围。对被执行人的异议,申请执行人应举证证明执行的数额在法律规定的范围和幅度之内。

5. 审查查封扣押行为是否妥当。查封扣押财产时,执行人员应通知被执行人到场,被执行人有权收到执行人员签名的清单。当被执行人认为执行人员查封扣押行为非法时,申请执行人可举证证明被执行人接到通知后,拒不到场或中途无故退场,或者拒绝接受查封扣押清单。

6. 审查执行标的物是否特定。执行必须按生效法律文书确定的时间、内容进行。执行标的物是特定行为的,必须遵照执行。若未按"特定"要求执行,申请执行人可以原物不存在或不可能按特定行为履行,可折价或按其他行为方式履行为由,抗辩被执行人的异议。

7. 审查被执行人寻求其他执行救济途径。依照法律规定,被执行人按生效法律文书实际、全面履行义务确有困难的,可以与申请执行人达成和解协议,或者由被执行人直接向法院提供财产担保,或由第三人为被执行人提供担保,要求暂缓执行。对此,申请执行人可以以被执行人有履行能力而拒绝与之和解,或者在执行和解中明确约定和解的期限、条件以及不完全履行的后果等条款。至于由被执行人或者第三人提供财产担保,申请执行人则应审查担保是否安全可行、被执行人是否"另有所图"。

五、实验范例

(一) 强制执行申请书

申请人:湖北××洗涤用品有限公司

地址:湖北省××市友谊路一号

法定代表人:施××   职务:董事长

委托代理人:陈××   北京市××律师事务所律师

被申请人:北京××贸易公司

法定代表人:王××   职务:经理

请求事项:

申请人与被申请人因购销合同纠纷一案,经北京市××区人民法院(2000)朝经初字第77号民事判决书,判决被申请人给付申请人货款人民币二十一万五千八百一十四元二角五分。但被申请人至今拒不执行。根据《中华人民共和国民事诉讼法》的规定,特申请你院依法予以强制执行。

事实与理由：

申请人与被申请人于1999年2月6日签订协议书，协议约定，被申请人作为申请人在北京××区域内的分销商负责申请人的销售。1999年6月至11月期间，申请人向被申请人提供了价值人民币九十八万一千元的洗涤用品，被申请人收货后于11月9日、17日、18日退给申请人五十三万二千六百二十三元四角四分的货物，12月2日，被申请人支付货款五万元。另外，申请人向被申请人返利六万七千六百零一元九角四分、支付被申请人代垫陈列费三万八千八百三十元、扣除残损七万六千一百三十元三角七分，被申请人实欠申请人货款二十一万五千八百一十四元二角五分。故申请人起诉至你院，经你院判决：被申请人给付申请人货款人民币二十一万五千八百一十四元二角五分。但被申请人至今拒不执行。

为维护申请人的合法权益，特提出上述请求，请予以支持。

此致

北京市××区人民法院

申请人：湖北××洗涤用品有限公司
二零零零年六月二日

（二）执行申请书

申请人：中国银行××市××支行

地址：××市××区××路43号

法定代表人：郝××

被申请人：××省××国际贸易公司

地址：××市××区××路52-54号

法定代表人：王××

被申请人：××省××技术投资咨询公司

地址：××市××区××路52-54号

法定代表人：王××

请求事项：

请求依法按照(2001)×经初字第23号《民事调解书》之规定将被申请人的财产予以偿还所欠申请人5,084,920.00元人民币的债务。

事实与理由：

申请人与被申请人××省××国际贸易公司于1997年12月签订借款合同,被申请人湖北省××技术投资咨询公司同时与申请人签订抵押合同,愿意以合法所有的××区××路52-54房产为上述贷款的抵押担保物。因被申请人不能依合同按期偿还贷款本息,申请人依法提起诉讼并对其抵押房产予以保全,诉讼期间申请人与被申请人达成调解协议,××市中级人民法院2001年2月8日下达(2001)×经初字第23号《民事调解书》并已经生效。申请人与被申请人为了尽快依法了结此债务,均希望尽快进入执行程序,共同期望在法院的主持下达成执行和解协议,以在法律程序保障下依法完成以担保房产转卖偿债之手续(见被申请人说明)。根据相关法律,特向人民法院提出执行申请。

此致

××市中级人民法院

申请人：中国银行××市××支行

2001年5月15日

课后讨论：

分析上面两份《执行申请书》,比较两者在格式和用语上的区别,试分析两者的优点及其可能存在的疏漏,然后分组讨论。

第十六章　商事裁判类法律文书的制作

第一节　第一审民事判决书的制作

第一审民事判决书是人民法院对依法受理的民商事案件,按照《民事诉讼法》规定的第一审普通程序[①]审理终结后,根据已经查明的事实和证据,依照相关法律、法规作出的解决案件实体问题的书面处理决定。

一、实验目的

民事判决书是人民法院最常用、也是最重要的一种法律文书。但在司法实践中,出于文化素质、业务能力、写作水平等诸因素的限制,民事判决书的质量普遍不高,有些审判人员从事了多年的民事审判工作,还写不出规范的、合格的民事判决书,对事实的叙述逻辑不清,层次不明,对判决的理由表达不充分,甚至分不清事实和理由,或将事实和理由颠三倒四,混为一谈。

二、实验原理

《民事诉讼法》第138条规定:"判决书应当写明:(一)案由、诉讼请求、争议的事实和理由;(二)判决认定的事实、理由和适用的法律依据;(三)判决结果和诉讼费用的负担;(四)上诉期间和上诉

[①] 《民事诉讼法》规定的第一审程序包括普通程序、简易程序和特别程序三种。简易程序由审判员独任审理,特别程序一般也是独任审理,且特别程序实行一审终审制。由于本书重点介绍商事案件的司法实务,而商事案件一审一般适用普通程序,故本书将简易程序和特别程序忽略,而在《民事法律实验教程》中重点讲述。

的法院。判决书由审判人员、书记员署名,加盖人民法院印章。"

三、实验要求

(一)民事判决书应当反映诉辩式的审判过程

在判决书中原告诉称与被告辩称部分,该部分应将诉方与辩方的请求以及支持请求的主要事实、理由写清楚、写完整。既不能完全照录,也不能归纳得过于简单,造成偏离当事人本来的主张及理由。对于其中内容重复、层次不清的,可以作适当调整和归纳,要准确表达当事人的意思。对书状中的侮辱性、攻击性语言,绝不能写到判决书里。

(二)判决理由应做到说理、论证透彻有力

判决理由是民事判决书中承接案件事实与判决主文的关键部分,是判决书的灵魂,如果说认定事实部分是摆事实,那么判决理由就是讲道理。但在目前的民事判决中确实存在不少的问题,主要表现为:一是说理不准,没有针对诉讼各方当事人的主张及个案的具体情况来分析说理。二是说理不全,没有对诉讼各方当事人的主要证据、观点及与判决有关的问题作出全面的分析,而只就法官认为可以公开的理由予以说明。三是说理简单不透彻,看不到对证据的分析、认定、采信与否,将认定与说理混为一体。要想克服纠正上述问题,独任法官或合议庭成员在写判决理由时,要注意把握以下几点:要有针对性,不能无的放矢,凡是当事人争执的主要问题,或判决所依据的法律及适用法律的理由都要把道理说透说全;要做到层次分明、条理清楚、用词准确恰当、法言法语,不能有损民事判决的严肃性、权威性。

(三)第一审民事判决书应当做到事实、理由和适用法律的三对应原则

民事判决书写作中的三对应规则,是指民事判决书所认定的事实、作出判决的理由和适用的法律依据与判决结果三者之间应当互

相对应的一种写作规则。这一规则包含这样几层含义：一是判决结果即判决书主文的所有内容，必须充分论证其法律理由和法律依据，并在文书中确认经审理查明的作为判决依据的案件事实。三者之间必须互相对应，不能缺少任何部分，也不能只论证一部分理由，认定一部分事实而忽略另一部分理由和另一部分事实。二是判决书认定的事实与判决理由及判决结果之间必须形成严密的逻辑联系，不能互相矛盾，不能违反逻辑证明规则，也不能缺少逻辑推理中的任何一个环节。三是判决书认定的事实、论证的法律理由及作出的判决结果必须形成有机的整体，体现整份法律文书的科学性、客观性、公正性和严肃性，不能使判决书的内容和文字出现瑕疵和缺漏，影响人民法院裁判的权威。

四、实验环节

第一审民事判决书由首部、事实、理由、判决结果和尾部等五部分组成。制作判决书时，应当注意以下事项：

（一）环节一：首部

首部应当依次写明制作机关名称、文书名称、文书编号、诉讼参加人及其基本情况，以及案件由来、审判组织和开庭审理过程等，以体现审判程序的合法性。

步骤一：标题

标题中的法院名称，一般应与院印的文字一致，但基层法院应冠以省、市、自治区的名称。法院名称的字体比正文大一号。文书种类应写在法院名称的下一行，字体比正文大两号字。二者均应写在各行的正中。

步骤二：文书编号

文书编号由年度和制作法院、案件性质、审判程序的代字以及案件的顺序号组成，年度应用阿拉伯数字。例如上海市徐汇区人民法院民一庭2002年受理的第五号民事案件，应写为："（2002）徐民一(民)初字第 5 号";民二庭 2002 年受理的第五号民事案件,应写为:"(2002)徐民二(商)初字第 5 号";民三庭 2002 年受理的第五号民事案件,应写为:"(2002)徐民三(民)初字第 5 号"。标题应当分两行居中写明人民法院名称和文书名称。

步骤三:诉讼参加人

适用普通程序的民商事案件中,当事人为原告、被告、共同诉讼人、第三人;其他参加人为法定代表人、代表人和诉讼代理人。诉讼代理人应当具体写为法定代理人、委托代理人或指定代理人。当事人的基本情况,应当按照原告、被告、第三人的顺序,根据具体案件叙写,主要有以下几种情况:

(1) 当事人是法人或组织的,应当写明其名称和地址,并另起一行写明法定代表人或代表人的姓名、职务。

(2) 当事人为自然人的,应当依次写明姓名、性别、年龄、民族、籍贯、职业或工作单位及职务、住址。

(3) 当事人是个人合伙的,应当写明各合伙人的姓名、性别、年龄、民族、籍贯、职业或工作单位及职务、住址。个人合伙有核准登记的字号的,应当注明登记的字号。

(4) 当事人是个体工商户的,应当写明业主的姓名、性别、年龄、民族、籍贯、职业或工作单位及职务、住址。其有字号的,应当在业主的姓名之后,用括号注明"系××(字号)业主"。

(5) 当事人有法定代理人或指定代理人的,应列项写明其姓名、性别、职业或工作单位和职务、住址,并在姓名后括注其与当事人的关系。必须注意的是在第一审民事判决书中,应当将符合条件的无民事行为能力人、限制民事行为能力人列写为当事人,他们的监护人应当列写为法定代理人。当事人死亡的,在判决书中不能再列写为当事人。

(6) 当事人有委托代理人的,应列项写明其姓名、性别、职业或工作单位和职务、住址。如果委托代理人系当事人的近亲属,还应在姓名后括注其与当事人的关系。如果委托代理人系律师,应当写明其姓名和所在律师事务所名称及职务。

(7) 案件受理后又反诉的,应当在当事人的称谓后用括号注明,即"原告(反诉被告)"、"被告(反诉原告)"。

步骤四:案件由来和审理经过

应当写明案件来源、案由、审判组织、审判方式和到庭参加诉讼人以及审理经过等内容。具体可以表述为:"……(写明当事人的姓名或名称和案由)一案,本院受理后,依法组成合议庭(或依法由审判员×××独任审判),公开(或不公开)开庭进行了审理。……(写明本案当事人及其诉讼代理人等)到庭参加诉讼。本案现已审理终结。"

当事人及其诉讼代理人均出庭参加诉讼的,可按要求进行书写。当事人本人未出庭而由代理人出庭的,应写:"×告××的××代理人××"。当事人经合法传唤未到庭的,应写明:"×告××经本院合法传唤无正当理由拒不到庭"。当事人未经法庭许可中途退庭的,应写明:"×告××未经法庭许可中途退庭"。

(二) 环节二:事实部分

事实部分应写明当事人的诉讼请求、争议的事实和理由,法院认定的事实及证据。叙述事实的重点是写明经人民法院审理查明并认定的事实,一般要分两部分来写。

步骤一:写清争议双方的诉讼主张,包括:(1) 原告提出的具体诉讼请求和所根据的事实与理由;(2) 被告答辩、代理人发表意见的主要内容;(3) 第三人及其代理人的主要意见。当事人的诉讼请求以及争议的事实和理由,主要是通过原告、被告和第三人的陈述来表述的。民事判决书的事实部分所以要写明这些内容,一是为了体现尊重当事人的诉讼权利,二是为了集中反映当事人的真实意思表示,明确纠纷的焦点,做到与以后各部分的叙事、说理和判决结果紧密联系,前后照应。对于这些内容的叙述,文句要简练,内容要概括,切忌冗长和不必要的重复。如果当事人在诉讼过程中有增加或者变更诉讼请求,或者提出反诉的,应当一并写明。

但应注意,一是不得遗漏当事人的诉讼请求,有几个诉讼请求,就写几个诉讼请求;二是不要原话照抄,克服那种一字不漏原盘托出的做法,避免赘述和叙述得无条理、不明确;三是不要根据自己的口味随意删改、摘取或篡改,即使有明显的不合理或不正确、不实事求是的诉讼主张,也不要任意处理,而是客观反映当事人的诉讼主张。四是语气以当事人第一人称写为好,但也不完全排斥有的案件根据具体情况以第三人称来写,要因案而异。

步骤二:写清人民法院经审理查明的事实,主要包括:(1)当事人之间的法律关系,发生法律关系的时间、地点及法律关系的内容;(2)产生纠纷的原因、经过、情节和后果。法院认定的事实,必须是经过法庭审理查对属实的事实。叙述的方法一般应按照时间顺序,客观地、全面地、真实地反映案情,同时要抓住重点,详述主要情节和因果关系。这一部分应当力求在内容上公正、客观,避免明显倾向哪一方当事人主张的现象,有些判决书在这部分往往把握不好。当然,经法院审理查明认定的事实也可能和一方当事人讲的完全一致,在这部分写作上应注意如下问题:

1. 审理查明的事实应与原、被告诉讼主张的事实在内容上相呼应,有内在联系。对当事人提出的诉讼主张必须一一查明,哪些属实,哪些不属实,不得遗漏。如果当事人双方对事实没有争议,可以用简短的语言对事实加以概括叙述;若当事人在事实上各持己见,则可抛开当事人的主张,直接叙写法院审理查明认定的事实。

2. 事实要真实。判决所根据的事实必须是客观的、可靠的、真实的,而证据充分确凿是事实是否客观、可靠、真实的基本标志。所谓"证据充分"就是指对某事实的确认,不只是一个证据,而是有多方面的证据,所谓"证据确凿",是指证据经过检验、审查、核实是可靠的,判决书往往发生错误的一个首要原因,就是判决书中的事实或证据不充分,或证据不确实,或没有证据,所以判决上的全部事实都必须有充分确实的证据,都必须是客观存在的真实事实。凡是道听途说、证据不可靠、想象的以及推断的所谓事实,都不能写进判决书。事实不清,证据不足,往往是案件本身的事实没有查清,判决书的事实也就根本写不清;或者是事实查清了,判决书上写的含糊不清,模棱两可,前后矛盾,难以置信。

3. 当事人叙述中可能会寻找有利于自己的部分事实加以渲染,省略或回避对自己不利的事实,难免以偏概全或究其一点,而法院审理查明后的事实必须客观反映案件全貌,不遗不漏、完整、全面地把与案件有关的事实写清,不可偏颇。

4. 就法院经审理认定的事实,不同的案件所要写明的内容或侧重点也各不相同。常见的商事案件如合同纠纷案件,应当写明当事人签订合同的时间、地点和合同内容,履行合同的情况,产生纠纷的原因、经过和后果等。侵权纠纷的案件,应当写明侵权行为发生的时间、地点、侵权经过和情节以及侵权行为造成的后果等。离婚案件,应当写明原告与被告之间的婚姻基础、结婚日期、婚后生育子女情况、婚后感情和主要纠纷情况以及共同财产和债务情况等。遗产纠纷案件,应当写明当事人与被继承人之间的身份关系,被继承人死亡的时间,被继承人的主要遗产状况,纠纷发生的原因、经过及后果,立遗嘱的时间、背景、内容等。

(三) 环节三:理由部分

所谓理由,是人民法院在处理民事纠纷时,在查明认定事实之后,依据事实、证据和相关法律、法规,阐明法院对纠纷性质、当事人的责任以及如何解决纠纷的看法及其道理。一般情况下,理由部分可分为判决的理由和判决所依据的法律两个部分。判决的理由,要根据认定的事实和有关法律、法规和政策,来阐明法院对纠纷的性质、当事人的责任以及如何解决纠纷的看法。说理要有针对性,要根据不同案件的具体情况,针对当事人的争执和诉讼请求,摆事实,讲法律、讲道理，分清是非责任。对诉讼请求合法有理的部分予以支持，不合法无理的则不予支持。对违法的民事行为应当严肃指明，必要时给予适当批驳，做到以理服人。判决所依据的法律、法规，在引用时应当准确、全面、具体。

在司法实务中，第一审民事判决的理由叙述方法一般应注意以下两点：

1. 叙述理由要前后呼应，理由的前面是案件事实，那么在写判决理由时就要以事实为根据，绝不可脱离事实讲大道理，应该是前后贯通，紧密联系。不然，会使人觉得"事归事，理归理，判归判"，难以让人信服。

2. 理由要成为判决主文的奠基石，有了什么样的理由，就出什么样的判决主文。反之，有什么样的判决主文，也就一定要有什么样的理由，二者是一致的，理由阐述不透彻或不正确，判决主文就失去依托，因此要使事实、理由和主文三个部分环环相扣。

判决理由是判决书的灵魂，是判决书中承接案件事实和判决结果的一个关键部分。判决书主文是判决结论，理由是对判决结论的法律上的说明，是人民法院根据法律规定阐明对当事人请求、主张的态度，这就是"讲道理"。只有把理由部分写好，把道理讲充分，当事人才能知道自己的请求、主张是否有理，才能知道讼争的胜败之所在，才知道法院的判决结论是如何作出的，从而才能心服口服地接受判决。

（四）环节四：判决结果

判决结果，是对案件实体问题作出的处理决定。判决结果要明确、具体、完整。根据确认之诉、变更之诉或给付之诉的不同情况，正确地加以表述。例如，给付之诉，要写明标的物的名称、数量或数额、给付时间以及给付方式。给付的财物，品种较多的可以概写，详情另附清单。需要驳回当事人其他之诉的，可列为最后一项书写。

（五）环节五：尾部

第一审民事判决书的尾部应包括以下几部分内容：

步骤一:诉讼费用的负担

诉讼费用是由法院根据《人民法院诉讼收费办法》第四章诉讼费用负担的有关规定来决定的,它不属于诉讼争议的问题,因此不应列为判决结果的一项内容,应在判决结果后另起一行写明。

步骤二:当事人上诉权、上诉期间以及上诉审法院

这一部分一般为程序化的语言:"如不服本判决,可于判决书送达之日起十五日内,向本院递交上诉状,并按对方当事人的人数提出副本,交纳上诉案件受理费,上诉于××市××中/高级人民法院。如在上诉期满后七日内不交纳上诉案件受理费的,按自动撤回上诉处理。"

步骤三:审判人员署名

组成合议庭的,由合议庭成员审判长和审判员共同署名;独任审判的,由独任审判员署名。助理审判员参加合议庭或独任审判的,署代理审判员。人民陪审员参加合议庭的,署人民陪审员。院长、庭长参加合议庭审判的案件,由院长、庭长担任审判长。

步骤四:制作日期及院印

步骤五:"本件与原本核对无异"的戳记(应加盖在年月日与书记员署名之间空行的左边)。

步骤六:书记员署名。

五、实验实例

北京市海淀区人民法院
民事判决书

(2007)海民初字第 15351 号

原告:任××,男,汉族,1971 年 2 月 13 日出生,北京××大学××学院副教授,住北京市海淀区西四环北路××园××区××号楼××单元××室。

委托代理人阎××,北京市汉鼎联合律师事务所律师。

被告:北京北大英华科技有限公司,住所地北京市海淀区海淀路52号太平洋大厦14层。

法定代表人李××,董事长。

委托代理人太××,女,朝鲜族,1964年2月9日出生,北京大学法学院干部,住北京市海淀区北京大学××园××公寓××室。

原告任××诉被告北京北大英华科技有限公司(以下简称北大英华公司)侵犯著作权纠纷一案,本院受理后,依法组成合议庭,公开开庭进行了审理。原告任××及其委托代理人阎××,被告北大英华公司的委托代理人太××到庭参加了诉讼。本案现已审理终结。

原告任××诉称,原告为《证券律师常用法律文书范本》(以下简称《范本》)一书的作者。原告于2007年3月发现被告擅自将原告作品作为其"北大法宝"光盘及网络数据库产品内容的一部分,并对外广泛销售牟利,侵权使用内容占原告作品总内容的90%以上。被告在使用销售原告作品时,既未获得原告的同意,也未标明作品的来源及作者姓名,其行为严重侵犯了原告依法享有的著作权,造成原告经济利益严重受损,并造成了一定精神损害。被告作为一家专门经营法律数据库产品的知名公司,理应对其侵犯原告著作权的行为承担法律责任。故诉至法院,请求判令:1. 被告立即停止侵权行为,并向原告公开赔礼道歉;2. 被告赔偿原告经济损失10万元;3. 被告承担原告支付的公证、交通费用人民币3630元。由被告承担本案全部诉讼费用。

被告北大英华公司辩称,原告的诉讼请求不成立。合同范本是根据合同法规定创制的,这些文本并非原告的独创,其他网站中存在的和我公司数据库中存在的合同范本属于公有领域的信息,不享有著作权。原告书中的部分文件直接复制官方法规,或者在他人合同上进行一点修改,不具有著作权。我方数据库是1986年开始研发的,对北大法宝合同范本、格式文书的创编投入了比原告更多的付出和劳动。原告提供的文件,我方数据库均有合理的来源和出处,主要为公开出版物和网络,不存在侵权问题。原告《范本》一书属于汇编作品,而我公司数据库的编选方式与原告不同,不侵犯其汇编权。对方正常售书的范围与我方销售范围不同,对方所谓销售影响与我方没有任何关系。请求法院驳回对方所有诉讼请求。

经审理确认如下事实:

2003年3月6日,任××(甲方)与法律出版社(乙方)签订图书出版合同,就《范本》一书的出版达成协议。约定,甲方授予乙方在合同有效期(10年)内,在中国大陆、中国香港、中国台湾、其他国家和地区、全世界以图书形式、电子出版物及网络产品形式出版发行上述作品汉文简体文本的专有使用权。乙方按照版税方式向甲方支付报酬,版税:图书定价×10%(版税率)×印数5000,本书出版后1个月内付50%,6个月内付清。《范本》一书,于2003年6月由法律出版社作为中国法律文书范本系列之一出版,全书共447千字,书号为ISBN7-5036-4242-4/D·3960,定价42元。该书封面注明:任××编著,图书在版编目(CIP)数据页中注明:Ⅰ.证⋯Ⅱ.任⋯Ⅲ.股份有限公司—企业管理—法律文书—范文—汇编—中国,Ⅳ.D922.291.91。

2007年5月10日,任××曾与北大英华公司销售人员进行电话通话,并进行了录音,录音显示:北大英华公司的产品分为专业版和普通版,两个版本中都有法律文书库和合同范本库,专业版销售价格为4980元,普通版1760元,网络版2500元。单机版的光盘每年更新6次,更新费用是2200元/年,每2个月给一张更新盘;网络版的每年更新费2500元。光盘产品至少几万个用户,网络版30人可同时使用。

北大英华公司相关工作人员曾以电子邮件形式向任××发送过北大法宝产品的介绍和报价。产品简介中提到:"北大法宝"——中国法律检索系统,是由北京大学法制信息中心与北大英华公司联合推出的智能型法律检索系统。检索功能先进,使用简单快捷,独创法条联想功能,丰富的检索方式,更新速度及时,服务质量专业。"北大法宝"数据库收录整理二十多万篇(数据不断更新中)法律法规,翻译3500多篇英文法规,共分为20个中文子数据库和2个中英文对照数据库。其中,《合同范本库》收录国家工商行政管理局和有关管理机关提供的示范合同样式和非官方合同范本,《法律文书样式库》收录了刑事、民事、经济合同书、行政、仲裁、公证类法律文书、通用法律文书以及其他常用文书范本和格式文书。相关宣传材料显示,北大法宝——实用版包括6个数据库,其中含《合同范本数据库》和《法律文书样式库》,北大法宝——专业版、网络版均包括20个数据库,其中也包含《合同范本数据库》和《法律文书样式库》。北大法宝光盘产品中,实用版(单机版)的初购费用定价1760元,增加授权500元/台,更新定价900元,增加授权500元/台;专业版(单机版)的初购费用定价4980元,增加授权500元/台,更新费用2200元,增加授权500元/台;网络版初购费用定价12000元,增加授权300元/用户端,更新费用定价5000元,增加授权180元/用户端。在线产品中,北大法宝在线的初购费用为2500元/人(1年),更新费用2000元/人(1年)。

经任××申请,北京市国信公证处进行了公证,公证书显示:2007年4月24日登录互联网,在浏览器地址栏上键入:"http://lib.buaa.edu.cn",进入"北京航空航天大学数字图书馆"网站首页,点击"北大法宝"中文在线数据库标题,再点击http://vip.chinalawinfo.com,显示"北大法律信息网",在该页面上"快速检索"处选择"合同范本"、"法律文书样式"、"标题",并在检索框中输入"股份有限公司发起人协议"进行检索,在显示的检索结果页面上点击"×××股份有限公司发起人协议"标题,将显示的页面内容打印。同样方式进行"股份有限公司发起设立申请书"、"股份有限公司创立大会议程"等相关标题的检索,然后将显示的各检索结果页面内容分别进行打印。公证书相关网页显示,版权所有:北大英华公司、北京大学法学院。原告任××表示,考虑到和北京大学的深厚感情,仅起诉北大英华公司作为本案被告。

将公证书中下载的相关法律文件与《范本》一书相关法律文书进行比对,得出如下对比结果:

1. 关于法律文书本身内容的异同比较。对比公证书中下载的相关文件,与原告书中相关文件的内容基本相同。北大英华公司对于这些法律文件或合同范本的相同予以认可,但认为这些文书范本不是原告独创的,而是来自公有领域,或者其他人的著作,然后原告进行了一些修改和增删,原告对此不能享有原创的著作权,仅能对全书享有汇编权。

2. 关于《范本》一书编写体例和"北大法宝"数据库编写体例的对比。《范本》一书内容为证券律师常用的法律文书,全书分为三部分,第一部分股份公司的设立(下面又分为股份公司发起设立常用法律文书,下辖12个文件,和有限公司变更设立股份公司常用法律文书,下辖14个文件);第二部分股票的发行与上市(下面又分为股票发行常用法律文书,下辖23个文件,股票承销常用法律文书,下辖3个文件,股票上市与信息披露常用法律文件,下辖38个文件);第三部分上市公司的管理与运作(下面又分为上市公司管理常用法律文书,下辖10个文件,上市公司运作常用法律文书,下辖30个文件)。公证书下载的相关文件,则分属于合同范本库和法律文书样式库,具体的范本或文件依不同的标准分别分在联营合同、公司法律文书、委托代理合同、证券期货信托合同、借款与担保合同、技术合同、商标合同、劳动合同、租赁合同、其他等具体分类中。就唯一标志码的排列顺序与《范本》一书中文书的排序比较而言,有些文件的排列顺序是相同的,也有些存在明显的不同,但最根本上存在合同范本库和法律文书样式库的不同分类编排情况。

另查,《范本》一书中原告主张的115个文件,均能在法律互联、中文方案文档站、中国证券监督管理委员会网、中国上市公司资讯网、好律师网、《中国律师文书范本》、《律师常用法律文书范本》中找到完全相同或者基本相同的文件。

庭审中,原告任××为证明其独创性,举了两个例子,一是《范本》第447页,其在他人合同条款10条的基础上修改为12条;二是《范本》第220页在证监会股票承销审核要点的几个附件前面加了一段概括性的文字。

任××为本案支付公证费3600元,律师费8000元,其他停车费等费用30元。

上述事实,有原告任××提供的《范本》一书、公证书、录音、邮件、北大法宝产品与数据简介、出版合同、公证费、律师发票等票据,被告提供的《中国律师文书范本》、《律师常用法律文书范本》的相关复印件、网上对应内容的法律文书和文件,以及本案庭审笔录在案佐证。

被告北大英华公司提供的相关电子出版合作协议并不涉及本案的《范本》一书,与本案无关,本院不予确认。虽然被告提供的《中国律师文书范本》、《律师常用法律文书范本》的相关复印件、网上对应内容的法律文书和文件是在举证期满后当庭提交的,但考虑到原告是在2007年7月3日举证期届满时才提交了《范本》一书、公证书等证据,被告之前无从有针对性地提交相应证据,且原告直到开庭的前几天才依照法庭的要求向法庭和被告提交具体的侵权内容对照表,如不允许被告当庭举证明显不公,且被告提交的证据对本案相关事实的认定和法律适用具有一定意义,本院仍予认定。

本院认为,原告任××明确表示,虽然北大法律信息网和"北大法宝"的版权人是北大英华公司和北京大学,但本案中其基于和北京大学的深厚感情,仅起诉北大英华公司作为被告。本院认为,北大英华公司和北京大学作为北大法律信息网的版权人和"北大法宝"的共同出品人,如相关产品发生侵权问题,应对外承担连带责任。原告任××可以选择两者之一作为本案被告要求其承担侵权责任。

本案的关键问题有二,一是对于《范本》一书,原告是仅享有汇编权,还是对于某些文书也享有原创的权利;二是被告在北大法宝中具体对文书范本的使用方式是否侵犯了原告的汇编权。

(一)原告对于《范本》一书仅享有汇编权

对于《范本》一书是汇编作品还是原创作品,原告认为《范本》一书中有关政府部门发布的操作性指引,如第111—114页3个操作流程、第270—273页的3个操作流程等,该部分文件本身不受著作权法保护,原告对此仅享有汇编权。但《范本》中有一部分是原告根据写作目的、受众群体,从已有的海量相关法律文书中筛选、整理、加工、修改完成的,这部分内容因原告创造性修改的融入而具有了独创性,还有一部分是原告在从事证券法律业务或其他相关法律业务中的劳动成果,是由原告根据具体法律业务的需要独立创作完成的,因此其在书的封面上标注编著。本院认为,对于法律文书范本这种通常不具有著作权的、属于公有领域的文书,除非原告提举充分的证据证明相关的法律文书是其独创的,否则一般不能认定原告对单独的法律文书享有独创的著作权。对于《范本》一书,法律出版社在书的版权页将其分类定义为汇编,因此原告更应提供充分的证据推翻这一出版社对其作品的定义,否则只能认定《范本》一书是汇编作品。

本院认为,法律文书范本制作和出版的目的是为了实用,具有针对不同的情况设计具有一定普适性的条款,以方便相关读者或相关人员根据实际需要进行增删、修改,或者直接在文书空出的部分如各方当事人、委托事项、出资方式和比例等进行简单的填空、选择后就可使用的功能,这些人员对于文书范本的使用并不需要得到相关文书范本写作人的许可。这些合同范本、文件主要是根据合同法或者相关部门对于合同、相关法律文件所包含条款的规定描述而成的，是完成某项法律事务的极少的几种表达方式之一。如果对单个法律文书范本进行收集整理，进行一些修改、增删就认为具有了独创性，则对于独创性的把握过低，且容易形成对于单个法律文书表达格式的垄断，反而有违文书范本制作是为了便于人们选用的本意。本案中，原告对于其进行的修改、加工已超出汇编作品的范围，以及某些文书是其原始创作的主张，应承担相应的举证责任。本案审理过程中，原告曾举过两个例子以证明其独创性，但从这两个例子本身来看，原告的所谓"创造性"也仅仅表现在房屋租赁合同由他人书上的 10 条合同条款增删修改为 12 条，股票承销审核要点部分在几个附件前面加了一小段总括的话等。原告也未对其他法律文书是其独创的提供相关证据。可见，原告进行的修改、加工，独创性不够，并未超出汇编的范围而构成具有独创性的作品。故本院仅认定原告对于《范本》一书具有汇编权，而不能认定其还享有对于单个法律文书范本的原创著作权。

（二）被告具体使用文书的方式未侵犯原告的汇编权

汇编作品是指将已有的文学、艺术和科学作品或其他材料等汇集起来，经过独特的选择、取舍、编排等形成的作品。原告的《范本》一书和被告的"北大法宝"均属于具有独特的选择和编排方法的汇编作品。而就两部汇编作品之间是否侵权的问题，一般而言，如果选择、编排的方法或结构形式不同，就不能构成侵权。经法庭比对，《范本》一书内容为证券律师常用的法律文书，全书分为三部分，第一部分股份公司的设立（下面又分为股份公司发起设立常用法律文书和有限公司变更设立股份公司常用法律文书）；第二部分股票的发行与上市（下面又分为股票发行常用法律文书、股票承销常用法律文书、股票上市与信息披露常用法律文件）；第三部分上市公司的管理与运作（下面又分为上市公司管理常用法律文书、上市公司运作常用法律文书）。而被告的"北大法宝"选取的法律文件则非常多，有 20 个中文子数据库和 2 个中英文对照数据库，相关的法律文书分属于合同范本库和法律文书样式库,具体的范本依不同的标准分别分在联营合同、公司法律文书、委托代理合同、证券期货信托合同、借款与担保合同、技术合同、商标合同、劳动合同、租赁合同、其他等具体分类中。就唯一标志码的排列顺序与原告作品的排序比较而言,有些文件的排列顺序是相同的,也有些存在明显的不同,但最根本上存在合同范本库和法律文书样式库的不同分类编排情况。可见,二者的选择和编排材料的方法并不相同,结构或形式也不一样。故不能认定被告北大英华公司侵犯了原告任××对于《范本》一书的汇编权。

基于以上本院查明的事实和观点,被告不构成侵权,故本院对原告任××的诉讼请求不予支持。

综上,依据《中华人民共和国著作权法》第10条第1款第16项、第14条、《中华人民共和国民事诉讼法》第64条第1款之规定,判决如下:

驳回原告任××对被告北京北大英华科技有限公司的诉讼请求。

案件受理费二千三百七十三元(原告已预交),由原告任××自行负担。

如不服本判决,可于判决书送达之日起十五日内,向本院递交上诉状,并按对方当事人的人数提出副本,交纳上诉案件受理费,上诉于北京市第一中级人民法院。如在上诉期满后七日内不交纳上诉案件受理费的,按自动撤回上诉处理。

审　判　长　李××
人民陪审员　金××
人民陪审员　焦××
二○××年××月××日
书　记　员　薛××

六、常见错误与分析

目前,民事判决书中常见的疏误有:

(1)变更追加诉讼主体时,对所依据的事实、理由没有说清;

(2)确认民事行为和合同关系效力时,未写明有效或无效的理由;

(3)判决给付违约金或赔偿损失时,未写明违约事实或造成损失的事实及损失额,未论证给付违约金或应予赔偿的理由;

(4)判决合同应当终止履行、应当继续履行或应当解除时,未写明终止履行、继续履行或解除的事实依据和法律依据。

第二节 第二审民事判决书的制作

第二审民事判决书,是指第二审人民法院对当事人不服一审判决提出上诉的民商事纠纷和海事案件,依照民事诉讼法规定的二审程序审理终结后,结合查明的事实和证据,根据有关实体法的规定,就案件的实体问题所作出的书面处理决定。

一、实验目的

根据《民事诉讼法》的规定,一审中的原告、被告、第三人及其法定代理人[①],不服第一审人民法院所作的判决的,有权提起上诉,要求上一级人民法院对原审裁判进行审理,以保护自己的合法权益不因错判而受到损害。上诉是法律所赋予当事人的一项重要诉讼权利,第二审人民法院应当对上诉请求的有关事实和适用法律进行审查,以使下级人民法院可能发生的错误裁判得到及时纠正,体现上级人民法院对下级人民法院审判工作的指导和监督;或使下级人民

---

① 检察院依法抗诉引起的二审,审结后制作的判决书与此相同。

法院正确的判决得以维持,以保障法律的正确执行。

人民法院审理民事案件,实行两审终审制度,第二审人民法院的判决即是终审的判决。第二审民事判决书一经作出,立即发生法律效力,该判决书是两审终审制度的主要手段和表现形式,其制作有更高的要求,因此在制作时应当慎之又慎。

二、实验原理

《民事诉讼法》第 138 条规定:"判决书应当写明:(一) 案由、诉讼请求、争议的事实和理由;(二) 判决认定的事实、理由和适用的法律依据;(三) 判决结果和诉讼费用的负担;(四) 上诉期间和上诉的法院。判决书由审判人员、书记员署名,加盖人民法院印章。"

《民事诉讼法》第 153 条规定:"第二审人民法院对上诉案件,经过审理,按照下列情形,分别处理:(一) 原判决认定事实清楚,适用法律正确的,判决驳回上诉,维持原判决;(二) 原判决适用法律错误的,依法改判;(三) 原判决认定事实错误,或者原判决认定事实不清,证据不足,裁定撤销原判决,发回原审人民法院重审,或者查清事实后改判;(四) 原判决违反法定程序,可能影响案件正确判决的,裁定撤销原判决,发回原审人民法院重审。"

《民事诉讼法》第 159 条规定:"人民法院审理对判决的上诉案件,应当在第二审立案之日起 3 个月内审结。有特殊情况需要延长的,由本院院长批准。人民法院审理对裁定的上诉案件,应当在第二审立案之日起 30 日内作出终审裁定。"

三、实验要求

在制作二审民事判决书时,叙述二审民事判决书的事实要体现出上诉审的特点,针对上诉人提出的问题及一审认定的事实进行重点叙述。一审认定的事实有遗漏的,二审认定的事实应在其基础上补充叙述;一审认定的事实不准或错误较多的,二审认定的事实就应详细叙述经审查后认定的查明事实,以便进行比较,从中体现出二审对一审事实的纠正。对于事实认定准确,没有出入的,二审事实则可以从简叙述或不予叙述。

在行文中,阐述理由亦需加强针对性和说服力,避免照抄原判理由,反对公式化的空洞语言。要围绕原判决是否正确,上诉是否有理进行具体的分析论证。原判正确,上诉无理的,要指出上诉请求的不当之处;原判不当,上诉有理的,应阐明原判决错在何处,上诉请求符合什么法律、规定;原判决部分正确,或者上诉部分有理,则要具体阐明原判决和上诉请求分别对在哪里,错在哪里。理由部分需要论述的内容较多的,可以分层次进行论证。在援引法律条款方面,维持原判的,只需援引《民事诉讼法》第153条第1款第1项;全部改判或者部分改判的,除了应当援引民事诉讼法的有关条款外,还应援引改判所依据的实体法的有关条款。

四、实验环节

第二审民事判决书同一审民事判决书在格式上基本相同,但由于审判程序不同,因此它的内容及写法与一审民事判决书具有不同之处。其主要内容写法如下:

(一)环节一:首部

步骤一:标题

标题应将人民法院名称和文书种类分两行书写。标题中不必反映审级。即无需写"××人民法院二审(或终审)民事判决书。"

步骤二:编号

在标题右下方写编号,表述为"[年度]×民终字第×号"。

步骤三:诉讼参与人

提起上诉的当事人(包括原审原告、原审被告、原审第三人),称为"上诉人",对方当事人称"被上诉人"。双方当事人甚至第三人都提出上诉的,应并列为"上诉人",没有"被上诉人"①。在上诉人和被上诉人之后,要注明其在原审中的诉讼地位,即"原审原告"、"原审被告"、"原审第三人"。上诉案件当事人有诉讼代理人的,应分别在该当事人项下另起一行列项书写。上诉人、被上诉人、诉讼代理人的具体写法,与第一审民事判决书相同。

　　必要的共同诉讼人中的一人或者部分人提出上诉的,当事人的称谓要根据不同情况列写:该上诉若是对对方当事人之间权利义务的分担有意见但不涉及其他共同诉讼人利益的,则对方当事人为被上诉人,未上诉的同一方当事人依原审诉讼地位列写;该上诉若仅对共同诉讼人之间权利义务的分担有意见而不涉及对方当事人利益的,则未上诉的同一方当事人为被上诉人,对方当事人依原审诉讼地位列写;该上诉若是对双方当事人之间以及共同诉讼人之间权利义务的承担均有意见的,则未提出上诉的其他当事人均为被上诉人。

　　由无民事行为能力人或限制民事行为能力人的法定代理人或指定代理人代为当事人提起上诉的,仍应将无民事行为能力人或限制民事行为能力人列为"上诉人"。

　　步骤四:案件由来与审理经过

　　案件由来的写法为:"上诉人××因……(案由)一案,不服××人民法院(××××)×民初字第×号民事判决,向本院提起上诉。"

　　根据《民事诉讼法》第152条的规定,审理经过在案件由来后续写:"本院依法组成合议庭,公开(或不公开)开庭审理了本案。"接着写当事人到庭参加诉讼情况和"本案现已审理终结"字样。若是未开庭的,则写:"本院依法组成合议庭审理了本案,现已审理终结。"

　　(二) 环节二:事实部分

　　事实是二审维持原判或者改判的根据,书写时要体现出上诉审

---

① 对此,目前在理论上有分歧,但在操作时应按最高人民法院的司法解释执行。

判的特点,重点针对上诉人提出的问题并结合第一审民事判决书认定的事实来进行叙述,同时适用相应的证据进行分析评断,主要应写明:(1)原审认定的当事人间争议的主要事实和判决结果;(2)上诉人提起上诉的请求和主要理由,被上诉人的主要答辩,第三人的意见;(3)二审法院经审理认定的事实和证据。第二审是事实审和法律审的统一,对第一审人民法院认定的事实和适用的法律必须结合上诉请求进行审查。有针对性地对当事人的上诉理由是否合理,原审认定的事实和适用的法律是否正确,进行充分论证,作出正确的结论。要注意交代清楚民事法律关系的诸要素,注意详略得当。

在第二审民事判决书的制作中,应根据案件的不同情况采取不同的书写方法,大体上有以下四种情况:(1)原判决认定的事实清楚,上诉人又无异议的,二审可以简叙。(2)原判决认定的主要事实错误或部分事实有错误的,二审对改判认定的事实要详述,并运用证据,指出原判决认定事实的不当之处。(3)原判决认定的事实有遗漏的,二审应当加以补充叙述。(4)原判决认定的事实没有错误,但上诉人提出异议的,二审应把有异议的部分叙述清楚,并应有针对性地列举相关的证据进行分析,论证异议不能成立。

(三)环节三:理由部分

理由是判决的依据,第二审民事判决书叙写理由的主要特点,是要求加强针对性。第一审民事判决书的理由,主要是针对原告起诉和被告答辩展开论证;而第二审民事判决书的理由,除针对上诉人的上诉和被上诉人的答辩展开论证外,还应针对原审判决进行论证,论证原审在认定事实和适用法律上是否正确。

第二审民事判决书应根据二审查明的事实,针对上诉请求和理由分条写明以下内容:(1)对一审判决认定事实和运用法律是否正确作出结论;(2)对上诉人的上诉理由能否成立、上诉请示是否应予以支持及被上诉人的答辩是否有理进行论证;(3)阐明维持原判或者改判的理由;(4)写明判决所依据的法律条款项,包括程序法

和实体法。格式规定的行文应是:

"本院认为,……(根据二审查明的事实,针对上诉请求和理由,就原审判决认定事实和适用法律是否正确,上诉理由能否成立,上诉请求是否应予以支持,以及被上诉人的答辩是否有理等,进行有分析的评论,阐明维持原判或者改判的理由)依照……(写明判决所依据的法律条款项)的规定……"

阐述理由要紧紧围绕原判决是否正确、上诉理由是否合理这两点来进行。理由要具体、充分,要有针对性和说服力。对于原判不当、上诉有理的,应阐明原判决错在哪里、上诉理由为什么合理、符合哪条法律规定、改判的法律依据是什么。对于原判决正确、上诉无理的,也应具体阐明原判决为什么正确、上诉理由为什么不能成立。对于原判决部分正确、或者上诉部分有理的,要具体阐明原判决和上诉意见分别对在哪里、错在哪里、应当怎样正确判处。理由部分的内容较多的,可以分层次分问题进行论证。

理由部分还要根据案件的不同情况,准确引用判决所适用的法律。驳回上诉、维持原判的,只需引用我国《民事诉讼法》第153条第1款第1项,而不必同时引用实体法的有关条款。全部改判,部分改判的,除引用民事诉讼法的有关条款外,还应同时引用改判所依据的实体法的有关条款。在顺序上,应先引用程序法,后引用实体法。因为改判的案件应当首先撤销原判(部分或者全部),然后才能改判(部分或者全部)。在实践中,某些二审改判的判决书,往往只引用程序法条文而不引用实体法条文,或者只引用实体法条文而不引用程序法条文,这都是不全面的;还有的判决书先引用实体法条文,后引用程序法条文,这也不合规范。

(四) 环节四:判决结果

这一部分是二审民事判决书的关键部分。它是对一审判决的最后确定。根据我国《民事诉讼法》第153条的规定,二审民事判决书经过审理,作出最终处理决定的,主要有以下几种情况:(1) 驳回上诉,维持原判;(2)部分改判;(3)全部改判;(4)在维持原判的基础上,增加新的判决。按照《法院诉讼文书样式》的书写要求,对这四种不同的判决,在表述上可作如下写法:

(1)维持原判的,写:

"驳回上诉,维持原判。"

(2)全部改判的,写:

"一、撤销×××人民法院(××××)×民初字第××号民事判决;

二、……(写明全部改判的内容)。"

(3)部分改判的,写:

"一、维持×××人民法院(××××)×民初字第××号民事判决第××项;

二、撤销×××人民法院(××××)×民初字第××号民事判决第××项;

三、……(写明部分改判的内容)。"

(4)维持原判,又有加判内容的,写:

"一、维持×××人民法院(××××)×民初字第××号民事判决;

二、……(写明加判的内容)。"

对于原判决认定事实或者适用法律有错误,需要部分改判的,必须写清楚维持哪几项、撤销哪几项。但是需要注意的是,在审判实践中,有的案件一审判决在认定事实和适用法律上均无错误,二审根据案件的具体情况,只是对原判某一项在财产数额上有所变动,则不宜采取先撤销原判再改判的写法,而应该直接写"变更××人民法院(年度)×民初字第××号民事判决第××项为……"即可。因为原判就认定事实而言并无错误,二审只不过是将财产数额作适当调整,使其更为合理而已,而"撤销"则意味着原判有错误。另一方面,遇到需要改判或者加判的情况时,不要在主文中写"改判"或者"加判"的字样,而是怎么判,就怎么写。

（五）环节五：尾部

二审民事判决书的尾部与一审民事判决书的内容略有相同,主要表现在：

1. 第二审判决书为终审判决,当事人再无上诉权利,因而在诉讼费用负担的左下方应另起一行写明"本判决为终审判决"的字样。

2. 依照我国民事诉讼法关于"人民法院审判第二审民事案件,由审判员组成合议庭"的规定,第二审民事判决书应当由合议庭组成人员署名。因此,不发生由人民陪审员署名或者独任审判员署名的问题。

事实上,鉴于第二审民事判决书在审判程序中的重要意义,制作一份优秀的判决书绝非易事,它需要长期的实践锻炼和经验积累。对于初学者,在制作时还应注意下面几个问题：

1. 关于一审时第三人没有参加诉讼,为了简化程序,便利诉讼,有些能合并审理案件中有第三人的案件,原则上可以合并审理,并在裁判文书中加列第三人。但是,二审中增加的第三人,应当仅限于调解解决的案件；或者增加的是无独立请求权的第三人,且判决结果不涉及他的实体权益。如果增加的虽然是无独立请求权的第三人,但判决要求他履行一定义务的,则应当将案件发回原审人民法院重新审判。因为,出现这种情况后,必然要引起原审主要事实的变更。主要事实有变更的案件,依照我国《民事诉讼法》第153条第1款第3项的规定,应当发回原审人民法院重审。同时,这类案件还涉及第三人的上诉权问题。如果由第二审人民法院审判,就等于剥夺了第三人的上诉权,这是不符合法律规定的。

2. 对一审认定的当事人之间争议的主要事实,不要照抄、照搬,而应在不失其原意的基础上进行概括,简明扼要加以叙述。对一审判决主文的叙述要精炼；判决项目较多的,可突出最主要的实体问题,其他项目内容可简述或者从略,但改判所涉及的实体问题必须写上。对上诉人提出的上诉理由和被上诉人的答辩,要加以归纳、整理,叙述要清楚、准确、简要。

3. 二审判决理由的阐述,要针对上诉、原判,加强事理分析。民事判决书中的理由,贵在分析事理。第二审民事判决书的理由,在阐明理由时总的原则应该是原判正确的予以维持,错误的予以纠正;上诉或答辩正确的予以支持,错误的予以批驳。但要以法为据,以理服人。论证理由,要与判决结果相适用。两者不能相互脱节,更不能互相矛盾。

4. 改判的案件,判决结果的表述要规范。从审判实践看,有两个问题要注意。一是撤销原判和改判的内容,应分两项书写,以便清楚、明了。但有些判决书却将撤销原判和改判的内容写在一起,显得层次不清。二是某些判决书的判决结果往往写"撤销……民事判决书"。这样写不确切。因为第二审人民法院撤销的是第一审人民法院的民事判决,而不是它的书面形式——民事判决书。应当写为:"撤销……民事判决"。

六、实验实例

最高人民法院

民事判决书

(2006)民二终字第153号

上诉人(原审原告):中国长城资产管理公司济南办事处。住所地:山东省济南市经七路168号。

负责人:胡××,该办事处总经理。

委托代理人:王××,该办事处职员。

委托代理人:李××,北京市海铭律师事务所律师。

被上诉人(原审被告):山东省济南医药采购供应站。住所地:山东省济南市纬三路21号。

负责人:崔××,该站破产清算工作组组长。

委托代理人:刘××,该站职员。
委托代理人:张××,该站职员。
原审被告:山东省医药集团有限公司。住所地:山东省济南市解放路11号。
法定代表人:史××,该公司总经理。
原审被告:山东省医药公司。住所地:山东省济南市解放路11号。

上诉人中国长城资产管理公司济南办事处(以下简称长城公司济南办事处)为与被上诉人山东省济南医药采购供应站(以下简称医药采购站)、原审被告山东省医药集团有限公司(以下简称医药集团公司)及山东省医药公司(以下简称医药公司)借款担保合同纠纷一案,不服山东省高级人民法院(2006)鲁民二初字第27号民事判决书,向本院提起上诉。本院依法组成由审判员王××担任审判长,代理审判员雷××、李××参加的合议庭进行了审理。书记员张××担任记录。本案现已审理终结。

原审法院查明:2003年12月26日,中国工商银行济南市槐荫支行(以下简称槐荫工行)与医药采购站签订编号为2003年槐企信流字第0197号《借款合同》。约定医药采购站向槐荫工行借款1380万元,期限11个月,自2003年12月26日至2004年11月25日,借款用途为"用于偿还2001年槐企信流字第0007号借款合同项下借款人欠贷款人贷款本金"。本贷款为借新还旧,实际借款金额、日期以借据为准。月利率4.425‰,按月结息,逾期借款按日计收万分之二点一的利息。槐荫工行出具的借款借据上载明,借款发放日期为2003年12月31日,还款日为2004年11月25日,用途为用于偿还2001年槐企信流字第0007号合同贷款本金,利率为4.425‰。分次还款记录栏载明2004年8月24日还款金额10 000元。同日,槐荫工行与医药集团公司签订2003年槐企信流字第0197号《保证合同》,约定医药集团公司为上述《借款合同》项下借款提供连带责任保证,所担保的主债权为1380万元,包括借款本金、利息、复利、罚息、违约金、赔偿金、实现债权的费用和所有其他应付费用。保证期间为借款到期之次日起两年。在保证人陈述与保证条款载明:"完全了解主合同借款人的借款用途,为主合同借款人提供保证担保完全出于自愿,其全部意思表示真实。"

2003年2月20日,医药采购站与槐荫工行签订2003年槐企信抵字第0006号《最高额抵押合同》,约定借款人医药采购站以自有的房产为2003年3月1日至2006年3月1日期间发生1200万元贷款余额范围内,设定抵押担保,并于同年2月26日在济南市房产管理局办理了抵押登记。该抵押房产所占用的土地使用期限为长期,没有交纳土地出让金,为国有划拨土地使用权。

2004年3月27日,槐荫工行与医药采购站签订2004年槐企信流字第002号《借款合同》。约定医药采购站向槐荫工行借款1200万元,期限12个月,自2004年3月27日至2005年3月25日,借款用途为"用于偿还2003年槐企信流字第0006号借款合同项下借款人欠贷款人贷款本金"。月利率4.425‰,按月结息,逾期借款按日计收万分之二点一的利息。

2004年4月30日,槐荫工行与医药采购站签订2004年槐企信流字第005号《借款合同》。约定医药采购站向槐荫工行借款3830万元,期限12个月,自2004年4月30日至2005年4月29日,借款用途为"用于偿还2003年槐企信流字第0027号借款合同项下借款人欠贷款人贷款本金"。月利率4.8675‰,按月结息,逾期借款按日计收万分之二点一的利息。同日,槐荫工行与医药公司签订2004年槐企信流字第005号保证合同,约定医药公司为2004年槐企信流字第005号借款合同项下的借款提供连带保证责任保证,所担保的主债权为3850万元,包括借款本金、利息、复利、罚息、违约金、赔偿金、实现债权的费用和所有其他应付费用。保证期间为借款到期之次日起两年。

2005年7月23日,中国工商银行山东省分行与长城公司济南办事处签订《债权转让协议》,约定将包括上述三笔债权在内的债权转让给长城公司济南办事处。同年12月22日,双方在《大众日报》上发布债权转让通知暨债务催收联合公告(第八期),公告包括本案三笔债权在内。

长城公司济南办事处于2006年4月26日向原审法院提起诉讼,请求:(1)判令医药采购站偿还借款本金6409万元,利息3604287.27元;(2)确认《抵押合同》有效,对抵押物享有优先受偿权;(3)判令医药集团公司在担保的范围内承担连带清偿责任。

原审法院经审理认为:本案项下三份借款合同,均是当事人的真实意思表示,内容不违反法律法规的强制性规定,均为有效合同。长城资产公司济南办事处受让债权后,已经履行了通知及催收义务,主张权利合法有据,债务人医药采购站应当偿还所欠的借款本金和利息。但债务人医药采购站与槐荫工行签订的2003年槐企信抵字第0006号《最高额抵押合同》约定,医药采购站以自有的房产为2003年3月1日至2006年3月1日发生的借款,在余额不超过1200万元的最高额范围内提供抵押担保,并在房产管理局办理了抵押登记。由于抵押房产坐落于国有划拨土地使用权之上,抵押合同未经土地管理部门审批或登记,故该抵押合同无效。长城公司济南办事处主张对抵押的房产享有优先受偿权,该院不予支持。

医药集团公司与槐荫工行签订的2003年槐企信保字第0197号《保证合同》约定,医药集团公司为2003年槐企信流字第0197号借款合同项下医药采购站1380万元借款提供连带责任保证,该《保证合同》不违反法律法规的强制性规定,合法有效,保证人医药集团公司应当承担连带保证责任。该笔借款已经偿还1万元本金,实际欠款本金数额为1379万元。医药集团公司辩称其不了解该笔借款用于贷新还旧,应予免责。由于《借款合同》已经明确载明了借款用途为用于偿还原借款合同的贷款,保证人医药集团公司并在保证合同中声明"完全了解所担保借款的用途",故医药集团公司抗辩其不了解该笔借款真实用途,应免于承担保证责任的理由不能成立。至于医药集团公司提出该笔借款有抵押担保,保证人应对物的担保范围以外的债务承担保证责任的问题,因为医药集团公司提交的抵押物登记证复印件,是为2001年槐企信抵字0007号抵押合同提供担保,与本案没有关联性,且长城公司济南办事处对复印件不认可其证明效力,故医药集团公司所提交的证据不能证明该笔借款债务另存在抵押担保的事实。

医药公司担保2004年槐企信流字第005号借款合同3830万元借款,因保证人医药公司进入破产程序,长城公司济南办事处已撤销对保证人医药公司的诉讼请求,改向破产清算组申报担保债权。对于长城公司济南办事处在保证人医药公司破产程序中得到的清偿,应当在主债务人医药采购站应偿还的债务总额中扣除。综上,本案借款债务事实清楚,债务人医药采购站应当偿还长城公司济南办事处三笔借款本金共计6409万元,利息3604287.27元。保证人医药集团公司应依据签订的2003年槐企信保字第0197号保证合同的约定,对其担保的1380万元借款本金,扣除已经偿还的10000元后的余额1379万元,以及相应的利息,承担连带保证责任。该院依据《中华人民共和国合同法》第60条、第206条、第207条,《中华人民共和国担保法》第18条,最高人民法院《关于破产企业国有划拨土地使用权应否列入破产财产等问题的批复》第3条第2款之规定,判决:(1)医药采购站于判决生效后10日内,偿还长城公司济南办事处2003年槐企信流字第0197号借款合同、2004年槐企信流字第002号借款合同、2004年槐企信流字第005号借款合同项下借款本金共计6409万元,利息3604287.27元;(2)医药集团公司对担保的2003年槐企信流字第0197号借款合同项下欠款余额1379万元借款本金,以及相应的利息,承担连带保证责任;(3)驳回长城公司济南办事处的其他诉讼请求。一审案件受理费174240.7元,诉讼保全费75000元,均由医药供应站负担。

上诉人长城公司济南办事处不服原审法院上述民事判决,向本院提起上诉称:原审判决适用法律错误,请求撤销原审判决第三项,依法确认抵押合同合法有效,该办事处享有优先受偿权。本案的诉讼费由医药供应站承担。主要理由有:(1)抵押合同依法办理了抵押登记,手续是合法有效的,理应受法律保护。医药采购供应站与槐荫工行签订《借款合同》与《最高额抵押合同》,以医药采购供应站自有房产提供抵押。根据《房地产管理法》第61条和《担保法》第42条的规定,山东省人民政府鲁政字1996第68号《关于同意工商行政管理部门对以企业厂房等建筑物签订抵押合同进行登记管理的批复》、鲁政字2002第267号《关于对企业房产等建筑物抵押登记主管机关进行调整的通知》,指定房地产交易主管部门为对企业以厂房等建筑物进行抵押登记的主管机关,之前已经在工商行政管理部门进行抵押物登记的,确认有效。(2)一审法院判决法律适用错误,任意扩大了司法解释的适用范围,损害了该公司所代表的国家利益,也背离了立法者的本意。

被上诉人医药供应站答辩称:原审判决事实清楚,适用法律正确,请求维持原审判决。因其已进入破产程序,请求中止审理本案。

本院除确认原审法院查明的上述事实外,另查明:在本院二审审理期间,山东省济南市槐荫区人民法院以(2007)槐民破字第1号民事裁定宣告医药采购站破产还债,并指定了医药采购站破产案件的管理人。

本院经审理认为,本案系借款担保纠纷。二审中当事人的争议焦点为:如何确认涉案的《最高额抵押合同》的效力,债权人是否有优先受偿权。本案中,医药采购供应站于2003年2月20日与槐荫工行签订《最高额抵押合同》,明确约定医药采购供应站仅以自有房产设定抵押,随后亦仅在当地房屋管理部门办理抵押登记,这些行为均发生在《中华人民共和国物权法》施行之前,应当适用当时的法律法规规定。上述《最高额抵押合同》系各方当事人真实意思表示,其内容不违反我国法律和行政法规的禁止性规定,且该合同抵押人医药采购供应站所抵押的房屋系该供应站的自有房屋,所抵押登记的部门为济南市房产管理局,符合《中华人民共和国担保法》(以下简称担保法)第41条"当事人以本法第42条规定的财产抵押的,应当办理抵押物登记,抵押合同自登记之日起生效"之规定,故抵押人医药采购供应站是否就国有土地使用权另行办理抵押登记手续不影响该《最高额抵押合同》的效力,本院认定该《最高额抵押合同》合法有效,抵押权成立。长城公司济南办事处有关抵押合同有效、抵押权应予实现的上诉理由具有事实和法律依据,本院予以支持。

本院《关于破产企业国有划拨土地使用权应否列入破产财产等问题的批复》(以下简称《批复》)第3条规定"如果建筑物附着于以划拨方式取得的国有土地使用权之上,将该建筑物与土地一并设定抵押的,对土地使用权的抵押须履行法定的审批手续,否则,应认定抵押无效"。该《批复》中所规定的"将该建筑物与土地一并设定抵押的"系指当事人约定将建筑物与土地一并设定抵押的情形。当事人在订立合同时如果约定将建筑物与以划拨方式取得的国有土地使用权一并设定抵押的,则抵押人应对抵押国有土地使用权履行法定审批手续。本案当事人签订合同约定仅以自有房产设定抵押并办理房屋抵押登记,并未涉及土地使用权一并抵押的情况,该事实与上述《批复》规定的情形不符,原审判决以该《批复》为依据认定本案《最高额抵押合同》无效不妥,本院予以纠正。

鉴于医药采购供应站已被人民法院裁定进入破产程序,依照《中华人民共和国破产法》(以下简称破产法)第20条"人民法院受理破产申请后,已经开始而尚未终结的有关债务人的民事诉讼或者仲裁应当中止;在管理人接管债务人的财产后,该诉讼或者仲裁继续进行"之规定,本案诉讼应当继续进行,医药公司答辩中提出本案应当中止审理的主张,本院不予支持。在本院认定上述《最高额抵押合同》有效后,抵押权人长城公司济南办事处可以依据破产法的有关规定向医药采购供应站破产案件管理人提出行使优先权的申请,但该权利应当在医药采购供应站所抵押的涉案房屋被变卖或拍卖的价款(不含房屋所占用的土地使用权价款)范围内予以实现,且最高限额不得超过该抵押合同所约定的最高限额1200万元。

综上,原审判决认定事实清楚,但适用法律不当,本院依照《中华人民共和国民事诉讼法》第153条第1款第(一)、(二)项之规定,判决如下:

(1) 维持山东省高级人民法院(2006)鲁民二初字第27号民事判决第一、二项;

(2) 变更山东省高级人民法院(2006)鲁民二初字第27号民事判决第三项为:中国长城资产管理公司济南办事处对山东省济南医药采购供应站依据2003年槐企信抵字第0006号《最高额抵押合同》所抵押的自有房产享有优先受偿权,但最高限额不超过1200万元。

一审案件受理费174240.7元,诉讼保全费7500元,由山东省济南医药采购供应站承担。二审案件受理费174 240.7元,由山东省济南医药采购供应站承担。

本判决为终审判决。

审 判 长　王××
代理审判员　雷××
代理审判员　李××
××年××月××日
书 记 员　张××

第十七章 商事非诉讼法律文书的制作

第一节 律师函的制作

律师函,又称律师信,是律师接受客户的委托或者其他形式的授权就有关事实或法律事实进行法律评价和风险估计,以解释说明、调查取证、通知催告、请求制止,进而达到一定预期的法律效果满足委托人诉求而由律师根据事实和法律出具、以律师事务所和律师名义发送的专业法律文书。根据律师函的主要功能,可以将其分为:律师催告函、律师询问函、律师答复函和其他律师函。

一、实验目的

律师函是律师在从事非诉讼业务中常用的一种法律文书,它不仅是律师必须掌握的基本法律文书,而且应用律师函为委托人提供法律服务也是律师的基础业务,尤其在律师非诉讼法律服务领域占有比较重要的地位。一般来说,律师函内容形式多样,不具有固定的格式。在实践当中,律师函被律师广泛地运用,但律师函并没有因此受到重视。有的律师在起草律师函时,甚至弄不清楚律师函所反映问题的基本法律关系,更谈不上从内容和表达形式上对律师函进行推敲和完善。

由于委托人需要解决的问题不同,律师函的制作目的也不相同。有预防和制止某种行为的发生和继续发生的,如对侵权行为的制止;有敦促某项义务履行的,如债务催讨;有公示某件事实或权利的,如上市公司向股民披露某项事实;在商务谈判中,为澄清事实也可以使用律师函。从诉讼与仲裁的角度讲,巧用律师函还可以起到顺延诉讼时效的效用。律师函广泛运用在民商活动中，主要表现在以下几个方面：

1. 调查取证。律师经常出现当事人准备起诉却证据不足的情况。这些情况，有些可以通过发律师函查询沟通来获得对方的答复，从中寻找证据，正所谓投石问路，侦察证据和对方的态度，探听虚实。

2. 商洽和解。律师函的和解作用是其主要的用途。通过通知对方在指定期限来人、来函、来电协商的方式促使双方达成和解协议。

3. 催促警告。通过律师函来行使一些法律上的告知义务，或者通过律师函达到提醒收函人尽快履行约定或者法定义务的作用。

4. 解释评价。可以就某一法律事件或者某一法律行为进行解释说明和客观评价，以达到法律层面上的沟通需要。

5. 抗辩回复。针对对方发来的律师函针锋相对地进行抗辩性回复，以达到反驳对方律师函的作用。

6. 行权声明。典型的行权声明包括三类：一是债权性形成权，包括：追认权、终止权、选择权、买回权、减价请求权、解除权、撤销权、撤回权、抛弃权、抵销权、免除权、抗辩权等。二是物权性形成权，包括：所有权的抛弃、他物权的抛弃、共有物分割请求权、典物回赎权等。三是诉讼时效中断声明。

因此，目前社会已广泛认可律师函。名人为维护自身的各种权益发布律师函已不稀奇，企业为经营所需发布律师函或声明也常见。

二、实验原理

为了避免律师与委托人之间、律师与受送主体之间可能产生的潜在纠纷，规范律师函这一重要的基础性的法律服务业务方式，控制出函律师事务所和律师的风险，律师函的出具应当遵循下述基本原则或要求：

1. 真实原则：律师函是以委托人的事实陈述和委托人提供的事实材料为依托的，首先，律师应当告知委托人真实客观陈述其事实，不得捏造事实、无中生有，否则承担法律责任。其次，律师应当严格按照委托人陈述或材料的客观内容，在律师函中不假不妄地进行事实陈述和分析。委托人不真实的陈述或者律师的失真的事实分析都可能造成严重的法律后果。

2. 合法原则：律师函必须建立在对客观事实的合法性分析的基础上，才能使委托人的意见得到法律的支持，产生法律的威慑效果，如果律师的律师函不符合法律的规定，造成有关损失的，须承担赔偿责任。

3. 委托原则：律师事务所必须与委托人签订书面的委托合同，明确地约定双方的权利、义务和责任律师必须与委托人建立书面的授权委托手续。以确定委托关系、委托范围及代理权限，律师只在授权的范围内发表律师函，最终的律师函在发出前要取得委托人的书面认可。注意的是，对律师函书面确认手续不能替代委托手续，实践中经常有律师进行这样的替代。

4. 必要原则：有些情况下发出的律师函是没有多大的必要的，虽然律师函的应用范围比较广泛，但是律师函不是胡椒面，不是狗皮膏药。谨慎发出律师函才能取得预期的效果，这样才能使委托人认识到你在考虑他的成本，值得信赖。

5. 保密原则：律师函的受送对象要准确，范围不得无故扩大，要限于当事人，或受送达对象的负责人。实践中，为了制造舆论压力或者借助声势或作秀，往往在媒体上公开发表或在公众场所公开发布律师函，一是这种方式很不适当，违反送达对象特定的原理，原则上不应公开发布，除非是需要进行公示的法律声明。二是这种公开很可能引起侵犯商业秘密或荣誉、个人隐私或名誉，加大了律师函法律服务的风险。

三、实验要求

尊重事实、准确引用法律条文、论理中肯、用语谦逊就成为律师函的必备要素。要写好律师函,必须做到以下几点:

1. 目的明确。无论是去函或复函,都应具体、准确。去函的侧重点在于提出的要求事由和询问问题要清楚明白。复函的侧重点在于对来函所提的问题给予明确、具体的答复。要坦诚,要直接。律师函的写作不是文学创作,不是为了引起读者的想象和琢磨你的真实想法,因此,在法律信函的写作中拐弯抹角是没有意义的。

2. 用语适当。不管是给违约者的正式请求书、给客户的意见书,还是给法院的说明书,如果收信人觉得费解,这样的律师函是不合格的。法律写作就是要清晰、直接、简洁。所以,还是使用常用的词语、常用的表达法为妙。只要信函清晰明了就能理解,不要堆砌词语、华丽辞藻,不要自己造词,前后用词要一致。语言要朴素自然,不必故作谦卑和酸涩,忌用命令口气。

3. 遵循文法。将一个段落看成是一个书写单元:即一个段落一个主题。以一个中心句来开始一个段落,结尾的时候再和这个中心句呼应。使用主动语态。用肯定语气陈述。不要将那些松散的句子连为一体。要保持文法和标点符号的一致性。用类似的格式表达并列的意思。在总结中,只用一种时态陈述。将一个句子中的重点文字放在句末。

4. 法理情深。律师函中的恐吓也是一种艺术,其火候很难把握,运用不当则可能因事实不清、观点偏激或礼貌不周而加剧当事双方的隔阂,甚至侵犯对方当事人的合法权益,同时也降低了律师自身的可信度,不仅做不到"春风化雨",反而可能火上浇油,甚至被人理解为"挑讼架诉者"。律师函不是商业信函,律师函的主旨只能是以法理服人。

四、实验环节

(一) 环节一:前期准备

律师在起草律师函之前必须做好相应的准备工作。这些工作,除了与客户签订委托合同或以其他方式接受客户的委托外,律师工作层面的准备工作主要包括了解基本事实、查阅法律规定等。

步骤一:了解基本事实

为表明本方的观点,律师函中不可避免地要向对方陈述事实。而在这一阶段,律师一项非常重要的工作就是了解基本事实。如租赁合同的承租人就承租人拖欠租金事项委托律师向承租人发函,律师就必须要对承租双方的租赁合同的签订和履行情况等基本事实作出了解。委托人第一次陈述往往不能完整地带来律师制作律师函所必需的材料,因此律师需要继续和委托人沟通,深入了解事实,搜集相关的证据材料,这些材料的真实性、合法性、相关性都是律师必须考虑的。律师了解基本事实的方式有阅读资料(如合同、权利证书、发票)、咨询客户、走访相关部门或人员等。在了解事实这个环节,律师应当切忌工作的主观片面。对于委托人介绍的事实,一定要核查相应的基础资料。

步骤二:查阅相关法律

在准备阶段律师需要查阅相关的法律、法规,进一步了解可以适用或援用的法律规定。特别是对那些可能存疑、似是而非的法律问题,更应当查阅相关法律规定以确认所存在的法律问题以及本方提出观点的法律依据。切忌凭印象下结论和处理问题。

(二) 环节二:律师函制作阶段

在材料搜集完毕以后,事实脉络基本清晰的前提下,律师应当先行起草律师函提纲,当然如果比较简单的则直接起草也是适当的。一般来说,律师函行文简单,形式多样,不具备一定的格式,可分为首部、正文、尾部三个部分进行制作:

步骤一:首部

1. 文书名称

文书名称应当包括三方面的内容,即制作律师函的律师事务所的名称、律师函所涉的主要内容及"律师函"字样。这样的文书名称不仅突出了制作单位,而且点明了主要内容,相对来讲更加清晰和明确、更显正规和专业。

2. 文号

律师事务所制作的向第三方提供的重要法律文件均应标明文号,这不仅体现律师事务所法律服务的专业化,也是档案及印章使用管理的必然要求。

3. 受送对象

受送对象名称一定要准确,做到一字不差。受送对象若为机构,则绝对不可使用简称;受送对象若为个人,则一般应当在姓名全称后加先生或女士等较为尊重的称呼。这是司法文书的基本要求,也是对受送对象基本的尊重。

4. 委托事项说明

应当明确委托人、受委托律师事务所、受指派的律师及委托事项。基本形式一般为:"××律师事务所依法接受××的委托,指派×××律师就××××事宜出具本律师函"。

步骤二:正文

1. 基本事实陈述

律师函的目的是使对方相信你所列举的事实的合理性和准确性,并迫使其作出有利于本方的行为。因此,在陈述的内容上,一定要客观、言之有据。客观性是本部分内容的根本要求,应当坚持客观陈述原则。陈述的顺序需根据材料及证据的内容合理安排,并做到简、繁有度,后面法律责任分析中需要引用的事实原则上要陈述清楚,以保证全文的前后呼应。不同类型的律师函对本部分内容的安排和侧重各有不同,很难统一确定。在此只明确一般性要求。尽管律师代表着一方的利益,但是能够以一种合理的、客观的方式列举事实,可以得出一个使对方无法逃避的结论,即其应当按照律师函中的要求行事。而需要注意的是,律师函所列的事实是代表委托人的观点,将促使与对方公开交流和交换。"根据我们的委托人……"这一点表明,律师所列的观点是委托人的。对于所谈的事实,提出你的客户的要求和想法。同时,要尽量减少不确定的事。强调有利于本方委托人的事实,利用委托人的立场,谈那些对委托人有利的事实。

注意,假设律师只是在听了事实的一方面之后就认为自己知道了全部事实,这是非常危险的。给自己留有余地,以免委托人所述事实不完全准确,"根据我们的委托人……"在这时就有用。例如,委托人告诉律师其对一项产品有专利权,且发现市场上其他人销售使用其专利的产品,为此,委托人委托律师发函。但是,到时候律师方知道委托人此时只是申请了专利,但尚未获得专利。这样,律师函中所谓"××公司对××产品拥有专利权,你公司的××行为侵权"的类似说法就可能产生纠纷。特别要记住,律师不是法官,不要在律师函中下结论。①

在告知对方事实时还要注意突出重点并且准确。同时律师要意识到,一旦未来交易双方发生诉讼,你的律师函就可能成为一份证据。例如,委托人有两种专利产品被侵权,律师受权利人的委托发出律师函,在函中律师就应当点明侵权的两种产品,而不能笼统地说"你公司的产品侵犯了××公司的专利"。

2. 法律责任分析

这一部分的内容与其他法律文书的制作要求是一致的,必须做到"以事实为依据,以法律为准绳"。分析一定要有针对性,事实引用一定要客观公正,法律适用一定要准确,逻辑证明一定要严密和

---

① 参见刘瑛著:《律师的思维与技能》,法律出版社 2006 年版,第 28 页。

科学。法律责任分析的结论应归结为受送对象应当承担的相应法律责任,考虑到律师函的特点,该部分内容应当尽量做到简洁、准确。

3. 律师意见

律师函是一种主动通知,因此要表明自己的观点。制作人根据上述基本事实和法律责任分析提出体现委托人意思表示的意见或要求;同时制作人应进一步说明若受送对象不遵从该意见或要求将面临的不利状况和后果,以引起受送对象的重视。一封好的律师函能够通过有逻辑、有组织的语言来阐述委托人提出的基础性要求,并产生良好的效果。不可否认,律师函会增加紧张的气氛。相信大多数人收到律师函后都会有不舒服的感觉。为此,律师更要发挥它的作用。通过增加正式性、紧迫感来增强影响力,向收信人施加压力。律师函中观点要明确,比如,对于一则侵权广告,要求侵权人立即停止播放侵权广告;并且以与侵权广告相同的播放途径、在相同的播放时间消除侵权广告的影响;以及赔偿权利人的损失。

同时,律师函的一个重要特征就是要求另一方的一定行为或不为行动,因此应当设定行动时间,警告或告知对方不采取行动的后果。为达到这种效果,律师函中要给出一个时间限制,如果给对方发出某项要求,设定最后期限也是施加压力。而设定的最后期限不要太长,否则就可能不奏效。例如,"如果不能在××日期内得到贵公司的答复,我们将……"

步骤三:尾部

1. 制作单位

尾部注明制作单位,这是司法文书的一般性要求。

2. 制作人

即经办律师的署名。署名的律师必须是委托人指定的受托律师,以免引起不必要的争议。律师助理不是独立的法律服务主体,所以参与律师函起草工作的助理人员不得署名,否则很可能会引起委托人的误解。

3. 联系方式

应当说明制作人的地址、邮编、办公电话、手机及电子邮箱等联系方式,以便受送对象与制作人联络。

4. 日期

日期必须实事求是地反映制作律师函的时间,不得弄虚作假,以防范不可预测的法律风险。日期必须使用中文汉字书写,不可使用阿拉伯数字书写。如:二〇〇五年三月四日。

5. 印章

制作单位具名的文书必须加盖印章,且印章的加盖必须规范,符合文书格式的基本要求,加盖的印章必须清晰,位置应当做到骑年跨月。两页以上的律师函应当注明页码并加盖骑缝章或在每一页加盖律师事务所服务标识,以保证律师函的完整性。

6. 附件

律师函在需要时应当将委托人提供的材料列为附件,作为律师函的组成部分。不需要的,应当将委托人提供的材料以工作底稿的方式长期保存。

(三) 环节三:发出律师函

有的律师会忽略这一环节的工作。有经验的律师知道,律师函要以正式、正规、可靠的方式发出;发出方式包括传真、面呈、邮寄(普通、挂号、EMS等)甚至公证送达。现实中可能会有许多不正规的快递公司,建议不要把律师函这种具有法律意义的函件交由他们发出。发律师函环节的另一个细节是,要注意送达证据的保存,律师函发出后律师要留存相关的发函凭证或凭据。同时,律师不要忘记把发出的律师函抄给自己的委托人一份留存。

五、实验实例

律师催告函(一)

××房地产有限公司：

武汉××律师事务所受武汉市××公司委托,就贵公司与××公司签订商品房预售合同后未按合同约定如期交付商品房一事,郑重致函贵公司：

一、关于贵公司在合同中的义务

武汉市××公司为解决本公司住房问题,于20××年与贵公司签订了房屋认购合同,合同中约定,由武汉市××公司向贵公司购买住宅用商品房××套共××平方米,此××套房屋为期房,是贵公司于20××年底立项开发的房地产项目,××公司于签订合同后向贵公司支付了订房款××万元整。20××年××月,贵公司所开发商品房项目取得了××市房地产管理机关颁发的商品房预售许可证,随后××公司与贵公司签订了××市内销商品房预售契约,并向贵公司预交了全部房款的××%共计人民币××万元,先期××万元订房款充抵头期购房款。合同中约定由贵公司在19××年××月××日前将全部××套房屋交付××市××公司,并由购房方支付剩余房款。以上两份合同双方均签字盖章,并符合××市商品房预售的相关规定,合法有效。然而,合同签订后至今,贵公司迟迟未将商用住宅交付给××市××公司,已经构成违约,侵犯了购房方的合法权益。

二、本律师事务所律师意见

(1) 根据双方所签订的商品房预售契约,贵公司有义务继续履行合同,本律师事务所律师诚望贵公司能够重视此事,并采取积极合作态度,立即认真履行房屋支付义务,并依法赔偿××市××公司的直接经济损失。

(2) 我们也希望贵公司能通过协商方式与我们的委托人解决

此事。如果贵公司不主动采取协商的态度或仍借故拖延,拒绝履行合同义务,不交付××市××公司所预定的商用住宅房,我们的委托人将授权本律师事务所代其通过诉讼方式解决此事。届时,只有通过法律途径向贵公司主张合同中规定的权利。

希望贵公司在收到本函后的五个工作日内给予答复,并就有关事项作出明确答复。

武汉××律师事务所

××市××区××大街××号

×××执业律师

年　月　日

律师催告函(二)

武汉市××住宅开发公司:

本律师事务所受湖北××实业有限公司之授权委托,就贵公司严重违反2006年××月××日与湖北××实业有限公司签订的《房屋租赁合同》所约定的条款,并给湖北××实业有限公司造成经济损失一事向贵公司郑重致函:

根据湖北××实业有限公司与贵公司签订的《房屋租赁合同》,贵公司在出租房产时存在违约的证据确凿,因贵公司违约已给湖北××实业有限公司造成不少于人民币120万元的经济损失的相关事实证据清楚,经过本律师事务所反复论证,依照我国相关法律之规定,贵公司依法应该承担违约及赔偿之法律责任已成必然,湖北××实业有限公司随时有权通过司法程序依法追究贵公司违约赔偿之法律责任。

本律师现已经湖北××实业有限公司之依法授权,作为处理本纠纷的代理律师,已随时做好诉讼之各项准备,但我们认为在依法申请采取相关司法措施之前,仍存在通过友好协商寻求双方均能接受的和解方案之可能,故特向贵公司发出此律师催告函,希望贵公司能够积极合作并在接到本函5日之内向湖北××实业有限公司支付人民币 120 万元的损失赔偿金。

敬请贵公司注意此函之目的即寻求庭前协商解决双方纠纷是否还存在可能,如果贵公司在获悉此律师函后逾期仍不就向湖北××实业有限公司支付人民币 120 万元的损失赔偿金作出明确的答复,本律师事务所将代理湖北××实业有限公司随时通过司法程序对贵公司依法提起诉讼和申请财产保全,且届时不会再事先通知于贵公司,请原谅。

授权代理律师:北京××律师事务所武汉分所
黄×× 执业律师
××年×月×日

课后讨论:

分析实验实例中的两份《律师催告函》,其中的异同点在哪里?作为律师函中最重要的"威胁"部分,两份律师函分别采取了何种基调?另一方面,你能否指出上面两份《律师催告函》中存在的错误?试提出自己的观点。

第二节　法律意见书的制作

法律意见书是指律师事务所应当事人的请求,指派律师针对特定法律事务,根据委托人所提供的真实材料,正确运用法律进行分析和阐述,提供给委托人的书面法律意见。

一、实验目的

制作法律意见书不仅仅是律师为委托人提供准确法律服务的需要,更是律师自身工作的需要。首先,学习法律意见书是律师入行的基本功训练,在大量的撰写法律分析意见的过程中积累经验,培养利用法律专业知识分析案件的逻辑思维能力,为以后的律师工作奠定好的基础。其次,养成制作法律意见书的良好工作习惯可以帮助律师更好地完成对案件的进一步代理工作,律师制作法律意见书的过程亦是对案件作事实整理及法律逻辑分析的过程,法律意见书通常是律师制作代理词、辩护词等法律文书的依据,律师通过法律分析得出可能的结果,找到焦点问题,进行重点突破,综合分析得出对策,因此法律意见书可以说是律师办案的提纲。最后,法律意见书是律师给委托人的一种专业展示,一份专业的、科学的法律意见书可以体现一名律师甚至一家律师事务所的专业能力,它可以提升律师及律师事务所在委托人心目中的信任度和满意度。

因此,法律意见书在制作时是一种锻炼、一种积累;在办案时是一个提纲、一个既定方略,能胸有成竹;接案后能尽到律师的社会职责,同时也会提高其知名度,扩大其影响。所以法律意见书的制作不是可有可无的工作,而是律师事务所诸多事务中的一个既关系到目前办案水平又关系到今后长远发展的大事,其重要意义十分明显,因此必须把它放在一个十分重要的位置!

二、实验环节

一般来说,一份标准法律意见书的制作基本流程是:固化事实→明确法律关系→寻找问题的焦点→查询法律依据→分析焦点问题→得出结论→提出处理方案→告知操作程序→起草书面意见。法律意见书和其他法律文书一样,主要由首部、正文、结尾三部分组成。

(一) 环节一:首部

首部应写明以下五项内容:

步骤一:标题

居中写明"法律意见书"即可

步骤二:主送对象

主送对象即委托人,是法律意见书制作完毕之后所出示的唯一对象,其适用范围包括法人、公民或其他组织。

步骤三：案由

案由即案件的性质，有些委托人不是为已经形成的案件来寻求法律支持，只是要求对合同进行审查、对项目进行法律分析之类，则直接写明委托人的要求即可。

步骤四：审查材料

审查材料，即委托人提供的与案件有关的材料，是律师事务所出具法律意见书的重要根据。

材料问题，是一个十分重要的问题，必须明确表述其范围，如因材料不全或不实，导致分析不够准确、精到、深刻或必须作出假设时，应在具体分析时加以说明，因为其中有责任问题及律师出具法律意见书的错误率问题。审查材料一项，有两种表述方法，即可以将委托人提供的材料一一列出，也可以概述一句"本法律意见书限于委托人提供的材料"。

步骤五：调查活动

调查活动即律师事务所根据需要，征得委托人的同意并就费用负担达成一致意见后，派员前往现场进行调查的活动。当然，如果没有必要进行调查，或者虽有必要但委托人不愿负担费用使得调查未能进行，则此项可以省略。

（二）环节二：正文部分

正文部分应写明以下五项内容：

步骤一：本案当事人

本案当事人是指与本案有利害关系的法人、公民或其他组织，有关事项虽然涉及但在本案中与委托人没有利害关系的不属于本案当事人。本案当事人的排列顺序：首先是委托人与其在本案中的直接对方，然后是相对涉案人员；涉案人员的排列顺序既可以其在本案基本事实中出现的早晚为序，也可以其在本案中与委托人利害关系的重要程度为序；此外，本案当事人在案件发展过程中名称或其他项目发生变化的，应在其名下标出其改变的内容以及前后变化关系,必要时标出其有关项目发生变化的时间。

步骤二:基本事实

律师制作法律意见书要以事实为依据,以法律为准绳,站在客观中立的角度为当事人进行法律分析。而要进行正确的法律分析,必须以把握真实为前提,因此律师要对当事人提供的书面材料及口头陈述进行:(1)梳理;(2)必要时,还要对相关事实及证据材料进行进一步的调查取证,尽可能多地搜集案件的真实材料;(3)从中寻找出案件的焦点问题,定义出正确的法律关系;(4)有条理、有重点、准确、完整、周密地加以表述,为进行法律分析做好准备。一般来说,律师将案件事实在正文第二项中表述出来,其目的一是使律师对案情有一个宏观的把握;二是帮助委托人对案情有一个理性认识;三是为本部分的法律分析提供一个有所依赖的事实基础。

法律意见书事实部分的制作,主要作用是通过叙述的方式完整、准确、简明地表达案情的始末根由,发展变化,使人们了解整个事件的来龙去脉。一般来说,法律意见书的制作人通常采用第三人称对整个案情进行顺叙,而不采用倒叙或插叙,偶尔才补充叙述某一情节以作特殊交代。

制作法律意见书的事实部分,有时也需要使用说明的表现方法。所谓说明,就是言简意赅,对客观事实、事理进行讲解和诠释。说明多是对事物、事理进行客观表述,一般不作描写,既不必抒情,也不能加以任何主观意见和评论。说明必须是客观地、实事求是地进行,为的是使人们对事物、事理能有一个明晰的、完整的认识和了解。法律意见书的事实部分,经常是叙说结合,即在叙述中运用介绍、注释的说明方法,介绍争议中各方的立场、观点,阐释各种分歧之所在,目的是为接下来要进行的法律分析打下基础。

在法律意见书的事实部分制作过程中,既要做到内容完整、表述完备,又要做到重点突出,详略得当。对于当事人提供的材料,并不是全部整理并写入法律意见书,而是应当合理地加以甄别,对案件事实的发生、发展起到影响作用的事实,或者虽未成为事实但也对案件发生、发展起到影响作用的事实,以及说明、解释、参考、印证作用的情节应加以归纳,对于多余部分进行剔除,否则事实部分就会显得过于臃肿而影响当事人的判断。

对于组成案件事实的若干情节中,凡是关切案情焦点部分的时间、地点、人物、事物等均应写入事实部分。有一些情节即使当事人知道,且律师在审查了材料之后也可以获知,但是只要它们是构成事实、反映案情的必要成分,就必须写入,否则既会影响事实、案情的表达,也会影响下一步的法律分析。

倘若因为委托人提供的材料本身并不充分,虽然经过制作人的整理、归纳,仍然无法使案件的内容完整,事实表述完备,那么这样的法律意见书就只能留下缺憾。但是,制作人应当在行文中直接标明是委托人提供的原材料不完备或有可疑之处,而不是制作人工作的疏忽。

步骤三:法律分析

法律分析是法律意见书的主要部分。律师在进行法律分析时,要以法律为准绳,有针对性地去衡量本案事实。律师在着手起草法律分析部分之前,首要任务是对与本案有关的法律、法规、规章、立法解释、司法解释乃至相关判例进行查询。即使经办律师对法律法规非常清楚,也必须要继续深入查询其他的规章甚至是地方性、部门性的规章。在诉讼案件中,往往一个司法解释就可以起到扭转全局的作用,甚至可能直接影响到案件的审理结果。此外,值得一提的是,对判例的查询也十分重要,虽然我们是成文法国家,判例不作为审判的依据,但是在审判实践中,一些新的专业领域中出现的案件,在没有相关的法律规定的情况下,以往的判例往往被作为司法机关办理案件重要的参考依据。律师在掌握了所有的相关法律依据之后,再运用法理进行专业的法律分析就能够做到比较准确了。假如某一法律问题在查询了法律、法规、规章及司法解释后仍然无法解决,则应寻求法理支持,即尽可能地查询相关的法学著述或法学论文。

法律分析,必须以事实为依据,以法律为准绳。进行法律分析必须有两个前提条件,一是把握案件的法律事实,二是明确案件的法律适用,如若不然,案件事实不清,适用法律有误,其法律分析必然发生错误,既有负委托人的信任,又影响了律师事务所的形象。

在法律分析部分的语言运用上,尤其应当注意用词准确、语句简明。就准确而言,制作人要特别避免使用过于绝对化的词语,例如"必然"、"必定"、"肯定"等,而可以用"可能性"、"比率"等词语替代,以保证法律意见书的科学性。就简明而言,法律意见书的语句应当言简意赅、通俗明了,不宜使用晦涩难懂的字词,运用法律术语必要时应加以诠释。

在法律分析部分,制作人可以运用假设性的分析,即当委托人提供的案件材料有限或者由于时间等其他客观因素的制约使得制作人无法通过调查掌握相关证据的情况下,运用假设性的分析可以将案件的可能性结果通过假设进行穷尽,从而得出几种结论。但是我们必须指出,假设性分析虽然是法律意见书中表现最突出的一种技巧,也是一种有条件而又无奈的分析方式。制作人忽略必要的条件,而对假设性分析加以滥用,是一种不负责任的表现,必然导致法律意见准确度的降低。

律师在制作法律意见书时,既要全心全意为委托人考虑,又不能无原则地迎合委托人的心理。一般来说,委托人在找到律师咨询并要求出具法律意见书时,都是满怀希望、期望值较高,但倘若法律分析对委托人不利,可能使委托人大失所望时,制作人也应当在心理上有所把持,不能无原则地迎合委托人的心理,不能曲解法律,更不能牵强附会、强词夺理、玩文字游戏。另一方面,律师在法律分析中也要尽量避免下面两个常见的失误:

1. 掉以轻心,用语武断

有些案件事实比较复杂,制作人在进行法律分析时不够慎重,未作全盘考虑,估计这一方面,忽略那一方面,致使分析结果出现偏差;而在诸多方面的偏差中,律师又对自己的分析过于自信,乃至轻下断语,不留余地,一来二去,影响了法律意见书的质量,有损于律师事务所的形象。

2. 旁征博引,节外生枝

律师是给人们提供法律支持的,但这种支持必须是有针对性的,即针对委托人所涉及的案件事实,进行相关的法律分析。这种分析应当是把疑难的、复杂的法律问题说清楚、讲明白;这种清楚、明白越通俗、越简单越好。因此,不要把法律分析写得过于学究气、论文化,这样往往会脱离案件事实,节外生枝,虽显渊博,但不实用,同样会影响法律意见书的质量。

律师在对本案事实进行法律分析之后,必须有一结论,即对本案宏观上的认识、总体上的判断,以帮助委托人对本案有一个全面理解。法律分析及结论部分在法律意见书中是介乎事实部分与措施(意见)、操作流程部分之间承前启后的一个内容,既可以使律师为委托人出谋划策,又可以使委托人对有关法律知识从不知到知、从不懂到懂,最后从虚到实,理解法律,在律师指导下进行诉讼(或非诉)实务活动。

步骤四:解决方案

解决方案,包括建议、措施、步骤、对策、操作方式与流程等内容,是法律意见书实质性内容的最后一部分。这部分是委托人最想要的法律活动实务指导部分,律师要在这一部分中根据上面的事实及法律分析突破焦点问题,得出倾向性结论,提出处理问题的建议性措施,告知当事人较为清晰的操作方法,归纳总结完成法律意见书。

步骤五:结论

结论一般是以简明扼要的语言概述法律分析和解决方案的主要内容,给当事人一个完整而精要的答复,以便当事人根据这一结论性意见去思考下一步的行动。当然,一份出色的法律意见书往往会使当事人信服,从而"按图索骥"——循着法律意见书的意见去操作,以争取维护自己合法权益的最佳效果。

(三)环节三:尾部

尾部应当写明以下三项内容:

步骤一:声明

声明大多是固定的格式化的语言,一是未经允许,不得出示给第三人,二是不得作为证据使用;其目的在于避免产生节外生枝的种种麻烦,以维护律师正常执业的良好习惯。但是,有些情况比较复杂者,如案情正在发展变化,或委托人提供的材料不够完全,律师事务所在出具法律意见书时则需多说几句以保证声明内容之严谨、周密。

步骤二:署名

署名一般是既署律师事务所名称,加盖公章,又署承办律师姓名,盖上名章或签字即可。

步骤三:成文日期

法律意见书多是某一两位律师具体完成的,但具体完成法律意见书的行为是受律师事务所指派的,并且是代表律师事务所向委托人出具的,所以一般要有一个在所内探讨、研究、审核、签发的过程,那么法律意见书的成文日期应是这一切工作完结之后,实际制作的日期。

三、实验实例

法律意见书

至:武汉居然××有限公司:

北京××律师事务所××分所受贵公司之委托,就其欲"解除与承租商户名灯世界麻××之间租赁合同"之事宜(以下简称为本案)进行法律分析,并出具本律师意见书。

出具本律师意见书的黄××律师、董××律师持有有效的《中华人民共和国律师执业证》,有资格以执业律师的身份,按照中国律师行业公认的业务标准、道德规范和勤勉尽责精神,根据贵公司提供的各份文件的复印件,依据我国现行相关的法律、法规和有关主管政府部门的文件,出具本律师意见书。

本律师意见书以本意见书出具当日有效的我国法律为限,但不排除与本法律意见书阐述的内容存在有相关司法解释和行政规定有尚未查询到的可能,假设这些尚未查询到的相关司法解释或行政规定对本意见书内表达的意见一概没有影响。

我们在审阅上文所述各份文件资料时,均是基于以下假设:

1. 所有文件资料的署名、印鉴和图章都是真实的,提交我所的所有文件复印件与原件都是一致的;

2. 所有文件资料所陈述的所有事实都是确实存在的;

3. 所有文件的各方的签字缔约人,均是有权或者获得合法授权而签署的。

一、为出具本律师意见书,我们审阅了贵公司提供给我们的以下列出的各份文件的复印件

1. 金马公司租赁合同、补充协议;

2. 武商公司、金马公司、科峰公司之协议书;

3. 北京居然、科峰公司之协议书;

4. 武商公司、北京居然公司、科峰公司之协议书;

5. 北京居然对武汉居然公司之全权授权书；

6. 麻××之弟麻××承诺配合居然公司进行场地改造之书面材料。

二、本案涉及的当事人

1. 名灯世界麻××(以下简称"麻××")；

2. 武汉金马××有限公司(以下简称"金马公司")；

3. 武汉武商××有限公司(以下简称"武商公司")；

4. 武汉科峰××有限公司(以下简称"科峰公司")；

5. 武汉居然××有限公司(以下简称"居然公司")；

6. 北京居然××集团公司(以下简称"北京居然")。

三、本案目前状况

1. 北京居然××集团公司已经享有原武汉金马××有限公司常青店场地使用权及经营管理权，并已经全权授予武汉居然××有限公司代其行使上述场地的使用权和经营管理权；

2. 武汉金马××有限公司与承租商户名灯之家麻××之间租赁合同尚未到期；

3. 武汉金马××有限公司与承租商户名灯之家麻××之间租赁合同的全部权利与义务已经概括转让给经北京居然××集团公司授权经营后的武汉居然××有限公司；

4. 武汉金马××有限公司与承租商户名灯世界麻××之间尚未到期的租赁合同约定的场租费与新签租赁合同的平均场租费相比十分低廉，我方想提高租金但得不到该承租户的同意；同时，该承租户占用大片场地却不经营，影响了大楼四楼整体经营场所的布局改造；

5. 承租商户名灯世界麻××近期已经违反租赁合同规定未按期交纳租金，违约行为已经发生。

四、本案背景查实

2005年10月16日，金马公司与麻××签订《金马公司租赁合同》(以下简称"租赁合同")与《补充协议》,将自己承租武商公司所有的、位于武汉市××区××路××号××大楼之经营场地(即金马公司××店)中编号为 A01、A02 之商铺,依法转租给麻××从事灯饰经营活动,期限为××年××月××日至××年××月××日。

租赁合同第一章第四条约定:麻××应在上月月底20日之前支付下月租金;第二章第一条第九款约定:如麻××逾期交纳租金超过5日则视同其单方违约;同时合同第三章第一条第三款约定:若麻××单方违约则金马公司除有权解除合同及对场地另行安排外,还有权对麻××处以30万元作为违约金并可暂扣其商品,如其未能在三日内交清违约金,则金马之家有权对暂扣商品进行处理。

2006年11月3日,经武商公司同意,金马公司将其在自己与武商公司所签租赁合同中的权利义务整体转让给科峰公司。之后,科峰公司又于2006年11月11日经武商公司同意将自己所受让上述金马公司与武商公司所签租赁合同中金马公司的权利义务整体转让给武汉居然公司的母公司北京居然公司。科峰公司与北京居然公司在双方的协议中约定由北京居然公司接替金马公司履行金马公司与麻××的租赁合同。北京居然公司随后全权授予居然公司行使上述原金马公司××站场地之使用权及经营管理权。

北京居然公司受让金马公司对武商公司在上述经营场地之承租权利义务及对各未到期商户之转租权利义务之事实已由金马公司与武汉居然公司于2006年11月告知麻××,麻××未提出异议,继续占有使用承租商铺。

武汉居然公司于2006年11月接管上述经营场地后,决定对上述场地于2007年元月5日起重新装修改造并于2007年5月1日开业经营。2007年2月9日,麻××之弟代麻××向武汉居然公司书面承诺:如名灯世界继续在居然公司经营,居然公司同意给名灯世界灯具卖场在居然之家开业后一个月的免租期,名灯世界同意按居然之家要求配合居然之家的改造拆除工作，名灯世界并保证在2007年2月12日之前将改造区域的灯具拆除完毕，具备居然之家在上述区域的施工条件。后来麻××事实上按以上承诺配合武汉居然公司对其经营场地进行了改造。

武汉居然公司对经营场地整体装修改造完毕后于今年5月1日正式开业经营。麻××现今要求武汉居然公司减免其半年租金，未获武汉居然公司同意，双方未达成签订新租赁合同的协议。麻××至今未向武汉居然公司交纳今年6月1日之后的租金（由于武汉居然公司接管场地后名灯世界一直未经营，武汉居然公司未向麻××收取场地改造之前期限的租金），未撤出场地但也未正常经营。现武汉居然公司拟要求解除与麻××的租赁关系并要求其立即撤场。

另：麻××因金马公司××店开业后使用其灯具未支付货款而一直未向金马公司支付商铺租金。由于麻××将其应收金马公司灯具货款折抵其应付租金后，尚欠金马公司租金，2006年底，金马公司向法院提起诉讼要求麻××支付拖欠的租金，现该案仍在审理当中。

基于上述问题和现状，在与该承租商户协商变更或终止该场地租赁合同可能性基本消失的情况下，武汉居然公司有单方解除受让的金马公司与承租商户名灯世界麻××之间尚未到期的场地租赁合同的想法，对此，北京××律师事务所××分所作为贵公司的常年法律顾问单位，分析了本案的基本事实与相关资料，经过集体讨论，并咨询了法院有关法官的意见，作出以下法律分析和律师建议。

五、本案的关键问题

1. 武汉居然公司目前是否有权单方解除原"武汉金马公司与承租商户名灯世界麻××之间租赁合同"且不违法？

2. 如果武汉居然公司实施单方解除原"武汉金马公司与承租商户名灯世界麻××之间租赁合同"，其方案如何？

六、本案可能发生的争议焦点

1. "武商公司、金马公司与科峰公司三方签订的金马公司原××店整体场地使用权转让协议书"及"武商公司、北京居然公司与科峰公司三方签订的××店整体场地使用权转让协议书"未经承租商户同意是否有效？异议承租商户极可能辩称上述转让合同行为无效。

2. 北京居然公司受让金马公司与麻××之租赁合同的权利义务是否已经得到麻××认可？已经不存在合同转让需经过承租商户同意的争议？

七、本案之法律分析

（一）北京居然公司已取得金马公司原××店场地的租赁使用权，武汉居然公司在北京居然公司授权后成为与各承租商户之间未到期的《租赁合同》中出租方的权利与义务的合同当事人。

本案中，金马公司对其××店的场地使用权来源于其与出租人武商公司的租赁合同。而根据《合同法》第88条之规定，当事人一方经对方同意，可以将自己在合同中的权利和义务一并转让给第三人。因而，2006年11月3日金马公司经武商公司同意将其与武商公司租赁合同中自己的权利义务转让给第三人科峰公司后，其××店场地使用权随之也转移给科峰公司。2006年11月11日科峰公司经武商公司同意将其所受让的上述合同中金马公司的权利义务又转让给北京居然公司后，北京居然公司就依法取得了金马公司原××店的场地使用权。

我们认为武商公司、金马公司与科峰公司，武商公司、科峰公司与北京居然公司之间的租赁合同权利义务转让并不需要经承租商户同意。北京居然公司已合法取得金马公司原××店的场地租赁使用权，武汉居然公司经母公司北京居然公司授权可行使上述场地的使用权及经营管理权，并在北京居然公司授权后成为与承租商户之间租赁合同出租方的权利与义务的合同当事人。

(二) 北京居然公司与名灯世界麻××之间存在租赁关系,武汉居然公司可代北京居然公司依法解除与麻××之间的《租赁合同》。

1. 北京居然公司与名灯世界麻××之间已经存在租赁合同之法律关系。

《合同法》第229条规定:租赁物在租赁期间发生所有权变动的不影响租赁合同的效力。按照此条规定的立法精神和目的,转租合同在租赁物发生使用权变动时效力也不应受影响。而金马公司与麻××之租赁合同性质上是转租合同,所以,转租人金马公司在与麻××之转租合同到期前将转租场地使用权经科峰公司转让给北京居然公司,则金马公司与麻××之间的转租合同效力应不受影响,受让人北京居然公司应接替金马公司继续履行原金马公司与麻××之间的租赁合同。本案中,应由武汉居然公司依授权代其母公司北京居然公司履行与麻××的租赁合同。

另外,北京居然公司与科峰公司的合同中有将金马公司与麻××原租赁合同中金马公司的权利义务转让给北京居然公司的意思表示,金马公司与武汉居然公司也已向麻××告知了上述将金马公司与麻××之租赁合同中金马公司的权利义务转让给北京居然公司的意思表示,麻××在得知受让上述事实后,未提出异议且仍留在原场地未撤场,所以其行为已实际上认可了其与金马公司之合同主体已变更为其与北京居然公司的事实。

且麻××之弟代其向武汉居然公司作出书面承诺之事实更进一步证明了其认可其与金马公司之合同主体变更之事实,麻××之弟所作书面承诺可看做对租赁合同部分内容的变更或补充。

武汉居然公司与麻××发生纠纷后,麻××可能主张其在武汉居然公司接管场地后不撤场的行为并不能证明她事实上认可其与金马公司之租赁合同主体已变更为其与北京居然公司的事实,也可能主张其弟所作的承诺未经她书面授权所以无效,但其上述主张因与具体事实和法律规定不符,也难以否定武商公司、金马公司、科峰公司之协议书及武商公司、北京居然公司与科峰公司之协议书的效力,难以否定北京居然公司已从科峰公司处受让取得原金马公司××店经营场地整体使用权之事实,故她的主张难以得到法院的支持。

2. 武汉居然公司可代北京居然公司解除与麻××之间的《租赁合同》。

《合同法》第93条规定:当事人可以约定一方解除合同的条件。解除合的的条件成就时,解除权人可以解除合同。在居然公司承继金马公司履行租赁合同权利义务后,即享有金马公司在原租赁合同中所享有的解除权,所以在租户麻××有欠交租金之违约行为时,武汉居然公司即可代北京居然公司依约行使合同解除权,并可追究麻××的违约责任。

八、本案胜诉的关键

1. 设法取得法院支持金马公司原××店整体场地使用权转让的武商公司、金马公司与科峰公司之协议书及武商公司、北京居然公司与科峰公司之协议书不需经商户同意即生效,北京居然公司已取得金马公司原××店场地的使用权。

2. 设法取得法院支持金马公司与麻××之租赁合同中金马公司的权利义务事实上通过麻××已经收到出租方变更且并未提出任何异议的默认视为认可的行为和麻××授权其弟书面承诺的行为已经得以证明。

3. 设法取得法院支持认定武汉居然公司可代北京居然公司在麻××违约之情形下依法使用解除租赁合同的解除权,且单方解除合同具有事实依据和法律依据。

九、本案实施方案与律师建议

[方案一]:不经过诉讼程序,我方单方解除租赁合同,等待应诉。

1. 我方先发出通知,行使法定解除权,不经过诉讼程序而单方解除租赁合同。

根据《合同法》第227条之规定(承租人无正当理由未支付或者

迟延支付租金的,出租人可以要求承租人在合理期限内支付。承租人逾期不支付的,出租人可以解除合同)给予承租人在合理期限内补交租金的权利,只有存在承租人在合理期限内未补交租金构成根本违约之情形下出租人(转租人)才能解除合同。

武汉居然公司向麻××发出通知,要求她承担未按期缴纳租金的违约责任并在收到通知后的3日内缴纳租金、滞纳金以及合同约定的违约金,若麻××在3日内仍未履行合同义务,则可向麻××发出单方解除租赁合同的通知书,并将麻××铺内商品进行处理。

有利之处:

(1) 满足《合同法》中法定解除权的条件,避免法院可能认定金马公司与麻××之租赁合同第二章第一条第九款和第三章第一条第三款对麻××略显苛刻不公平的合同约定解除权的条款无效,应按照《合同法》中法定解除权的条件解除。

(2) 如果法院认为金马公司与麻××之租赁合同第二章第一条第九款和第三章第一条第三款难以认定有效或无效,有满足《合同法》中法定解除权的条件的事实则易争取到法院的支持。

可能存在的问题:

(1) 若麻××在规定期限内补交租金,法院可能认为武汉居然公司应继续履行合同,从而达不到解除合同而将场地另租的目的。

(2) 若麻××在规定期限内不补交租金、滞纳金和违约金,麻××在武汉居然公司单方解除租赁合同并将其铺内商品并进行处理后,向法院起诉武汉居然公司,要求判令武汉居然公司单方解除租赁合同违法和要求判令补交租金后继续履行合同。

(3) 不排除法院认为麻××未按期缴纳租金发生违约行为的时间并不长(不到两个月),不属于根本性严重违约,而判决缴纳租金和滞纳金后继续履行合同。

(4) 我方强行将麻××铺内商品进行处理的行为不一定能得到法院的认可支持。

2. 按照租赁合同违约条款约定，不经过诉讼程序，我方单方解除租赁合同。

武汉居然公司不向麻××发出通知，只根据金马公司与麻××之租赁合同第二章第一条第九款和第三章第一条第三款约定而单方解除合同，并将麻××铺内商品并进行处理。

有利之处：

（1）我方单方解除租赁合同前，麻××不会警觉而主动补交租金纠正违约，而试图达到继续履行合同目的。

（2）根据金马公司与麻××之租赁合同第二章第一条第九款和第三章第一条第三款约定而单方解除合同的机会不会浪费。

可能存在的问题：

（1）若麻××在规定期限内补交租金，法院可能认为武汉居然公司应继续履行合同，从而达不到解除合同而将场地另租的目的。

（2）不排除法院认为金马公司与麻××之租赁合同第二章第一条第九款和第三章第一条第三款的合同约定解除权对麻××略显苛刻不公平，认为应根据《合同法》第227条之规定（承租人无正当理由未支付或者迟延支付租金的，出租人可以要求承租人在合理期限内支付。承租人逾期不支付的，出租人可以解除合同）给予承租人在合理期限内补交租金的权利，只有存在承租人在合理期限内未补交租金构成根本违约之情形下出租人（转租人）才能解除合同。

（3）不排除法院认为麻××未按期缴纳租金发生违约行为的时间并不长（不到两个月），不属于根本性严重违约，不适合第二章第一条第九款和第三章第一条第三款合同约定解除权的条件，从而判决缴纳租金和滞纳金后继续履行合同。

（4）我方强行将麻××铺内商品进行处理的行为可能不一定能得到法院的认可支持。

［方案二］：我方主动起诉，经过诉讼程序，由法院判决解除租赁

合同

1. 我方发出通知,行使法定解除权,经过诉讼程序,由法院判决解除租赁合同。

根据《合同法》第227条之规定,武汉居然公司向麻××发出通知,要求她承担未按期缴纳租金的违约责任并在收到通知后的数日内(如5日内)缴纳租金并承担合同约定的30万元违约金,若麻××在3日内仍未履行合同义务(估计麻××不会按照通知要求及时向我方按期缴纳所欠租金和30万违约金),我方可行使法定解除权向麻××发出单方解除租赁合同的通知书。之后我方主动向法院起诉,请求法院判令麻××补交拖欠的房租并承担30万元的违约金并判令麻××限期将其所占场地退出并将其铺内商品搬出。

有利之处:

(1) 满足《合同法》中法定解除权的条件,避免法院可能认定金马公司与麻××之租赁合同第二章第一条第九款和第三章第一条第三款对麻××略显苛刻不公平的合同约定解除权的条款无效,应按照《合同法》中法定解除权的条件解除。

(2) 如果法院认为金马公司与麻××之租赁合同第二章第一条第九款和第三章第一条第三款难以认定有效或无效,有满足《合同法》中法定解除权的条件的事实则易争取到法院的支持。

(3) 通过法院强行将麻××铺内商品进行处理,我方不承担任何责任和风险。

可能存在的问题:

若麻××在通知的规定期限内主动要求补交租金,我方只能拒收(否则会认定我方认可了麻××已经纠正违约的行为并同意继续履行租赁合同)。甚至可能麻××主动通过银行转账将租金汇至我方账户,此时若我方仍然坚持起诉要求判决解除租赁合同,不排除法院认为麻××有纠正违约行为的主观愿望和积极行动,并且未按期缴纳租金发生违约行为的时间并不长(不到两个月),不属于故意根本性严重违约,而驳回我方要求判决解除合同的诉讼请求,武汉居然公司则应继续履行合同,从而达不到解除合同而将场地另租的目的。

2. 按照租赁合同违约条款约定,主动起诉,经过诉讼程序,由法院判决解除租赁合同。

武汉居然公司不向麻××发出通知,只根据金马公司与麻××之租赁合同第二章第一条第九款和第三章第一条第三款约定,主动起诉,要求判令解除与麻××的租赁合同并将麻××铺内商品依法进行处理。

有利之处:

(1) 我方单方解除租赁合同前,麻××不会警觉而主动补交租金纠正违约,而试图达到继续履行合同的目的。

(2) 根据金马公司与麻××之租赁合同第二章第一条第九款和第三章第一条第三款约定而单方解除合同的机会不会浪费。

(3) 通过法院强行将麻××铺内商品进行处理,我方不承担任何责任和风险。

可能存在的问题:

(1) 不排除法院可能认为金马公司与麻××之租赁合同第二章第一条第九款和第三章第一条第三款的合同约定解除权对麻××略显苛刻不公平,认为应根据《合同法》第227条之规定(承租人无正当理由未支付或者迟延支付租金的,出租人可以要求承租人在合理期限内支付。承租人逾期不支付的,出租人可以解除合同)给予承租人在合理期限内补交租金的权利,只有承租人在合理期限内未补交租金构成根本违约之情形下出租人(转租人)才能解除合同。

(2) 不排除法院可能认为麻××未按期缴纳租金发生违约行为的时间并不长(不到两个月),不属于根本性严重违约,不适合第二章第一条第九款和第三章第一条第三款合同约定解除权的条件,而判决缴纳租金和滞纳金后继续履行合同。

[方案三]：退一步讲，如果麻××认为"金马公司与麻××之租赁合同中武汉居然公司不是其合同一方的合法当事人而无权追究她合同的违约责任"的主张成立，我方可以麻××侵犯了居然公司租赁权和经营权为抗辩理由。

因为事实上已经无法否认武商公司、金马公司、科峰公司之协议书及武商公司、北京居然公司与科峰公司之协议书的效力，也无法否认北京居然公司已从科峰公司处受让取得原金马公司××店经营场地整体使用权之事实。麻××在武汉居然公司接管场地后既不缴纳场地租金也拒不撤场，长期无偿占用居然公司的经营场所显然无合法理由，其行为显属侵权行为，武汉居然公司可代北京居然公司要求麻××立即停止侵权行为并腾退场地，并向其主张其承担侵权责任。

十、基于上述分析的律师建议

考虑到我方解除与麻××的租赁合同，最终目的之一是将麻××铺内商品移走以便于大楼四楼整体布局改造和出租他人以获得较高的租金，增加场租收入。如果通过法院强行将其麻××铺内商品进行处理，我方可在不承担任何责任和风险下达到解除租赁合同之最终目的。

因此，采用方案二中第一种方式，即"我方发出通知，行使法定解除权，经过诉讼程序，由法院判决解除租赁合同"，采取的步骤与方法如下：

1. 为了防止麻××在通知的规定期限内主动要求补交租金，我方可在通知书中要求麻××在收到通知的数天内(如5天内)补足所欠租金并按租赁合同中违约条款的规定承担30万元违约金。估计麻××不会按照通知要求向我方按期缴纳所欠租金和30万元违约金。

2. 通知期限到期，麻××未按照通知要求向我方按期缴纳所欠租金和30万元违约金的，我方可行使法定解除权向麻××发出单方解除租赁合同的通知书。

3. 向麻××发出单方解除租赁合同的通知书后,我方主动向法院起诉,请求法院判令:

(1) 判令麻××补交拖欠的房租并承担30万元的违约金;

(2) 判令麻××限期将其所占场地退出并将其铺内商品搬出。

4. 如果我方胜诉,麻××未按照判决书履行义务,我方可向法院申请强制执行其补交拖欠的房租并承担30万元的违约金并将其所占场地和其铺内商品强行腾退。即使麻××承担30万元的违约金得不到法院的支持,我方解除与麻××的租赁合同和腾退场地,另行出租他人收取较高租金和改造四楼布局的目的也已经达到。

需要指出的是由于本案案情其实并不简单,法官对此判决有一定的自由裁量权,肯定会遇到许多复杂和困难,但如果通过各方面的努力,争取胜诉还是有一定的希望和把握的,但是律师吹嘘包打胜官司违反执业道德和执业纪律,因为最终判决权并不在律师手上,实事求是、尽心尽责、奋搏进取、灵活办案、严谨代理、争取胜诉是我们的原则态度。

本律师意见书仅供贵公司参考,其律师建议并不一定完全正确,难免有一些尚未考虑周全之处,故仅供贵公司领导决策之参考。

北京××律师事务所××分所
黄××　执业律师
(执业证号:××××××)
董××　执业律师
(执业证号:××××××)
××××年××月××日

参考书目

1. 中华全国律师协会编:《律师执业基本技能》,北京大学出版社2007年版。
2. 中华全国律师协会编:《律师执业基本素养》,北京大学出版社2007年版。
3. 马万里主编:《法庭辩论精选》,中国人民大学出版社1990年版。
4. 秦甫编著:《律师实用口才》,法律出版社1997年版。
5. 秦甫编著:《律师办案艺术》,法律出版社1996年版。
6. 林正编著:《哈佛辩护》,改革出版社1997年版。
7. 〔美〕弗朗西斯·韦尔曼著:《舌战羊皮卷》,林正译,新华出版社2002年版。
8. 覃有土主编:《商法学》,高等教育出版社2004年版。
9. 范健主编:《商法》,高等教育出版社、北京大学出版社2000年版。
10. 江平主编:《民法学》.中国政法大学出版社2000年版。
11. 赖源河主编:《商事法争议问题研究》,清华大学出版社2005年版。
12. 雷兴虎主编:《商法学教程》,中国政法大学出版社1999年版。
13. 梁慧星著:《民法总论》,法律出版社1995年版。
14. 毛亚敏著:《公司法比较研究》,中国法制出版社2001年版。
15. 褚红军主编:《公司诉讼原理与实务》,西北政法大学出版社2007年版。
16. 江平总主编:《中国律师办案全程实录股东代表诉讼》,任自力执行主编,赵继明、吴高臣著,法律出版社2007年版。
17. 江平总主编:《中国律师办案全程实录保险诉讼》,任自力执行主编,詹昊著,法律出版社2008年版。
18. 江平总主编:《中国律师办案全程实录商事仲裁》,任自力执行主编,潘修平、刘家刚著,法律出版社2004年版。
19. 许海峰主编:《企业破产清算》,人民法院出版社2005年版。
20. 张勇著:《远见》,机械工业出版社2004年版。
21. 朱德锴著:《律师谋略》,法律出版社2006年版。
22. 刘瑛著:《律师的思维与技能》,法律出版社2006年版。

23. 霍刚著:《英美律师工作实务推介》,天津人民出版社2005年版。
24. 刘汉民编著:《现代法律文书写作》,中山大学出版社2002年版。
25. 卓朝君、邓晓静编著:《法律文书学》,北京大学出版社2004年版。
26. 刘国涛、范海玉主编:《法律文书学》,重庆大学出版社2005年版。
27. 张庆、刘宁著:《法律意见书的研究与制作》,法律出版社2006年版。

后 记

本书吸收了国内外商事法学理论和商事法律实务的部分最新科研成果,力求完整、准确地阐述商事法律实验教学中的重要的基本概念、基本原理和基本实验方法,坚持理论联系实际的原则,努力做到科学性、系统性和实践性的统一。

本书由黄勇担任主编,撰写第一编并负责全书的结构编排与统稿;北京金台律师事务所武汉分所董超英、刘凯、金涛等律师分别负责第二编、第三编和第四编的撰写;中南财经政法大学硕士研究生张萍、段静、梁敏禅、王强、伍晓蓉、刘培莉、傅美兰、鲁晓娅参加了资料收集、整理与分析。

本书的编写受到中南财经政法大学吴汉东教授、陈小君教授的关注,并得到了覃有土教授、樊启荣教授的指导和中南财经政法大学法学院高利红副院长、鲍必功老师的大力支持,特此一并感谢。

由于水平有限,书中难免错漏遗误之处,敬请同仁批评指正。

主　编

2008 年 4 月于武昌南湖畔